Krise der Zukunft II

Religion – Wirtschaft – Politik

Schriftenreihe des Zentrums für Religion, Wirtschaft und Politik
Herausgegeben von
Georg Pfleiderer (geschäftsführend), Martin Baumann,
Pierre Bühler, Gerd Folkers, Antonius Liedhegener,
Jürgen Mohn, Wolfgang W. Müller, Daria Pezzoli-Olgiati,
Konrad Schmid, Peter Seele und Jörg Stolz

Band 16 – 2017

Georg Pfleiderer, Harald Matern,
Jens Köhrsen (Hg.)

Krise der Zukunft II

Verantwortung und Freiheit
angesichts apokalyptischer Szenarien

Gedruckt mit freundlicher Unterstützung der Freiwilligen Akademischen Gesellschaft (FAG) Basel.

Der Theologische Verlag Zürich wird vom Bundesamt für Kultur mit einem Strukturbeitrag für die Jahre 2016–2018 unterstützt.

Bibliografische Informationen der Deutschen Nationalbibliothek

Die Deutsche Nationalbibliothek verzeichnet diese Publikation in der Deutschen Nationalbibliografie; detaillierte bibliografische Daten sind im Internet über http://dnb.d-nb.de abrufbar.

Umschlaggestaltung: Simone Ackermann, Zürich

Druck: ROSCH-BUCH, Scheßlitz

© 2018
Pano Verlag, Zürich www.pano.ch
Nomos Verlagsgesellschaft, Baden-Baden www.nomos.de

ISBN 978-3-290-22035-8: Pano Verlag
ISBN 978-3-8487-3404-7: Nomos Verlag

Alle Rechte vorbehalten

Inhalt

Harald Matern, Georg Pfleiderer, Jens Köhrsen
Einleitung: Ethiken des Ausnahmezustands 7

Stephan Jütte
Die Hölle fürchten 19

Harald Matern
Auf den Himmel hoffen.
Zu ethischen Implikationen der christlichen Zukunftshoffnung 35

Jens Köhrsen
Auf dem Weg zur grünen Religion?
Kirchen und die ökologische Krise am Beispiel der Energiewende 49

Regina Betz
Religion und Treibhausgasemissionen:
Potenziale religiöser Gemeinschaften im Klimaschutz 73

Ekaterina Svetlova
Herausforderungen für die Finanzethik durch die Komplexität:
Ein Plädoyer für eine Ethik des Nichtwissens 101

Patrick Kupper
Weltvernichtungsmaschinen: Die Bombe, die ökologische Revolution
und die Transformation der Zukunft als Katastrophe 123

Mario Kaiser
Moration: Zur Chronopolitik des Zögerns 141

Felix Hafner
Verantwortung für die Zukunft in der Schweizer Bundesverfassung 175

Manfred Brocker
Gibt es eine Pflicht, die Menschheit zu erhalten?
Rechtliche, ethische und politisch-institutionelle Antworten
auf eine existenzielle Frage 187

Andreas Brenner
Die Neigung zur Neigung
Die Zerstörung der Erde findet kaum Widerhall 213

Autorinnen und Autoren 223
Personenregister 229

Harald Matern, Georg Pfleiderer, Jens Köhrsen

Einleitung: Ethiken des Ausnahmezustands

Zukunftsvorstellungen sind ein wichtiges Medium gesellschaftlicher Selbstvergewisserung. Wo von der Zukunft gesprochen wird, stehen grundlegende Themen der Gegenwart zur Debatte. Das Bild, das eine Gesellschaft von ihrer Zukunft zeichnet, bringt Strukturierungswünsche zum Ausdruck – oder Ängste vor sozialem Wandel. Die Zukunft – die Zeit, die noch nicht ist, aber kommen soll – eignet sich gerade deshalb so gut für die Aushandlung fundamentaler Orientierungsfragen, weil sie *per definitionem* «offen» ist. Zwar keine *tabula rasa*, aber in letzter Hinsicht ungewiss. Sie verheisst Gestaltungsspielraum – oder Bedrohungen etablierter Lebensweisen. Die Zukunft ist eines der wichtigsten Medien des «public imaginary» (vgl. Bottici 2014) – der Art und Weise, wie öffentlich ein kollektives Bild einer Gesellschaft konstruiert wird.

Zukunftsvorstellungen unterliegen historischem Wandel. Aufgrund ihrer Erschliessungskraft für die Dynamiken kollektiver Bewusstseinslagen hat sich seit einigen Jahren eine historische Zukunftsforschung etabliert (vgl. v. a. Hölscher 1989; 1999; zur Geschichte der Zukunftsforschung Steinmüller 2013). In gewisser Weise kann dies als Reaktion auf eine Tendenz verstanden werden, der sich auch die vorliegenden Beiträge widmen: Spätestens seit dem Ersten Weltkrieg verschwindet das optimistische und fortschrittsorientierte Geschichtsbild der Aufklärung mehr und mehr aus den öffentlichen Diskursen der «westlichen» Welt. Der Glaube an eine zunehmende Verbesserung der Lebensbedingungen unter der Ägide von Vernunft und Wissenschaft wurde durch diese zivilisatorische Katastrophe mehr als erschüttert.

Ein Blick auf das Gedankengut, das im Hintergrund des Geschichtsdenkens der Aufklärung steht, zeigt aber, dass in diesem selbst bereits ein solcher Umschwung in den Zukunftsvorstellungen angelegt ist. Ein Denken, dass die Geschichte als «Fortschritt» und die Zukunft in blühenden Farben zeichnet, kann als «säkularisiertes» Pendant zu heilsgeschichtlichen Konzeptionen aus dem Umfeld des Christentums gedeutet werden (vgl. Koselleck 1986). Allerdings ist diese spezifisch moderne Variante teleologischen Denkens nicht linear, sondern unterliegt selbst einer gewissen Dialektik. So ist in das Fortschrittsdenken dessen «Kritik» bereits von Anfang an mit eingelassen.

Fortschritt ist allein durch Kritik der Gegenwart zu haben. Noch in den späten 1960er Jahren konnte die «Pathogenese» der modernen Welt als Entdeckungszusammenhang einer auf Dauer gestellten Kritik gelesen werden (vgl. Koselleck 1968). Gerade der damit behauptete Zusammenhang von Kritik und Krise bzw. der Entstehung der bürgerlichen Gesellschaft und ihrer Fähigkeit zur Selbstkritik bleibt allerdings einem immer noch idealistischen Gesamtmodus des Denkens verpflichtet. Eine solche geschichtsmetaphysische Dialektik von Kritik und Krise hat die «Krisen» gedanklich immer bereits überwunden. «Krisen» wären dann vor allem als Epiphänomene einer als mehr oder minder zielgerichtet zu verstehenden Entwicklung anzusehen. Die Frage nach dem Ort und der Funktion des Krisenhaften im Rahmen einer modernen Welt- und Geschichtsdeutung stellt sich aber gerade dort immer nachdrücklicher, wo das Krisenhafte zum Apokalyptischen gesteigert wird. Und genau dies ist in der zweiten Hälfte des 20. Jahrhunderts und auch gegenwärtig zu beobachten. Die Gewissheit, dass Krisen «eben dazugehören», aber letztlich nur Katalysatoren einer in sich doch stabilen geschichtlichen Entwicklung sind, scheint, wenigstens in den westlich geprägten Gesellschaften, nicht mehr plausibilisierbar. Vielmehr beherrschen zunehmend Szenarien des Untergangs die diskursiven Zukünfte.

Um zu verstehen, weshalb gerade das «Apokalyptische» in gegenwärtigen Diskursen eine solche Konjunktur hat und offenbar als Deutungsmodell für (mutmassliche) zukünftige Ereignisse plausibilisiert werden kann, reicht es daher nicht aus den vielzitierten Zusammenhang von «Weltgeschichte und Heilsgeschehen» (vgl. Löwith 1953) in seinen unterschiedlichen Varianten affirmativ oder ablehnend zu erwähnen. Apokalyptische Semantiken und Bilder sind mehr als eher zufällige Überbleibsel einer christlichen Vorgeschichte der säkularen Moderne.

Denn das apokalyptische Moment – das Denken in Untergangsszenarien, die Vorstellung eines Geschichtsabbruchs, die Imagination einer Zukunft als Katastrophe (vgl. Horn 2014) in buntesten Farben – ist mehr als ein implizitdialektisches Kritikmoment in einem ansonsten ‹geregelten› Deutungsmodell der Geschichte. Wenn gegenwärtige apokalyptische Diskurse (Bevölkerungsexplosion, ökologische Katastrophen, Zusammenbruch der Finanzmärkte, neue Weltkriege u. ä.) als Ausformungen eines spezifisch modernen Denkens (und nicht als Produkte religiösen Wahns) ernstgenommen werden sollen, dann ist zu unterstreichen, dass sich in ihnen eine radikale Seite der theologischen Quellen der Moderne Bahn bricht, die bisher zu wenig beachtet wurde. Die Gleichung «Fortschrittsdenken = Heilsgeschichte in säkularem

Gewand + kritisch-dialektisches Reflexivwerden» ist unvollständig. Sie missachtet, dass die Quelle, auf die sie sich beruft, nicht allein jenes kritische Moment aus sich entbirgt, sondern selbst eine Dimension in sich trägt, die über alle Kritik hinausweist. Das Apokalyptische könnte in der Tat als häufig impliziter Untergrund der Moderne gewertet werden, als ein abgründiges Moment des Denkens, das tief in die Geschichte der ‹abendländischen› Gesellschaften eingeschrieben ist (vgl. Fried 2016). Diese Vermutung ist auch in der jüngeren kultur- und sozialhistorischen Apokalyptikforschung mehrfach aufgenommen worden (vgl. stellvertretend für andere die Beiträge in Wieser u. a. 2013).

Selten ist allerdings die Frage gestellt worden, woraus die seltsame Plausibilität apokalyptischer Denkformen resultiert. Dass es sich dabei um Diskursformate handelt, die sehr wesentlich mit ganz anders gearteten denkerischen Grundannahmen und Wissensformen der westlichen Moderne verbunden sind, würde erklären, warum solche Denkmuster gegenwärtig (und im Verlauf des letzten Jahrhunderts) auch auf Bereiche ausgreifen können, die eigentlich mit der ‹harten› wissenschaftlichen (Ökologie, Ökonomie) oder politischen Rationalität assoziiert werden, in der für Imaginatives wenig Raum sein sollte. Und doch sind es gerade diese Bereiche, in denen das Apokalyptische neue Wurzeln schlägt und Blüten treibt. Zu nennen sind hier nur beispielhaft die medialen Präsentationsformen der Konsequenzen des Klimawandels oder auch Szenarien eines Zusammenbruchs der Märkte. Aber auch die angesichts weltweit zunehmender Migrationsströme aufkeimenden Überfremdungsängste, die gegenwärtig nationalistische und xenophobe Diskurse in den westlich-modernen Gesellschaften anheizen und Imaginationen des Zusammenbruchs der sozialstaatlichen Strukturen befeuern, gehören in den Bereich gegenwärtiger Apokalyptik. Zum Teil mag dies damit erklärt werden, dass das apokalyptische Denken genealogisch selbst zur politischen Theologie zu zählen ist: Apokalyptik ist, von ihren Wurzeln her betrachtet, in erster Linie eine symbolische Auseinandersetzung über bleibende und dauerhaft gültige Ordnungsstrukturen angesichts des Aufstiegs und Untergangs wechselnder Grossreiche (vgl. Matern 2018). Andererseits scheint es zunehmend plausibel, von einer Persistenz apokalyptischer Sprach- und Denkformen als Bestandteil der westlichen Moderne zu sprechen: Apokalyptik ist traditionell und bleibend die bevorzugte Form der Zukunftsthematisierung in christliche geprägten Gesellschaften. (vgl. Fried 2016). Dies gilt insbesondere dann, wenn es «ums Ganze» geht, unabhängig davon, ob es sich dabei um zeitweilig dominierende Subsysteme oder «die Gesellschaft» als ganze handelt. Apokalyptik ist westliche Politik der Zukunft, auch in der Moderne.

Im vorliegenden Buch wird nach den praktischen Konsequenzen und Implikationen der (neuen und gegenwärtigen) apokalyptischen Diskurse gefragt.[1]

Mit «Verantwortung» und «Freiheit» stehen Grundbegriffe westlich-moderner Ethik im Zentrum der Fragestellung(en). Es ist keine neue Einsicht, dass apokalyptischen Semantiken eine spezifische Pragmatik eignet (vgl. Nagel 2008): Wer den Ausnahmezustand ausruft, sei es den politischen, den ökologischen, den demografischen oder den ökonomischen, verbindet damit auch handfeste Interessen. Ob es aber so etwas geben kann, wie eine Ethik des Ausnahmezustands – bzw. ob und wie unter diesen Bedingungen «Ethik» in dem Sinne, wie der westliche öffentliche und akademische Diskurs sie typischerweise versteht, überhaupt (noch) (denk-)möglich ist – diese Frage verbindet die Beiträge dieses Bandes miteinander. Grösster Dank sei an dieser Stelle Frau BTh Julia Vitelli ausgesprochen, die die Mühen der formalen Vereinheitlichung des Manuskripts auf sich genommen hat.

Der Band versammelt Beiträge zur Tagung «Das Spiel ist aus? Verantwortung und Zukunft angesichts apokalyptischer Zukunftsszenarien», die vom 4. bis 6. November 2015 an der Universität Basel stattfand. Diese Veranstaltung bildete zugleich das öffentliche Abschlusssymposium des interdisziplinären Forschungskollegs «Krise der Zukunft» 2014/15 des *Zentrums für Religion, Wirtschaft und Politik* (ZRWP). Die einzelnen Beiträge der Fellows und der eingeladenen Gäste spiegeln die Thematik des veranstaltenden Kollegs – «Die Krise der Zukunft» – hinsichtlich ihrer ethischen Konsequenzen wider: «Verantwortung und Freiheit angesichts apokalyptischer Zukunftsszenarien»: Das Ziel der Tagung war es nach den Spuren des Apokalyptischen und dessen ethischen Implikationen in den unterschiedlichen Teilbereichen moderner Gesellschaften zu forschen. Dabei wurde die Beobachtung des «Apokalyptischen» durchlaufend auf drei voneinander zu unterscheidenden Ebenen thematisch:

Die erste Dimension der Problemlage betrifft die Frage nach der «realen» Komponente apokalyptischer Szenarien. Zwangsläufig ergibt sich hier eine Verbindung individueller und kollektiver Zukunftsfragen. Der imaginierte eigene Tod und der mögliche Untergang der Menschheit stehen in einer unauflöslichen Verbindung und die in jenen Szenarien zum Ausdruck kommende – oder erst durch sie erzeugte – emotionale Betroffenheit bildet den Ausgangspunkt für die spezifische Pragmatik apokalyptischer Bildsprache:

---

[1] Theoretische, historische und konzeptionelle Auseinandersetzungen mit der Thematik finden sich in Matern / Pfleiderer 2018.

Nur wenn die Zukunft des Ganzen auch je meine eigene Zukunft ist, betrifft mich auch ihr krisenhafter Charakter; nur wenn die allgemeine Krise auch zur individuellen wird, steht mit der globalen Katastrophe auch der Einzelne vor dem Abgrund. In den krisenhaften Zukunftsszenarien verbinden sich individuelle (biografische) und kosmologische Zeit und die Imagination des Endes der Zeit betrifft das Ende der individuellen wie der kollektiven Welt. Dabei ist es häufig gerade die spezifische Spannung zwischen individueller Erfahrungswelt und katastrophischen Szenarien, die als Ursache emotionaler Betroffenheit gelten muss: Die Katastrophe bedeutet den Zusammenbruch der Ordnung der Lebenswelt und damit auch der Deutungsmuster, mithilfe derer sie bewältigt wird.

Die Ebene der persönlichen Betroffenheit wird überlagert von einer Deutungsgeschichte der Zukunft, die traditionell insbesondere in religiösen Symbolsprachen ihren Niederschlag gefunden hat. Exemplarisch verdeutlicht wird dies in zwei theologischen Beiträgen: Stephan Jütte (Bern/Zürich) und Harald Matern (Basel) thematisieren mit der Höllenfurcht und der Himmelshoffnung zwei grundlegende Modi und Gravitationszentren religiöser (christlicher) Zukunftsantizipation. Allerdings sind es nicht die traditionellen Symbole und Bilder, die im Fokus ihres Interesses stehen, sondern deren Transformationsgestalten in der Moderne. Denn spätestens seit der Aufklärung hat die religiöse Zukunftsgeschichte einen Säkularisierungsprozess durchlaufen, den sich die theologischen Reflexionskulturen zu eigen gemacht haben. Moderne Religion ist, wo sie diesen Entwicklungen folgt, apokalyptikkritisch. Das allerdings führt nicht zu einer Verbannung des visionären oder prophetischen Elements aus ihren Zukunftsentwürfen. Vielmehr werden diese einerseits ins Prinzipielle gewendet, so dass «Hoffnung» als genuin religiöse Zukunftstechnik mitsamt ihren ethischen Implikationen verhandelbar wird (Matern); andererseits werden dadurch zugleich spezifische inhaltliche Elemente apokalyptischer Bildsprachen auf ihren Gegenwartsgehalt hin befragbar. Dass etwa die «Hölle» durch ihre Assoziation mit der Vorstellung eines Jüngsten Gerichts in unmittelbarer Nähe zum Recht angesiedelt ist, lässt sie auch in modernen, funktional ausdifferenzierten Kontexten als fruchtbares Symbol erscheinen (Jütte).

Damit wird eine dritte Dimension der Fragestellung sichtbar: Mit dem Katastrophischen wird die Frage nach den Grundstrukturen der westlich-modernen Lebenswelt thematisch. Auf der einen Seite zeichnen diese sich durch eine ständige Zunahme an Komplexität aus, die etwa als «Beschleunigung» (vgl. zuletzt Rosa 2005; 2010) erfahren werden kann. Verstärkt wird dieser Effekt auch durch die Zunahme und Globalisierung des Wissens.

Nicht nur die zunehmende Komplexität wird dadurch ‹für alle›, die an der weltgesellschaftlichen Informationskultur partizipieren (können) sichtbar, sondern auch und gerade in globaler Perspektive die Ambivalenzen der Lebensformen der Moderne: demografische Verschiebungen, soziale Ungerechtigkeiten, die Belastung der Ökosysteme, die Ökonomisierung menschlicher Beziehungen, um nur einige zu nennen.

Ungeachtet der Frage, an welchem Fixpunkt eine «Beschleunigung» gemessen werden könnte, oder ob es sich dabei um eine Übertragung eines generellen Unbehagens auf die zeitliche Dimension handelt (vgl. Kaiser 2017), unabhängig auch davon, ob die genannten Ambivalenzen in der Terminologie der «Entfremdung» (Rosa) angemessen beschrieben werden können, ist doch sichtbar, dass schon die Diagnose der «Beschleunigung» die Forderung nach einer «Entschleunigung» impliziert. «Entschleunigung» signalisiert das Bedürfnis nach Komplexitätsreduktion. Apokalyptische Semantiken können dort, wo sie in der Moderne auftreten, eine ähnliche Funktion einnehmen. Den Untergang zu imaginieren kann eine Form der narrativen Bewältigung von Komplexität darstellen. Ungleich stärker noch als im Falle der «Beschleunigung» wird, wer die Katastrophe ankündigt, ebenfalls zum Handeln auffordern – ob «konservativ» oder «revolutionär» (vgl. Tilly 2012) ist dabei strukturell nicht entscheidend: Es muss etwas getan werden, um den antizipierten Untergang zu bewältigen.

Abgesehen von den im weiteren Sinne epistemischen (1) und den religiösprinzipientheoretischen (2) Fragestellungen werden in den Beiträgen dieses Bandes ganz besonders die in (3) angedeuteten konkretisierenden Perspektiven thematisch. Ihnen ist, zumindest implizit, gemeinsam, dass sie allesamt den analytischen Fokus darauf richten, was geschieht, wenn das klassische Narrativ der Moderne, die ‹heroische› Inszenierung von Arbeit und Anstand, ausgesetzt oder als nicht mehr plausibel empfunden wird. Genau hier, an den Bruchstellen klassisch-moderner Formen der Selbstthematisierung, wie sie beispielhaft in den grossen Krisen des 20. Jahrhunderts (Erster Weltkrieg, Zweiter Weltkrieg, atomares Wettrüsten, ökologische und wirtschaftliche Krisen) zum Ausdruck kommen, ist der Ort apokalyptischer Szenarien, die die Moderne spätestens seit dem frühen 20. Jahrhundert (vgl. exemplarisch Vondung 1988) bis in die Gegenwart in zunehmender Intensität begleitet.

Besondere Deutlichkeit erreicht die beschriebene Problemlage im Bereich der *Ökologie*. Die Beiträge von Regina Betz und Jens Köhrsen legen in je unterschiedlicher Weise den Fokus darauf, ob und inwiefern die Religion(en) selbst einen spezifischen Beitrag zur Bewältigung der ökologischen Krise(n) leisten. Diese Frage stellt sich gerade deshalb in besonderer Deutlichkeit, weil das «Apokalyptische» speziell in den medialen und populärkulturellen Verarbeitungen des ökologischen Diskurses besonders heimisch geworden ist. Selbstverständlich legt sich dies nahe: Prägen doch die biblischen apokalyptischen Texte – neben anderen – auch Motive grosser Naturkatastrophen, denen dann, kontrastierend, die Vorstellung einer harmonischen, erlösten Natur gegenübergestellt wird. Müsste dann nicht gerade auch das Christentum eine ‹grünen› Kern haben?

Während Betz zunächst quantitativ die Frage aufwirft, ob und wie sich die weltweiten Treibhausgasemissionen nach Religionszugehörigkeit gruppieren lassen, um dann nach den konkreten Potenzialen religiöser Gruppierungen in der Klimapolitik zu fragen, wendet sich Köhrsen einer räumlich begrenzteren Fragestellung zu: Nach einem Überblick über den Forschungsstand untersucht er anhand qualitativer Interviews mit Vertretern christlicher Kirchen in der Stadt Emden, wie und ob sich der in der Forschung oft positiv gewertete Faktor «Religion» auch in der lokalen Energiewende niederschlägt. Während Betz die Mobilisierungspotenziale religiöser Gruppierungen sehr hoch einschätzt und ein aktiveres Engagement für den Klimaschutz insbesondere der in den hochindustrialisierten Nationen vertretenen Religionsgemeinschaften einfordert, sieht Köhrsen anhand des gewählten Fallbeispiels gerade diesen Punkt kritisch. Faktisch, so sein Fazit, lässt sich im untersuchten Fall das oft betonte Potenzial gerade dieser Gruppen nicht anhand konkreten Engagements belegen.

In ganz anderer Weise konkretisiert sich die Fragestellung im Bereich der *Ökonomie*, die gegenwärtig als die grösste Triebkraft globaler Entwicklungen gelten kann. Angesichts der krisenhaften Entwicklungen, die insbesondere auf den Finanzmärkten bisweilen «apokalyptische» Ausmasse annehmen, stellt sich die Frage danach, ob Verantwortliche für systemische Krisen ausgemacht werden können und ob eine ethische Perspektive, die sich auf individuelle Entscheidungssubjekte kapriziert, eigentlich in der Lage ist, die Zusammenhänge angemessen zu beschreiben. Damit lösen hier ‹apokalyptische› Entwicklungen in besonderer Weise eine grundlegende Anfrage an das klassische Narrativ der Moderne aus: ‹Gibt› es innerhalb so komplexer Systeme wie den Finanzmärkten dasjenige Subjekt eigentlich (noch), dessen heroischer (entbehrungsvoller) Kampf mit der Knappheit die Vorstellungswelten der moderne (kapitalistische) Wirtschaft prägte (vgl. Breithaupt / Kolmar 2017)?

Während Svetlova diese Frage mit dem Verweis auf die systembedingte Notwendigkeit einer «ethics of ignorance» letztlich auf eine Ebene der Reflexion über die gewandelten Bedingungen und Möglichkeiten der Ethik verlagert, stellt sich die Problemlage im Bereich der *Politik* noch einmal anders dar. Hier verweist die Rhetorik des Untergangs prinzipiell auf Situationen, die als «Ausnahmezustand» interpretiert werden könnten – auf solche Situationen, in denen gesellschaftliche Ordnungsverhältnisse grundsätzlich neu ausgehandelt werden. Der kommende Untergang ermöglicht schon hier und jetzt, darüber zu verhandeln, was gegenwärtig sein soll. In demokratische Politiken ist damit ein krisenhaftes Moment grundsätzlich eingezeichnet, das dort, wo die Apokalypse beschworen wird, allerdings noch einmal neu überboten wird. In den Beiträgen Patrick Kuppers, Mario Kaisers, Felix Hafners und Manfred Brockers zeigt sich diese Problematik in je unterschiedlicher Art.

Patrick Kupper beschreibt in historischer Perspektive die diskursive Geburt der Rhetorik des Katastrophischen in der Gegenwart: Nicht die faktische Aufrüstung, sondern die Erzeugung der «doomsday machines» als diskursiven Entitäten und der damit einhergehenden Prognosetechniken ist sein Thema. Dabei geht Kupper mit der Literaturwissenschaftlerin Eva Horn (vgl. Horn 2014) von der Unterscheidung zweier Arten des Katastrophischen aus: Die jähe Selbstzerstörung der Menschheit durch einen nuklearen Vernichtungskrieg ist in der Gegenwart der Empfindung eines schleichenden Endes gewichen, das nichtsdestotrotz umso absehbarer ist. Kupper legt den Fokus seiner Untersuchung auf das Bindeglied zwischen beiden Formen des Katastrophendiskurses und beschreibt die Jahre zwischen dem Beginn des Kalten Krieges und dem zunehmenden Bewusstsein kommender ökologischer Schwierigkeiten als Entstehungszusammenhang neuer Antizipationsformen des Zukünftigen. Dabei entstand nicht nur die für heutige westliche Zukunftsdiskurse prägende pessimistische Prägung, sondern auch die modellhafte Form ihrer Antizipation, durch die sie jenen schleichenden, dennoch zwingenden Charakter erhielten. Mit dieser Diagnose korrespondiert der Beitrag Mario Kaisers, der neue Formen der Chronopolitik untersucht – und das Zögern als Inbegriff von Zukunftspolitiken der Gegenwart herausarbeitet. Dabei ist Zögern dasjenige Handeln, das das Politische selbst (im Unterschied von den konkreten Politiken) gleichsam freilegt und zum Gegenstand von Handlungen und Verhandlungen macht. Das Zögern erschafft Zeit und öffnet damit einen Raum des Möglichen im Gegenüber zu einer Zukunft, die durch das Katastrophische kolonisiert erscheint. Die Würdigung des Zögerns als legitimer und genuin (chrono-) politischer Handlung öffnet den Blick für die folgenden zwei Beiträge.

Manfred Brocker fragt in seinem Text grundlegend danach, ob es angesichts katastrophischer bzw. apokalyptischer Zukunftsszenarien überhaupt eine Pflicht geben könne, die Menschheit zu erhalten. Damit ist nicht nur die blosse Arterhaltung gemeint, sondern insgesamt die Frage nach dem «Menschlichen» aufgeworfen – gerade angesichts seiner möglichen Vernichtung. Zwar spielt die Generationenverantwortung eine übergeordnete Rolle, die Problemstellung wird aber zugespitzt auf die individuelle und kollektive Verantwortung gegenüber der eigenen Gattung. Dabei stellen sich für Brocker sowohl die juridische als auch die deontologische Dimension der Bearbeitung des Problems letztlich als aporetisch heraus. Am Ende steht daher die Forderung nach einer politischen Lösung, nach einer institutionellen Umgestaltung der Gegenwart im Blick auf Lebensmöglichkeiten aktueller wie zukünftiger Generationen. Diese politische Pragmatik korrespondiert damit auf der einen Seite mit dem Beitrag Mario Kaisers – ist sie doch, in etwas abgespeckter Variante, eine Politik des Zögerns im besten Sinne. Auf der anderen Seite trifft sie sich mit den Ausführungen Felix Hafners zur konkreten Umsetzung der Zukunftsverantwortung in der Schweizer Bundesverfassung. Hafner kreist das Thema zunächst systematisch ein, verfolgt dieses dann rechtsgeschichtlich und fragt schliesslich nach den gegenwärtig geltenden rechtlichen Rahmenbedingungen für die Sicherung des sich historisch wandelnden Gemeinwohlziels. Die dabei einzufordernde Konkretheit ist allerdings rechtlich nicht gegeben, womit in letzter Hinsicht die konkrete Zukunftsverantwortung an die stimmberechtigten Bürgerinnen und Bürger zurückdelegiert werden muss – an deren politisches wie ihr gesamtes Handeln. Damit ist eine Dimension der Problemstellung erreicht, die die Crux jeder Überführung ethischer Reflexionen in die Praxis betrifft und die insbesondere bei der hier gestellten Thematik kaum zu umgehen ist: Jegliche Reflexion auf den Charakter und die Gegenwartsbedeutung der Zukunft führt mitten in die Gegenwart, und zwar nicht allein in gegenwärtige (zumal akademische) Diskurse sondern am Ende in die individuelle Praxis der Aneignung und Umsetzung biografischer wie auch fernster Zukunft.

Die Notwendigkeit dieses kreativen Brückenschlags spiegelt sich nicht zuletzt im abschliessenden Beitrag dieses Bandes, den der Basler Philosoph Andreas Brenner beigesteuert hat. Brenners Beitrag stellt einen eindringlichen Appell dar, der in poetisch-philosophischer Sprache sowohl im wissenschaftlichen Diskurs beheimatet ist, wie auch auf der Ebene der individuellen Lebenskunst. Brenner geht es darum, den Untergang – in seiner Terminologie «die Neige» - ernst zu nehmen, ihn nicht diskursiv zu kolonisieren sondern als lebensweltliches Faktum zu begrüssen, demgegenüber auch Töne der Trauer erlaubt sind. Was im Obigen diskursiv problematisiert wurde, wird hier als Faktum in den Raum gestellt – und durchaus auch kritisiert: Entfremdungserscheinungen und Beschleunigung, die nicht nur mögliche, sondern wahrscheinliche Auslöschung der Menschheit bilden Momente in Brenners Beschreibung. Dadurch, dass sein Beitrag gleichwohl mitten in diese Reflexionssteigerungsversuche hineinragt, zielt er auf die Kritik einer Form des Diskurses, die sich durch allzu grosse analytische Distanz so sehr von ihrem Gegenstand entfernt, dass sie selbst als Teil eines Entfremdungsprozesses verstanden werden kann. Brenner liegt damit letztlich in der Fluchtlinie dessen, was mehr und mehr auch in den vorangehenden Beiträgen deutlich wurde: Wo dort Pragmatik gefordert wurde, wird hier diskursive Pragmatik geübt, nicht als Flucht in den Alltag, sondern als Umwendung der «Neigung» auch diskursiv den Untergang durch seine allzu lässige Einhegung eher fortzuschreiben, denn aufzuhalten.

Literatur

Bottici, Chiara, Imaginal Politics. Images Beyond Imagination and the Imaginary, New York 2014.
Breithaupt, Fritz / Kolmar, Martin, in: NZZ vom 23.01.2017, www.nzz.ch/meinung/ende-der-knappheit-reise-zum-mittelpunkt-der-leere-ld.140961
Bühler, Benjamin / Willer, Stefan (Hg.), Futurologien. Ordnungen des Zukunftswissens, Paderborn 2016.
Fried, Johannes, Dies irae. Eine Geschichte des Weltuntergangs, München 2016.
Graf, Rüdiger / Herzog, Benjamin, Von der Geschichte der Zukunftsvorstellungen zur Geschichte ihrer Generierung. Probleme und Herausforderungen des Zukunftsbezugs im 20. Jahrhundert, in: Geschichte und Gesellschaft 42 (2016), S. 497–515.
Gray, John, Die Politik der Apokalypse. Wie Religion die Welt in die Krise stürzt, Stuttgart 2009.
Horn, Eva, Zukunft als Katastrophe. Frankfurt a. M. 2014.
Hölscher, Lucian: Weltgericht oder Revolution. Protestantische und sozialistische Zukunftsvorstellungen im deutschen Kaiserreich, Stuttgart 1989.
Hölscher, Lucian: Die Entdeckung der Zukunft, Frankfurt a. M. 1999.
Kaiser, Mario, Die Geburt der Zukunftsangst, in: Matern, Harald / Pfleiderer, Georg, Die Krise der Zukunft, Zürich 2018 (im Druck).

Koselleck, Reinhart, Einige Fragen an die Begriffsgeschichte von ‹Krise›, in: Michalski, Krzysztof (Hg.), Über die Krise. Castelgandolfo-Gespräche 1985, Stuttgart 1986, 64–77.

Koselleck, Reinhart, Kritik und Krise. Eine Studie zur Pathogenese der bürgerlichen Welt, Frankfurt a. M. 1968.

Krüger, Michael (Hg.), Wo ist die Zukunft geblieben? Eine Vortragsreihe der Bayerischen Akademie der Schönen Künste, Göttingen 2017.

Löwith, Karl, Weltgeschichte und Heilsgeschehen. Die theologischen Voraussetzungen der Geschichtsphilosophie, Stuttgart 1953.

Matern, Harald: Die Krise der Zukunft. Versuch einer thematischen Hinführung, in: Matern, Harald / Pfleiderer, Georg, Die Krise der Zukunft, Zürich 2018 (im Druck).

Nagel, Alexander-Kenneth, Europa wider den Antichrist. Politische Apokalyptik zwischen Innovation und Institutionalisierung, in: ZfR 16 (2008), 133–156.

Radkau, Joachim, Geschichte der Zukunft. Prognosen, Visionen, Irrungen in Deutschland von 1945 bis heute, München 2017.

Rosa, Hartmut, Beschleunigung. Die Veränderung der Zeitstrukturen in der Moderne, Frankfurt a. M. 2005.

Rosa, Hartmut, Alienation and Acceleration. Towards a Critical Theory of Late-Modern Temporality, New York 2010.

Seefried, Elke: Zukünfte. Aufstieg und Krise der Zukunftsforschung 1945-1980, Berlin u. a. 2015.

Steinmüller, Karlheinz, Zukunftsforschung in Deutschland, in: Zeitschrift für Zukunftsforschung2 (2013),1, http://www.zeitschrift-zukunftsforschung.de/ausgaben/jahrgang-2013/ausgabe-2/3699 (26. 03. 2018).

Tilly, Michael, Apokalyptik, Tübingen 2012.

Vondung, Klaus, Die Apokalypse in Deutschland, München 1988.

Wieser, Veronika / Zolles, Christian / Feik, Catherine / Zolles, Martin / Schlöndorff, Leopold (Hg.), Abendländische Apokalyptik. Kompendium zur Geneaologie der Endzeit, Berlin 2013.

Stephan Jütte

Die Hölle fürchten

Welche Hölle fürchten? Die Hölle, um die es hier geht, ist die Hölle, die *wir* nicht mehr fürchten. Wir kennen sie nicht. Sie ist uns überliefert aus einer anderen Zeit und wir zählen jene, die heute noch mit ihr rechnen, zu den geistigen Vertreterinnen des Mittelalters. Sie hat in der Sprache metaphorisch-verstärkende, lustvolle, scherzhafte und manche andere rhetorische Versatzstücke hinterlassen. Wir dürfen sie unter uns bedenkenlos verwenden, weil wir alle mehr oder weniger darin übereingekommen sind, dass die Hölle als ewiger Ort äusserster Qual und furchtbarsten Schreckens nicht existiert. Gewissermassen ist dieses ‹uns› – was und wie wir sind, vor allem aber wer nicht zu uns gehört – durch dieses Wissen bestimmt. *Unsere* Höllen sind zeitliche, irdische Höllen, die wir uns in Kriegen, Hungersnöten und Wirtschaftskrisen selbst bereiten. Wir kennen auch höllische Krankheiten, höllische Einsamkeit und höllische Ungerechtigkeit. Wir sagen das so und sagen es so dahin, weil wir wissen, dass es keinen Ort neben diesem Ort ‹hier› gibt, an dem uns Krankheit, Einsamkeit und Ungerechtigkeit quälen könnten.

Nun aber soll es um die Hölle gehen, die noch nicht eine Metapher für die Ränder der gegenwärtigen Gesellschaft oder unserer Lebenserfahrung geworden ist; um die Hölle vor der innerweltlichen Inflation der Höllen – vor der Napalm-Hölle, vor den Höllen Hiroshima und Nagasaki, vor Auschwitz, vor Archipel Gulag, vor Verdun.[1]

Diese Hölle steht dem, was Menschen tun (und lassen) gegenüber: drohend und so jedem Moment die Möglichkeit der ewigen negativen Bedeutung dieses Augenblicks vorhaltend. Dennoch: Diese Hölle ist kein dem Menschen bloss innerlicher Ort! Sie *ist* nicht das schlechte Gewissen, das Schuldbewusstsein, die Scham oder die Selbstzermürbung, sondern sie ist der Ort, von dem her diese alle die Psyche heimsuchen. Freilich, ein fiktiver Ort bloss – wenn wir fragen, wie er entstanden ist und wer ihn gebildet hat. Aber ein fiktiver Ort, der sich nur in der gegenständlichen Rede zeigt und den es nur im Glauben an seine und in der Furcht vor seiner Wirklichkeit gibt.

---

1 Georges Minois spricht vom 20. Jahrhundert gar als dem «Jahrhundert der Höllen».

Hannah Arendt hat den ‹Verlust› (!) dieser Höllenvorstellung politisch als «signifikanteste[n] Unterschied zwischen unserer gegenwärtigen Epoche und den vorangegangenen Jahrhunderten» (Arendt 2000, 323) veranschlagt. Die politische Dimension der Säkularisierung ist demgemäss nur dann angemessen verstehbar, wenn man weiss, was wir verloren haben. Für Hannah Arendt scheint das klar zu sein: Es ist die verhaltensregulierende Macht des individuellen Glaubens an «Lohn und Strafe nach dem Tod» (Arendt 2000, 322), mithilfe derer geherrscht werden konnte. Religion ist so betrachtet gerade nicht ‹Opium des Volkes›, sondern in Gestalt der «mittelalterlichen Lehre von der Hölle» (Arendt 2000, 319.) ein Stachelhalsband der Untergebenen, das diese durch permanente Beunruhigung zur Selbstsanktion zwingt und in die Herde der Regierbaren integriert. Damit die Hölle das leisten kann, muss sie so komponiert sein, dass sie den Menschen das Fürchten lehrt, ohne dass dieser in seiner Furcht erstarrt. Für uns ist dabei vor allem interessant, was an die Stelle der verhaltensregulierenden Kraft eines Glaubens an Lohn und Strafe nach dem Tod getreten ist, welches Konzept die theologische Erbschaft der Höllenlehre angetreten hat und wie es sich heute zeigt.

Um das zu verstehen, lohnt es sich, einigen Entwicklungsschritten hin zur mittelalterlichen Hölle zu folgen. Und wir werden sehen, dass dabei die Zeitlichkeit der Höllenstrafe eine herausragende Rolle spielt.

1. Die Zeitlichkeit der Hölle

Für den Bau der dogmatischen Säulen der Hölle findet sich sowohl in erst- als auch in zweittestamentlichen Schriften kaum Material. Wohl sind das «ewige Feuer» als Gegenüber zum «ewigen Leben» im Matthäus-Evangelium, die plastische Gerichtsvorstellung aus dem Daniel-Buch, Lohn und Strafe in der Erzählung von Lazarus und dem reichen Herrn aus dem Lukas-Evangelium oder der «Feuerpfuhl, der von Schwefel brennt» aus der Johannesapokalypse wichtige Motive für die Ausgestaltung der Hölle geworden. Eine eigentliche christliche Hölle, bzw. eine Lehre von der christlichen Hölle, ist jedoch nicht greifbar. Dadurch sind die Höllenmotive zu wenig plastisch für die paränetischen Bedürfnisse der Volksfrömmigkeit. Die neutestamentliche Hölle kann in ihrer Kargheit die Gerechten kaum trösten und vermag vielleicht all jene, die zwischen gerecht und ungerecht schwanken, noch weniger zu moralischem Handeln zu motivieren. Die Umwelt des Neuen Testaments dagegen stillte dieses Bedürfnis reichlich mit apokalyptischen Deutungsangeboten (Czachesz 2012). Die Kargheit der Höllenvorstellung wurde in den ersten nachchristlichen Jahrhunderten durch die apokryphen Schriften apokalyptischer Gattung reichlich aus- und übermalt.[2]

2. Entwicklungslinien: Die Ewigkeit der Höllenstrafe und die Zeitlichkeit der Heiligung

Die Baustelle, um die es mir hier geht, ist das zunächst einmal dogmatische Problem der Rede von der Ewigkeit der Höllenstrafe.

Eine erste systematische Durchdringung und intellektuelle Rechtfertigung der Höllenfurcht und -vorstellung findet sich schon bei Justin, der die moralische Überlegenheit der Christen von ihrem Glauben an die Höllenqualen her ableitet. Ganz offensichtlich war die Höllenvorstellung schon im 2. Jahrhundert umstritten und zwar aus Gründen, die wir heute mit dem Label der Schwarzen Pädagogik[3] versehen:

> Man mag vielleicht sagen, wie das die sogenannten Philosophen tun, dass es nur Worte sind oder Schreckgespenster, was wir von der Strafe der Sünder im ewigen Feuer sagen und dass wir die Menschen durch Angst und nicht durch die Liebe zum Guten tugendsam machen wollen. Darauf will ich in wenigen Sätzen antworten. Wenn dies nicht ist, dann ist auch Gott nicht, oder wenn er existiert, dann kümmert er sich nicht um uns Menschen; dann sind Tugend und Laster bedeutungslos; dann verurteilen die Gesetzgeber jene, die ihre guten Anordnungen übertreten, ungerechtfertigt. Ihr findet bei uns Helfer und Verbündete für den Frieden, da wir verkünden, dass niemand Gott entkommen kann, der Böse,

---

2   Dabei wurde vor allem auf das äthiopische Henoch-Buch (Uhlig 1984), dessen Ursprünge bis ins 3. Jahrhundert v. Chr. zurückgehen, und die syrische Baruch-Apokalypse (Sailors 2009), die etwa zeitgleich mit dem Neuen Testament entstanden ist, zurückgegriffen. Bereits in der Didache, einer Zusammenfassung der christlichen Lehre aus der ersten Hälfte des zweiten Jahrhunderts, die für viele Christen keineswegs hinter der Autorität der später kanonisierten Schriften zurückgetreten ist, gewinnt die Hölle stärkere Konturen. (Balabanski 1997) Die aus derselben Zeit stammende und vor allem im Osten weitverbreitete und hochgeschätzte Offenbarung des Petrus (Müller 1989) liefert schon einen Strafkatalog für die jeweiligen Vergehen. (Vgl. Minois 1994, 106f.) Zu diesen Apokalypsen gesellten sich zahlreiche weitere Offenbarungsschriften. Sie überbieten sich in der Schauerlichkeit der höllischen Folterstrafen und scheinen – sicher weiss man das nicht – vor allem pädagogisch eingesetzt worden zu sein. Auch pädagogischer Natur, wenngleich völlig anderen Stils und anderer Intention, ist die zeitgenössische Schrift «Der Hirte des Hermas», der die Hölle symbolisch beschreibt und stark ekklesiologisch perspektiviert.
3   Dieses Label ist aber nicht zutreffend, zumal es die paränetische Funktion der Höllenrhetorik für die Gemeindeglieder unterschlägt. Siehe dazu aus der Dissertationsschrift von M. Henning (2014) 224f. (Le Goff 1984, 350–407).

der Geizige und der Hinterhältige nicht weniger als der ehrenhafte Mensch, denn jeder erhält nach seinen Taten seine Strafe oder das ewige Heil. (Justin: Apologie II,12; zitiert nach: Minois 1994, 117)

Die Hölle ist demnach als ein für die Organisation von Gemeinschaft notwendiger Strafort, der Gottes absolutes Recht allen zuteilwerden lässt. Das Gute wie das Schlechte erhalten zwar nicht ihre inhaltliche Bestimmtheit, wohl aber ihre reale Qualität erst von jenem eschatischen Bevorstand her. Diese Konzeption der christlichen Lehre bewirbt Justin als politisch heilsam und friedensfördernd. Die Hölle als Strafort steht nicht im Konflikt zum Gottesbild, viel mehr ist der Gottesbegriff ohne jene ausgleichende Gerechtigkeit nach Justin überhaupt nicht zu denken. Die letztgültige Herstellung dieser Gerechtigkeit wird im Jüngsten Gericht vollzogen. Auf dieses warten, abgesehen von den Märtyrern, die direkt nach dem Tod in das Himmelreich eingehen, alle Menschen in der Hölle. Dort sind die Seelen der Guten und Bösen bereits getrennt und die Bösen fürchten sich bereits vor der zukünftige Höllenstrafe, während die Christen unerschrocken und furchtlos auf das Ende warten. Zu diesen Christen gehören übrigens auch die grossen griechischen Philosophen und viele ersttestamentliche Figuren, denn von diesen allen gelte, dass sie mit Gottes Wort, d. h. mit Christus, gelebt hätten. Die Lebensführung wirkt sich also hier bereits nach dem Tod belohnend (im Fall der Märtyrer) oder strafend (für alle bösen Seelen, die das Jüngste Gericht fürchten) aus, wobei das endgültige Urteil für alle, die nicht Märtyrer sind, bis zum Jüngsten Gericht ausbleibt. Die Gerechten werden nicht sterben und alle anderen werden solange gestraft, wie Gott will, dass sie existieren und Strafe leiden. Danach – wenn es Gott gefällt – werden sie vernichtet, so dass mit ihrer Existenz auch ihr Leid endet.

Bei Justin ist die Frage, ob die Höllenstrafe ewig währt oder nicht, noch unentschieden. Die Entscheidung liegt bei Gott und die Freiheit Gottes lässt eine theologische Bestimmung der Zeitdauer der Strafe nicht zu. Tastend formuliert er: «[...] [d]enn jeder erhält nach seinen Taten seine Strafe oder das ewige Heil.» Es ist auffällig, dass sich die Zeitangabe nur auf das Heil, nicht aber auf die Strafe bezieht.

3. Begrenzungsversuche der Ewigkeit

Exakt an dieser Frage scheiden sich aber in der Folge die Geister. Wenn die Hölle nicht nur als homiletische Drohkulisse und poimenische Ressource eingespielt wird, wenn sie also nicht vor allem und zuerst die Lebensführung des Menschen rechtfertigen und sanktionieren soll, sondern zunächst auf das

Gottesbild bezogen wird, kann die Rede von der ewigen Höllenstrafe mitunter problematisch werden. Für Clemens von Alexandria oder Origenes ist diese ewige Hölle unvereinbar mit dem gütigen Gott. Sie deuten die Höllenqualen allegorisch als Gewissensbisse und Origenes lehrt eine zeitlich begrenzte, vorläufige Hölle, die er in seine Lehre von der Apokatastasis einordnet:

> Also wird das Ende der Welt kommen, wenn die Sünder mit dem Erdulden der angemessenen Strafe fertig sind. Wie lange das dauern wird, weiss nur Gott. Aber wir glauben, dass die Güte Gottes durch Christus als Mittler jedem Wesen das gleiche Ende schenken wird. (Origenes: De principiis, zitiert nach: Minois 1994, 129)

Gregor von Nyssa interpretiert die Höllenqual gar therapeutisch und vergleicht das Feuer mit dem Ausbrennen einer Wunde. Dieses Verständnis geht freilich sehr weit: Der Patient wird nach der Behandlung dankbar sein und Christus habe nicht nur die Menschheit, sondern auch den Urheber des Bösen geheilt. Einen eigentlichen Dualismus, ein ewiges Ausserhalb Gottes, gibt es in diesen Positionen nicht. Damit verliert die Höllenvorstellung auch ihr Drohpotenzial, weshalb Origenes – Plato ähnlich (Arendt 2000, 320f.) – denn auch empfiehlt, diese Lehre den Intellektuellen vorzubehalten.

4. Ausdehnung für viele – Begrenzung für manche

Gegen diese Entkräftung der Höllenfurcht tritt Augustinus an.[4] Ab dem Jahr 413 schreibt er entschieden gegen die *Misericordes* (die Mitleidigen) an. Mit Misericordes bezeichnet er die Nachfolger des Origenes, die behaupten, dass am Ende der Zeit ein Läuterungsprozess folgen werde, nach dem die Sünder, die fehlbaren Engel, ja sogar der Satan selbst gerettet werden würden. Augustinus unterteilt die Misericordes in sechs Gruppen. Dabei fällt auf, dass die Erlösungsvorstellungen meistens nicht so weitreichend sind, wie Augustinus' Wiedergabe von Origenes Position vermuten liesse. Das Spektrum der Erlösungsvorstellungen reicht von einer durch die Fürbitten der Heiligen allen, unter Absehung von Taten und Lebensführung, automatisch am Tage des Jüngsten Gerichts zufallenden Errettung bis zur Errettung nur jener, die am Glauben festgehalten, auch wenn sie als Sünder gelebt haben.

In seiner Schriftsammlung «Enchiridion» und im 21. Buch von «De Civitate Dei» streitet er gegen diese in seinen Augen «von menschlichen Gefühlsregungen geleiteten» (Ench, 112) Theologien und entwirft ein Gegenbild: Die

---

4 Ich folge hier Le Goffs präziser Darstellung (1984, 84–107).

Verdammten werden im ewigen Feuer leiden (Civ. XXI, 9) wovor sie weder die Taufe noch der Glaube schützen können (Civ. XXI, 25.12), sondern nur die Gnade Gottes (Civ. XXI, 12). Denn die Höllenstrafe ist die Konsequenz der Ursünde Adams, mit der das ganze Menschengeschlecht verdammt worden sei. Diese Gnade wird einem in der Taufe zuteil, kann aber verwirkt werden durch unchristlichen Lebenswandel oder Ketzerei (Civ. XXI, 17). Den Verdammten kann keine Fürbitte mehr helfen, sie sind ewig verloren. Die Heiligen dagegen bedürfen der Fürbitte nicht. Einzig die ‹nicht ganz Guten› und die ‹nicht ganz Schlechten› können profitieren:

> Denn für gewisse Verstorbene allerdings wird das Gebet der Kirche selbst oder das von frommen Christen erhört, jedoch nur für solche, die, in Christus wiedergeboren, ihrem irdischen Wandel nicht so schlecht gestaltet haben, daß man sie für unwürdig der Erbarmung erachtet, noch auch so gut, daß man sie für nicht bedürftig der Erbarmung hält. (Civ. XXI, 24)

Unter Absehung kleiner Änderungen ist diese dogmatische Lehre von der ewigen Hölle, die gegenüber Origenes im Zweiten Konzil von Konstantinopel 543/553 bestätigt wurde, bis ins Mittelalter und darüber hinaus massgeblich geblieben. Wirkungsgeschichtlich unmittelbar bedeutender, weil pädagogisch besser verwertbar, waren die Abhandlungen des bedeutenden Kirchenvaters und Papstes Gregor des Grossen.

Gregors Hölle ist viel plastischer als jene Augustins'. Sein Diakon Petrus fragt ihn, ob man an ein postmortales Reinigungsfeuer zu glauben habe. Gregor kennt zwei Quellen zur Beantwortung dieser Frage: Während die Schrift beweise, dass den Sündern ewige Höllenstrafen mit Feuer und Schwefel drohten (Dial. 4,39), kann man durch Visionen derer, die die Hölle bereits gesehen haben, Näheres erfahren.

So berichtet er beispielsweise von einem verwundeten Soldaten, der für kurze Zeit die Hölle besucht habe. Dort habe dieser eine Brücke über einen dunklen, stinkenden Fluss überqueren müssen – offenbar eine Prüfung. Dabei seien schwarze Männer aus dem Fluss aufgetaucht, die ihn herabziehen wollten, während gleichzeitig weissgekleidete Männer ihn nach oben zu ziehen versucht hätten. Wieder unter den Lebenden war ihm die Bedeutung seiner Höllenvision sofort klar: Er erlag oft der fleischlichen Versuchung, spendete aber auch oft Almosen. Jetzt hatte er erfahren, dass sich dies ganz konkret auf sein ewiges Geschick auswirken würde, und er änderte sein Leben. In einer anderen Geschichte weiss Gregor aus zuverlässiger Quelle, dass der König Theoderich – ein Christenverfolger – vom bereits verstorbenen

Papst Johannes und dem Patrizier Symmachus in den Höllenschlund geworfen wurde. Die politische Verwertbarkeit solcher Schauergeschichten liegt auf der Hand.

Insgesamt steht Gregors Höllenlehre nicht im Widerspruch zu Augustin. Aber er akzentuiert sie anders: Die Höllenstrafe ist ewig und das sei gerecht, denn der Sünder würde, wenn er könnte, auch ewig sündigen. Vor Christi Abstieg in die Hölle sei diese noch zweigeteilt gewesen. Im oberen Bereich hätten die Gerechten des alten Bundes auf ihre Erlösung gewartet, im unteren Teil habe für alle anderen seit dem Sündenfall die Höllenqual schon begonnen. Diese setze direkt nach dem Tod ein (Moralia in Iob, IXX, 13–15). Ausserdem entsprechen verschiedenen Vergehen auch unterschiedliche Bestrafungen. Für die Gläubigen ergibt sich dadurch folgendes Bild: Sie wissen, durch Schrift und Zeugenberichte, dass eine ewige Hölle, deren Bestrafungen direkt nach dem individuellen Tod einsetzen, auf die Sünder – ob getauft oder nicht spielt keine Rolle! – wartet, wo diese ihren Vergehen gemäss gefoltert und gequält werden, ohne dass man je aus ihr entrinnen oder von ihr erlöst werden könnte.

5. Therapie und Strafe

In der Folge entstanden unzählige Höllenvisionen, in denen eine einigermassen prominente und glaubwürdige Person die Hölle besucht, die Qualen drastisch schildert und die dazugehörigen Vergehen aufführt. Besonders schlecht kamen in der Regel die Reichen und die verweltlichten Priester weg.[5] Theologisch sind diese Visionen allesamt nicht besonders originell, vielleicht aber pädagogisch wirksam. Die zeitliche Nähe der Bedrohung, die sofort nach dem Tode eintreffende Höllenstrafe, wird innerhalb der katholischen Kirche – im Gegensatz zu der Ostkirche – zu einem dogmatischen Grundbestand. 1274, beim zweiten Konzil von Lyon, wird sie explizit festgehalten: «Die Seelen derer, die im Zustand der Todsünde oder auch nur der Erbsünde belastet sterben, fahren sofort zur Hölle, wo sie verschiedene Strafen erwarten.» (DH XXX)

Hier spiegelt sich eine weitere dogmatische Unterscheidung in der Sündenlehre, die sowohl bei Augustin als auch bei Gregor schon angelegt ist. Drei Arten von Sünde werden differenziert: Die Todsünde, die Erbsünde und die lässliche Sünde. Während die Todsünde und die Erbsünde direkt in

---

5   Besonders weitverbreitet war die Visio Tnugdali (1148), in der ein irischer Ritter namens Tnugdal die Höllenstrafen drastisch schildert.

die Verdammnis der ewigen Hölle führen, gilt dies für die lässliche Sünde nicht. Die Erbsünde betrifft alle ungetauften Menschen. Unter die Todsünde fallen all jene – getauft oder ungetauft –, die willentlich und bei vollem Bewusstsein eine Sünde, die eine schwerwiegende Materie zum Gegenstand hat (Katechismus der Katholischen Kirche 1857), begangen haben.[6] Lässlichen Sünden fehlt mindestens eines dieser drei Kriterien. Diese Differenzierung innerhalb der Sündenlehre führt analog zu einer Ausdifferenzierung der Höllenstrafe – das zweite Konzil von Lyon hatte ja festgehalten, dass die Seelen verschiedene Strafen erwarten. Neben der Höllenqual für die ewig Verdammten entsteht das Fegefeuer für die weniger schlimmen Sünderinnen und Sünder. Schon Gregor meinte, dass es vor dem endgültigen Gericht ein Reinigungsfeuer für die leichteren Sünden geben könne.[7]

Thomas von Aquin hat sie etwa hundert Jahre später in eine äusserst differenzierte Eschatologie eingebaut und ihr die für Jahrhunderte bestimmende und gültige Form gegeben. In der Konsequenz erlaubt diese Form, an der Ewigkeit der Höllenstrafe festzuhalten, Strafe und Belohnung sogleich mit dem individuellen Tod einsetzen zu lassen, ohne sich selbst gedanklich definitiv in die Kategorien erlöst/verdammt einordnen zu müssen. Es gibt ein Dazwischen, es gibt das Fegefeuer.

Im Konzil von Florenz 1439 gegen die Ostkirche und im Konzil von Trient 1562/63 gegen die Protestanten wurde die Lehre vom Fegefeuer per Dekret in den dogmatischen Kanon der Katholischen Kirche aufgenommen.

---

[6] Was eine Todsünde ist, wird durch die zehn Gebote erläutert, entsprechend der Antwort Jesu an den reichen Jüngling: «Du sollst nicht töten, du sollst nicht die Ehe brechen, du sollst nicht stehlen, du sollst nicht falsch aussagen [...]ehre deinen Vater und deine Mutter» (Mk 10,19). Sünden können mehr oder weniger schwer sein: ein Mord wiegt schwerer als ein Diebstahl. Auch die Eigenschaft der Personen, gegen die man sich verfehlt, ist zu berücksichtigen: eine Gewalttat gegen die Eltern wiegt schwerer als die gegen einen Fremden.

[7] Es ist für meine Rekonstruktion nicht entscheidend, ob, wie Le Goff behauptet hatte, das Substantiv ‹Reinigungsfeuer› – also nicht bloss das reinigende Feuer, in der ersten Hälfte des 12 Jahrhunderts zum ersten Mal auftaucht. Der Sache nach und also von der Idee her, ist es bestimmt älter.

6. Zusammenfassung: Zeitlichkeit als versteckte Integrationsstrategie

Die entwickelten Strategien zur moralisch-pädagogischen Applikation der Hölle an Individuen und Gesellschaften, denen wir auf diesem kleinen Durchgang begegnet sind, lassen sich etwa so zusammenfassen:
Die Hölle wird im strikten Gegenüber zum Himmel als ewiger Strafort gedacht. Aus ihr gibt es kein Entrinnen. Die Zeitlichkeit der Höllenstrafe und schlussendliche erlösende Integration aller Menschen werden abgewehrt. Gleichzeitig bildet sich aber die Idee eines reinigenden Feuers heraus, das den Seelen, die nicht zu den Verdammten zählen, den Eintritt ins Paradies nach verbüsster Strafe gewährt. Ausserdem wird festgehalten, dass dieses reinigende Feuer, wie auch der belohnende Himmel oder die strafende Hölle, unmittelbar nach dem Tod einsetzt. Es ist keine allen Menschen offene Möglichkeit, sondern gilt nur den getauften Christen und Christinnen, deren Lebenswandel nicht so schlecht ist, dass eine Reinigung nicht noch möglich bliebe. Aus dem reinigenden Feuer wird sodann ein vom Höllenfeuer unterschiedener Ort, nämlich das Fegefeuer. Dieses erlaubt nun eine Korrelation von Verbrechen und Strafe, das die Strafe nicht nur nach ihrer Qualität unterscheidbar macht, sondern auch nach der Dauer.

Die mittelalterliche Lehre von der Hölle ist also keineswegs drastischer oder rigider als diejenige der lehrbildenden Kirchenväter – im Gegenteil! Ihr Schrecken liegt nicht in den Foltermethoden, sondern darin, dass die Adressaten sich direkter angesprochen fühlen. Dies geschieht durch zwei Momente: 1. Die mittelalterliche Hölle und das Fegefeuer sind den Gläubigen zeitlich nahe gekommen. Sie drohen ihnen so unmittelbar wie der eigene Tod. 2. Durch die Ausdifferenzierung des Strafsystems steigt die höllische Integrationskraft für eigene Lebensführungsbeurteilungen. Kurzum: Der Mensch fürchtet die Hölle nicht umso mehr, je schrecklicher sie ist, sondern umso mehr er denkt, dass sie ihn bald betreffen könnte und umso mehr sie ihn angemessen betreffen kann. Er muss sich als einen Menschen denken können, dem die Hölle bald und zu Recht blühen könnte. Erst dann wird er sie fürchten und sie wird ihn folglich lenken.

7. Wirksamkeiten: Fazit

Das bestätigt auch die gegenwärtige Forschung zur präventiven Wirkung der Strafandrohung. Bislang konnten keine Effekte einer ‹tough on crime›-Politik gemessen werden (Heinz 2007, 10). Entscheidend ist dagegen die Erwartung bezüglich des Entdeckungs- und Verfolgungsrisikos. Das alleine genügt aber noch nicht, um menschliches Verhalten zu steuern. Dafür ist nämlich ferner entscheidend, in welcher zeitlichen Nähe die drohende Sanktion, beziehungsweise das Unheil erwartet wird. Das lässt sich den Studien zur Wirksamkeit der Tabakwarnhinweise entnehmen: Ganz eindeutig sinkt die Wirksamkeit der Hinweise schon nach kurzer Zeit (Scruzzi 2011). Dabei würde kaum ein Raucher ernsthaft bestreiten, dass Tabakrauch gefährlich, schädlich, ja tödlich ist. Und jedes menschliche Wesen ekelt sich und schaudert vor den Abbildungen sterbender und gestorbener Raucher und ihrer defekten Organe. Aber die Raucherin kann sich einreden, dass es jetzt noch nicht so schlimm, noch nicht so gefährlich ist, dass sie noch lange Zeit hat, ihr Verhalten zu ändern. Wird sie schwanger, hört sie meist unmittelbar auf zu rauchen. Sie findet es glaubwürdig, dass sie ihrem Kind schadet – und zwar jetzt!

Das ist umgekehrt genau der Grund dafür, weshalb uns Klimaberichte und Klimawarnungen zwar interessant erscheinen, unser Glaube an diese ‹unbequeme Wahrheit› dann aber doch nicht reicht, den nächsten Urlaubsort mit dem Fahrrad zu erreichen, statt mit dem Flugzeug. Dass wir fasziniert unseren ökologischen Fussabdruck berechnen, meist jedoch ohne danach auf kleinerem Fuss weiterzuleben. Und das Wissen darum mag dann wiederum Grund sein dafür, dass uns das Waldsterben in den Achtzigerjahren so zeitnah und konkret bevorstand, dass *Die Zeit* kommentierte: «Am Ausmass des Waldsterbens könnte heute nicht einmal der ungläubige Thomas zweifeln.» Heute wissen wir, dass diese Behauptung in mehr als einer Hinsicht daneben lag. Jedenfalls richtet sich jede gescheite medizinische, politische, klimatologische, wirtschaftliche und erzieherische Intervention ihrer Form und ihrem Inhalt nach danach aus, in den Augen des Adressaten eine konkrete, wahrscheinliche, gravierende, für ihn zeitnahe und deshalb relevante Konsequenz seines Tuns oder Lassens so in Aussicht zu stellen, dass der drohende Schaden jetzt gerade noch abgewendet oder wenigstens abgemildert werden kann. All dies hat die mittelalterliche Höllenlehre durch die Integration der zeitlichen Strafe des Fegefeuers zu leisten vermocht.

8. Das Kind mit dem Bade

Die Reformatoren haben das Fegefeuer bekanntlich gelöscht und es ist der Hölle nicht gut bekommen. An der Hölle haben sie aber alle festgehalten. Die Lutheraner haben im 17. Artikel der Confessio Augustana die ewige Pein aufgenommen und Luther selbst hat – wiewohl er längere Zeit an der Lehre vom Fegefeuer festgehalten hatte, sie in den Schmalkaldischen Artikeln von 1537 als «Teufelsgespinnst» abgelehnt. Die Verwerfung der Lehre vom Fegefeuer ging Hand in Hand mit der Kritik des Ablasshandels. Aufgegeben wurde sie letztlich und hauptsächlich deswegen, weil die Reformatoren das Fegefeuer als eine Art postmortale Werkgerechtigkeit interpretiert hatten, welche mit der gratis zufallenden Gnade Christi, die allein als heilsentscheidend gelten durfte, nicht vereinbar schien. Retrospektiv muss das wohl als eine, von der mit dem Ablasshandel tatsächlich verbundenen Pervertierungen der volkstümlich grassierenden Lehre vom Fegefeuer motivierte, überstürzte, der theologischen Differenziertheit der Lehre unangemessene Verkürzung bewertet werden. Was sich als Parallelentwicklung zu differenzierten Moral- und Rechtssystemen über drei bis vier Jahrhunderte entwickelt hatte, wurde nun aufgegeben.

Wie dem auch sei, es blieb fortan ein dualer Ausgang ohne Übergang, ohne Möglichkeit, der graduellen Übereinstimmung eines Lebens, beziehungsweise der graduellen Verfehlung eines Lebens vor Gott Rechnung zu tragen. Die Hölle wurde wieder voll. Die Gläubigen wurden, selbst Adressaten dieser theologischen Lehre, wieder zu potenziellen zukünftigen Bewohnern der Hölle. Ein gerechter und gnädiger Gott drohte aber unverständlich zu werden – und zwar nicht erst seit der Aufklärung – wenn man ihn zugleich als ewigen Rächer und nicht nur als strengen Pädagogen denken wollte. Wer kann einen Gott denken, der sagt: So, das Spiel ist aus – für immer. Die Verdammten hierher zur ewigen Qual, die Erretteten hierher zur glücksseligen Schau!?

Origenes und seine Schüler konnten es nicht und den Aufklärern und Aufklärungstheologen sollte darüber das ganze Gottesbild fragwürdig werden. Die reformatorische Hölle musste fragwürdig werden, weil sie nicht nur die anderen und fremden, sondern ihre eigenen Glieder mit der ewigen Hölle bedrohte. Sie implodierte ob ihrer eigenen Strenge, die so gar nicht anschliessen konnte an die ambivalenten Selbsterfahrungen und Deutungen, die Menschen mit sich in der Welt machen und anstellen. Schleiermacher hat die Lehre von der ewigen Verdammnis entschieden bekämpft: Die ewige Höllenstrafe sei entweder sinnlos oder ungerecht, in jedem Fall aber trübend für die Seligkeit der Erlösten, die ja als Erlöste zu noch mehr Mitleid fähig sein werden, als sie das heute schon sind. Schleiermacher rechnet damit, dass «Kraft der Erlösung dereinst eine allgemeine Wiederherstellung aller menschlichen Seelen erfolgen werde» (CG, 1831, § 163).

Bernhard Lang schreibt im kirchengeschichtlichen Teil des Hölle-Artikels in der RGG 4, dass die katholischen Theologen im 19. und 20. Jahrhundert zurückhaltender gewesen seien in der Abschwächung der Höllenvorstellung. Das ist zumindest eine interessante Deutung und müsste ironisch gebrochen verstanden werden, ist doch die Hölle insgesamt erst durch die protestantische Abschaffung des Fegefeuers unter diesen Rationalitätsdruck geraten. Wenn das Fegefeuer fehlt, fehlt nämlich auch das Mass gradueller Übereinstimmung mit beziehungsweise Abweichung von Gottes Reich. Das Fegefeuer war die entwicklungsgeschichtliche Parallele zur Ausdifferenzierung der Moral- und Rechtsvorstellungen und hätte das therapeutische Kernanliegen der Strafe bestens zu integrieren vermocht. Und indem der Protestantismus sich von dieser theologischen Anschlussmöglichkeit abgeschnitten hatte, wurde er eschatologisch heilstotalitär, freilich bei gleichzeitiger moralischer Impotenz.

Es bedurfte für die katholischen Theologen keiner grösseren Anstrengung, die Lehre des Fegefeuers als Hoffnung auf die ganze Menschheit auszudehnen und sie auf den Moment des Jüngsten Gerichts zu beziehen. Die Folterqualen konnten allegorisch als Gewissensbisse oder Momente der bewussten Entfremdung von Gott interpretiert werden. Die Zeitlichkeit der Strafe und damit auch der therapeutische Impetus waren tief verankert und äusserst anschlussfähig an die modernen Gerechtigkeitsempfindungen.

Ein Überblick über die gegenwärtigen protestantischen Eschatologien zeigt rasch: Die Hölle ist verschwunden, der Himmel steht sehr weit offen und das Fegefeuer – modern unter dem Namen ‹Gericht› – ist der nun wirklich nicht mehr schmale Korridor zu dieser Tür. In Gunther Wenz' diesjährigem Neuling unter dem Titel «Vollendung. Eschatologische Perspektiven» liest sich das so: «Ihre kirchentrennende Funktion verliert die Lehre vom Fegefeuer, wenn sie ganz unter das Vorzeichen der gratis erfolgenden Rechtfertigung im Endgericht tritt, die der Glaube allein um Christi willen und nur im Vertrauen auf ihn erlangt.» (Wenz 2015, 282) Das Votum der Union Evangelischer Kirchen der EKD schlägt in dieselbe Kerbe: «Die neuere katholische Theologie interpretiert das Gericht Jesu Christi dagegen selbst als ‹Fegefeuer› […] Das nähert sich dem Verständnis des Gerichtes Jesu Christi an, wie es von der Erfahrung des rechtfertigenden Christus her für alle Menschen erhofft wird.» (Union Evangelischer Kirchen 2006, 100) Die Frage, wer denn eigentlich bei dieser Annäherung den weiteren Weg zu gehen hatte, können wir hier nicht diskutieren. Jedenfalls zeigt sich gerade in der Lehre von den (vor-)letzten Dingen ein interkonfessioneller Schulterschluss. Das Fegefeuer hat sein inhaltliches Recht unter dem Label Endgericht zugesprochen erhalten, die Lehre von der Hölle bleibt kraftlos in Kraft: Man muss als

Christ an die Hölle glauben und in Christus gleichzeitig hoffen, dass sie leer bleibe. Ein später Sieg Gregors von Nyssa über Gregor den Grossen.

Kurzum: Die Protestanten sind angetreten, das Fegefeuer zu löschen, und haben dabei – aus Versehen! – die Hölle dicht gemacht und nun zusammen mit ihren katholischen Geschwistern aus dem Fegefeuer ein endgerichtliches Hoffnungsinferno entfacht, von dem Gott nur hoffen kann, dass er sich daran die Finger nicht verbrennen möge.

9. Epilog

Dantes Hölle und sein Purgatorium wurden eingenommen und ihre Bewohner exiliert. Justin hatte behauptet, dass jeder nach seinen Taten Strafe oder ewiges Heil erhalten wird. Wir nicken verständnisvoll, weil wir verstehen, dass er noch nicht wissen konnte, dass Therapien viel nachhaltiger und effektiver sind als Strafen.

Wir Nachkommen leben nicht mehr im Angesicht von drohender Strafe und verheissenem Heil. Was ehemals als das Böse galt, verstehen wir als Krankheit. Wir therapieren als Gesellschaft unsere noch nicht integrierten Ränder, wir bessern sie, zu ihrem und zu unserm aller Wohl. Das hat nichts mit Kuscheljustiz oder Kuschelpädagogik zu tun, sondern ist das Ergebnis eines kulturellen Lernprozesses. Zu Recht erschrecken uns Orte, an denen es das Böse noch gibt – etwa in Abu-Gurahib und in unseren Gefängniszellen der Verwahrten.

Und wir kennen Techniken, die es uns individuell erlauben, unser Leben zu steigern, wir glauben an die ganzheitliche Bildung, die diese pathologischen Übel präventiv zu verhindern hat. Unsere Vervollkommnung ist irdisch-immanenter Natur.

Das ist gewiss heilsam und bestimmt wollen wir nicht zurück und ganz sicher können wir es auch nicht. Es ist gut, dass wir keine Hölle und keinen ewig zürnenden sadistischen Übervater mehr fürchten, und es ist gut, dass wir uns mit unseren Wünschen und Sehnsüchten nicht in ein jenseitiges Paradies flüchten.

Mit dem Fegefeuer haben wir aber auch eine Entlastungsfigur verloren, die es uns erlaubt hatte, nicht jetzt schon sein zu müssen, was wir sein sollten. Mit der Hölle haben wir den Ort verloren, an dem das Unintegrierbare seinen Ort hatte. Und weil der Himmel, der nun, indem er das Gute wie das Böse aufnehmen musste, grau geworden ist, droht das einzelne menschliche Leben nicht nur unter dem Wegfall des Fegefeuers ethisch überbeansprucht, sondern angesichts dieses alles integrierenden Gottes letztlich annihiliert zu werden.

Literatur

Arendt, Hannah, Religion und Politik, in: Hannah Arendt (Hg.), Zwischen Vergangenheit und Zukunft. Übungen im politischen Denken, München 2000, 305–326.

Balabanski, Vicky, Eschatology in the making. Mark, Matthew, and the Didache, Cambridge 1997.

Czachesz, István, The grotesque body in early Christian discourse hell, scatology, and metamorphosis, Sheffield 2012.

Gonzalez, Eliezer, The fate of the dead in early third century North African christianity the passion of Perpetua and Felicitas and Tertullian, Studien und Texte zu Antike und Christentum, Tübingen 2014.

Heinz, Wolfgang, Mehr und härtere Strafen = Mehr innere Sicherheit! Stimmt diese Gleichung? Strafrechtspolitik und Sanktionierungspraxis in Deutschland im Lichte kriminologischer Forschung, Osaka 2007.

Henning, Meghan, Educating early Christians through the rhetoric of hell. «Weeping and gnashing of teeth» as Paideia in Matthew and the early church, Tübingen 2014.

Le Goff, Jacques, Die Geburt des Fegefeuers. Vom Wandel des Weltbildes im Mittelalter, aus dem Franz. übers. von Ariane Forkel, Stuttgart 1984.

Minois, Georges, Die Hölle. Zur Geschichte einer Fiktion, aus dem Franz. übersetzt von Sigrid Kester, München 1994.

Müller, Caspar Detlef Gustav, Offenbarung des Petrus (Einleitung und deutsche Übersetzung), in: Schneemelcher, Wilhelm (Hg.): Neutestamentliche Apokryphen in deutscher Übersetzung, Bd. 2, Apostolisches, Apokalypsen und Verwandtes, Tübingen 1989, 562–578.

Sailors, Timothy B., Der Römerbrief und die 2. (syrische) Baruch-Apokalypse, in: Schnelle, Udo (Hg.): The Letter to the Romans, Löwen 2009, 563–594.

Schleiermacher, Friedrich Daniel Ernst, Der christliche Glaube nach den Grundsätzen der evangelischen Kirche im Zusammenhange dargestellt, erster und zweiter Band, aktual. Studienausg. d. 2. Aufl. von 1830/31, hg. v. Schäfer, Rolf, Boston 2011.

Scruzzi, Davide, Sinkende Wirkung von Tabak-Warnungen, in: NZZ vom 20.10.2011, www.nzz.ch/sinkende-wirkung-von-tabak-warnungen-1.13056801.

Uhlig, Siegbert, Das äthiopische Henochbuch, Jüdische Schriften aus hellenistisch-römischer Zeit, Bd. 5, Apokalypsen, Gütersloh 1984.

Union Evangelischer Kirchen (Deutschland) Theologischer Ausschuss (Hg.), Unsere Hoffnung auf das ewige Leben. Ein Votum des Theologischen Ausschusses der Union Evangelischer Kirchen in der EKD, Neukirchen-Vluyn 2006.

Wenz, Gunther, Vollendung: Eschatologische Perspektiven, Studium systematische Theologie, Göttingen 2015.

Harald Matern

Auf den Himmel hoffen
Zu ethischen Implikationen der christlichen Zukunftshoffnung

1. Einführung

Ein zentraler Bestandteil der christlichen Tradition ist die Hoffnung auf den Himmel. Dass ein glaubender Mensch nach dem Ende seines Lebens «in den Himmel» kommt oder zumindest darauf hoffen darf, dorthin zu gelangen, gehört nach wie vor zu den Kernaussagen des christlichen Glaubens. Das christliche Kinderbuch diskutiert gerne die Frage, ob auch Hunde oder Meerschweinchen dort einen Platz finden (Zink 2003; Hagencord 2008; 2011).

Angeknüpft wird dieser Glaube an die Vorstellung, Jesus sei nach seiner Auferstehung als Christus in den Himmel aufgestiegen, «in die Wolken entrückt» worden – und dies werde den Glaubenden, nach der Absolvierung der Formalitäten des Letzten Gerichts, ebenfalls geschehen können. Dem Himmel kommt dabei eine zeitliche wie eine räumliche Bestimmung zu: Er ist ein Ort, der zugleich die Zukunft der Gläubigen darstellt. Letzteres ist ambivalent, denn der Himmel kann nicht selbst zukünftig sein, er ist bereits und ewig gegenwärtig; nur für die Einzelnen und Vielen stellt er je *ihre* Zukunft dar, da er offenbar ausser- oder oberhalb der irdisch-zeitlichen Gefilde verortet ist.

Neben die räumliche und zeitliche Einordnung treten inhaltliche Bestimmungen der Himmelshoffnung. Der Himmel wird als paradiesischer Ort vorgestellt. Am Kreuz soll Jesus einem Mitverurteilten versprochen haben: «Amen, ich sage dir: Heute noch wirst du mit mir im Paradies sein» (Lk 23,43). Bereits innerhalb der Bibel war der Himmel, der im Alten Testament als Wohnort Gottes vorgestellt wird, mit den Bildern des ursprünglichen Paradieses assoziiert worden; die Vorstellung einer Sphäre «oberhalb» der Erde und ihres Firmaments wurde verbunden mit der Idee des leid- und gewaltfreien Eden, in dem Gott als Gärtner über Tiere und Menschen herrscht.[1] Mit der Verbindung beider Motive ging die «Verjenseitigung» des

---

1 Gen 1,1–2,4a; vgl. auch Jes 5; Jes 58,11 u. ö.

Paradieses[2] einher: So, wie der Himmel als Wohnort Gottes den geschichtlichen Bewegungen grundsätzlich enthoben ist, so wird nun auch das Paradies nicht mehr als irdischer Garten vorgestellt. An dessen Stelle treten Bilder wie dasjenige vom «Neuen Jerusalem», das nach der Offenbarung des Johannes am Ende der Zeit – eben vom Himmel herabsteigt (Apk 21,1–2). Entsprechend der paradiesischen Assoziationen wird auch im endzeitlichen «Himmel» eine solche Ordnung herrschen, die das Ende von Leid und Gewalt, ja von zeitlichen Übeln wie Hunger und Krankheit insgesamt bedeutet. Die Herrschaftsmetaphorik, mit der im Neuen Testament von dem zu erwartenden Heil gesprochen wird, kennt daher auch nicht nur das semantisch eher schlichte «Reich Gottes», sondern auch das «Königreich der Himmel», das wir etwa in den Seligpreisungen der Bergpredigt (Mt 5,1–12) finden.

Von besonderer Wichtigkeit ist, dass in diesem endzeitlichen Geschehen der Himmel und die Erde neugeschaffen werden – und neu geschaffen wird auch der Mensch, so dass «der Tod nicht mehr sein» (Apk 21,4) wird. So war es auch im Paradies. Der Einzelne und die Vielen sind je für sich und in ihrem Zusammenhalt Teile einer wohlgefügten Ordnung. In den Himmel zu kommen, stellt damit auch eine Form der Rückkehr dar.

Da die biblischen Texte – abgesehen von einigen Spekulationen – keine ausführlichen weiteren Informationen über den Himmel liefern und der Apostel Paulus im 2. Korintherbrief mit besonderer Deutlichkeit auf die Nichtwissbarkeit der genauen Umstände des himmlischen bzw. paradiesischen Lebens verweist (2Kor 12,2–4), ist der Himmel ein *locus*, der die Gläubigen schon immer zu besonderen Anstrengungen der Vorstellungskraft angeregt hat – und dies auch heute noch tut.

In meinem Beitrag möchte ich zunächst kurz weiter auf die Karriere des Himmelsbildes, besonders in der westlichen Moderne, eingehen. In einem weiteren Schritt möchte ich nach dem besonderen Charakter des «Hoffens» fragen, das sich auf den *Himmel* bezieht. Schliesslich werde ich einige Reflexionen über die ethische Funktion sowohl des Hoffens wie des Himmels anstellen und meine Überlegungen in einem Schlussvotum zusammenführen.

---

2   Vgl. zur Genese des «Himmels» v. a. Lang, Bernhard / McDannell, Colleen, Der Himmel. Eine Kulturgeschichte des ewigen Lebens, Frankfurt a. M. 1990; für den biblischen Kontext v. a. 17–44.

2. Der leere Himmel und die offene Zukunft

Während die antike und mittelalterliche Frömmigkeit und Theologie sich weitgehend unbehelligt von metaphysischen Zweifeln mit dem genauen Ort bzw. der Beschaffenheit des Himmels auseinandersetzen konnten, gerät die Himmelshoffnung in der Neuzeit, spätestens in der europäischen Aufklärung, in eine tiefe Krise. Die in der Philosophie Kants zum Ausdruck kommenden grundsätzlichen Zweifel an der Realität der biblischen und traditionellen Himmelsvorstellungen (unbeschadet ihrer ethischen Funktion) sowie die aufkommende historische Kritik, lassen den Theologen Friedrich Schleiermacher in seinen dogmatischen Ausführungen die traditionellen eschatologischen Motive als mythische bzw. visionäre Illustrationen der bereits sonst in der Dogmatik entwickelten Aussagen über das fromme Selbstbewusstsein einordnen (Herms 2003, 125–149; Schleiermacher 1999, §§ 157–163; Weeber 1998, 577–598). Ihr bildlicher Gehalt ist zwar für die persönliche Erbauung angemessen, ein Erkenntnisgewinn lässt sich aus ihnen jedoch nicht ziehen. Über die Vorstellung eines Fortlebens der Einzelnen nach dem Tod lässt sich nach Schleiermacher nicht einmal besonders sinnvoll spekulieren.

Dieser «leere Himmel» (vgl. Link 2007, 63–79) setzte bei einem grösseren Teil der Theologen des 19. und frühen 20. Jahrhunderts grössere Energien für den Umgang mit dem innerweltlich-zeitlichen Leben frei. Wirkmächtige Denksysteme wie dasjenige Albrecht Ritschls bedurften geradezu eines leeren Himmels, um das Reich Gottes auf die Erde herab zu holen und als Zentralbegriff einer Theologie der Geschichte zu verankern. Analog zur Verzeitlichung der christlichen Eschatologie in den aufklärerischen und nachfolgenden teleologischen Geschichtsmodellen geriet auch innerhalb der Theologie die Rede von Letzten Dingen zu einer Rede von der innergeschichtlichen Zukunft. Geschichte war damit Fortschritt, stetige Vermehrung der Überformung der Gegebenheiten in der Welt durch das geistige Leben (Koselleck 2000, 131–149; Löwith 2004). Der Himmel war für dieses Denken keine «Hinterwelt» (Nietzsche) mehr, sondern wurde zu einem Ideal sozialer Strukturierung, das das praktische Ziel christlicher Bildungsprozesse auf individueller wie kollektiver Ebene beschrieb.

Neue Energie erhielt die theologische Rede vom Himmel nicht von ungefähr in der Zeit der Kulturkrise um den Ersten Weltkrieg. Während einige Theologen die «liberale» Denkungsart im Anschluss an die Aufklärung, allerdings unter erneuerten Vorzeichen weiterverfolgten, breitete sich im Gefolge insbesondere Karl Barths ein neuer Wunsch nach gegenständlicher Gottesrede aus. Damit einher ging die Renaissance der Eschatologie, die nicht mehr blosse Geschichtsphilosophie sein, sondern als fundamentaltheologisches Kernstück das Spezifikum des christlichen Glaubens herausarbeiten sollte. Pate standen dieser Bewegung nicht von ungefähr diejenigen biblischen Texte, in denen endzeitliche Stimmung par excellence zum Ausdruck kam:

Die neue theologische Wende zur Eschatologie stand im Kontext apokalyptischer Zeitdeutungen, die weit über den religiösen Kontext hinaus Verbreitung fanden (Vondung 1988). Krisenwahrnehmungen bedienen sich nur zu gerne aus dem Bilderschatz der jüdisch-christlichen Apokalyptik, wenn sie eine geeignete Ausdrucksform suchen. Wenn allerdings die These Klaus Vondungs stimmt, dass die spezifisch modernen Formen der Apokalyptik gerade nicht mit dem Himmel rechnen, sondern das Katastrophische und den Untergang um ihre hoffnungsvolle Spitze «kupieren», dann kann eine theologische Wiederbelebung des «Himmels» als Gegenprogramm gelesen werden, das im Verdacht des Antimodernismus steht (Graf 1987, 555–566; Gundlach 1991, 209–226).

Das war allerdings nicht intendiert. Keinesfalls wollte man im Gefolge Barths unkritisch hinter die Aufklärung zurück, weder erkenntnistheoretisch noch ethisch. Und während manche Theologen ihr Heil entweder weiterhin in geschichtsphilosophischen Modellen (wie demjenigen des religiösen Sozialismus) suchten (Tillich 1933) und andere die endzeitlichen Bestimmungen zunehmend als Ausdruck existenzialer Strukturen des Menschen verstanden (Bultmann 1980, 38–64; 2008, 55–84), stand bei Barth die erneute Hinwendung zur Eschatologie im Dienst eines erkenntnistheoretischen Programms, das unter Rekurs auf den Glaubensbegriff zugleich eine spezifische Form der Wissenschaftlichkeit für die Theologie etablieren wollte.

In seiner Dogmatikvorlesung aus den Jahren 1925/26, die später unter dem Titel «Unterricht in der christlichen Religion» (Barth 1925/26, GA3) veröffentlicht wurde, führt Barth aus, es gehe der Eschatologie, als «Lehre von der Hoffnung» (Barth 1925/26, 392) vor allem um die «Erkenntnis des Problems der Hoffnung» (Barth 1925/26, 391). Positiv könne nämlich im Rahmen des religiösen Glaubens nur auf sehr wenig gehofft werden. Keine Extrapolationen aus Bekanntem, keine Naturbeobachtung und keine Prognosen stützen die christliche Hoffnung auf ein Leben nach dem Tod. Die Eschatologie, die Lehre von den letzten Dingen, hat zur Aufgabe, genau dies zu verdeutlichen und zugleich kritisch fruchtbar zu machen. Sie weist auf «den leeren Fleck in der Mitte des Bildes» (Barth 1925/26, 400) hin, der sich noch in jeder «Weltanschauung» verbirgt, insofern sie eine transzendente «Einheit» oder «Synthese» (ebd.) voraussetzen muss, einen Zielpunkt, der es ihr erlaubt, das Gegenwärtige auf die Zukunft zu beziehen.

Dasselbe gilt nach Barth auch für die christliche Hoffnung auf den Himmel. Barth kann den «Himmel» in seiner parallelen Vorlesung über das Johannesevangelium (Barth 1925/26, GA9) in diese Leerstelle einsetzen. Allerdings nicht in Form eines ausgeführten Bildes des Himmels, sondern nur als Verweis auf das «prinzipielle[n] Oberhalb alles Gewordenen» (Barth 1925/26, 80). Vom Himmel kann man nicht selbst etwas «herunterholen» (217), alles was von dort kommt, die Gnade und das Heil sowie die Erkenntnis derselben, müssen von selbst kommen, «senkrecht von oben» (Barth 1925/26, 187).

Der Himmel muss offen bleiben, um jeden Preis, das scheint die kritische Botschaft dieser Eschatologie zu sein. Gewendet ist sie sowohl gegen die Vereinnahmung der Zukunft durch deren Domestizierung in Szenarien, Modellen oder durch simple teleologische Unterstellungen als auch gegen die Reduktion des Zukünftigen auf blosse temporale Bestimmungen des individuellen Bewusstseins. Die Himmelshoffnung soll mehr sein, als blosse Spekulation und anderes, als reines Kalkül.

Damit ergeben sich in einer ethischen Perspektive zwei Probleme. Einerseits dasjenige des epistemischen Status' der Himmelshoffnung: Wird mit einer solchen Perspektivierung der Zukunft überhaupt orientierendes Handlungswissen erzeugt – und falls ja, welcher Art ist es? Zweitens muss, wenn die Hoffnung auf den Himmel orientierende Kraft für die Gegenwart erzeugen soll, ein inhaltlicher Mehrwert über die kritische Dekonstruktion der Kolonialisierung des Zukünftigen hinaus erzeugt werden. Dabei kann dieser Mehrwert wiederum nicht ohne Rücksicht auf seinen epistemischen Status handlungsorientierende Geltung beanspruchen. Beide Probleme möchte ich anhand von Beispielen in den folgenden zwei Abschnitten meines Beitrags behandeln.

3. Himmelshoffnung – Differenzbewusstsein und Extrapolationen

Der eschatologische Neueinsatz der Theologie bei Karl Barth hat eine breite Wirkung in der deutsch- und englischsprachigen Theologie des 20. Jahrhunderts entfaltet. Vermittelt wurde diese Wirkung insbesondere durch die international rezipierten Jürgen Moltmann und Wolfhart Pannenberg. Beide versuchten, das liberaltheologische Denkmodell mit der «radikalen Eschatologie» (Sauter 1995, 18–22; 96–118) Barths und anderer zu verbinden. Zugleich kann das erneute Aufflackern der Eschatologie nach dem Zweiten

Weltkrieg als theologischer Bewältigungsversuch der Katastrophe verstanden werden. Wie der Theologe Paul Tillich formuliert, sei «[e]rst mit den geschichtlichen Katastrophen in der ersten Hälfte dieses [sc. des 20.] Jahrhunderts und mit der drohenden Gefahr der Selbstvernichtung des Menschen seit der Mitte des [sc. 20.] Jahrhunderts […] das eschatologische Problem zu einem leidenschaftlichen Anliegen des Menschen geworden.» (Tillich 1966, 448).

Während parallel die radikale «Tod-Gottes-Theologie» erste Blüten trieb, veröffentlichte Jürgen Moltmann 1964 seine «Theologie der Hoffnung». Zwei Jahre vorher hatte Wolfhart Pannenberg seine Programmschrift «Offenbarung als Geschichte» lanciert. Beide Ansätze verbinder zum einen die erneute Einzeichnung der Eschatologie in die Geschichte, diesmal aber in kritischer Überbietung eines einfachen Fortschrittsdenken. Das Letztgültige ist in der Geschichte präsent und gemahnt gerade auf diese Weise zu einem kritischen Geschichtsbewusstsein. Dieses Bewusstsein drückt sich bei beiden wiederum in spezifischen epistemischen Figuren aus, die sich auf die Zukunft beziehen.

Jürgen Moltmann stellt programmatisch den Begriff der Hoffnung ins Zentrum auch seiner weiteren Theologie, bei Wolfhart Pannenberg lautet der zentrale Begriff «Antizipation». Beide Konzepte wollen das kritische Bewusstsein der Theologie Barths bewahren und zugleich das Problem des «leeren Himmels» lösen.

Moltmann führt aus, dass die «christliche Eschatologie […] nicht von der Zukunft überhaupt» spreche, sondern «von einer bestimmten geschichtlichen Wirklichkeit» ausgehe, um «deren Zukunft» anzusagen (Moltmann 1964, 13). Was zunächst nach einer Form der Extrapolation klingt, ist der Versuch, eine inhaltliche Bestimmung des Eschaton vorzunehmen. Denn die genannte «geschichtliche Wirklichkeit» ist für Moltmann in Leben und Werk Jesu präsent. Die christliche Zukunftshoffnung hat demnach ihr inhaltliches Kriterium an zentralen Aussagen der Christologie. «Christliche Eschatologie spricht von Jesus Christus und *seiner* Zukunft.» (Moltmann 1964, 13). Auf diese Weise erzeugt Moltmann eine Entsprechung zwischen Vergangenheit und Zukunft. Was Jesus verkündigt hat bzw. wie sein Tod interpretiert wurde, hat Geltung für die zu erwartende Zukunft. «Hoffnung» ist, als der Modus der Vorwegnahme dieser Zukunft, zugleich kritisch auf die Gegenwart als auch konstruktiv auf die jeweilige Lebensgestaltung bezogen. Damit wird aus der «Ewigkeit des Himmels» die «Zukunft […] der Erde» (Moltmann 1964, 16). Epistemisch kennzeichnet Moltmann die Hoffnung als «realistische Wahrnehmungen der Horizonte des Real-Möglichen, die alles in Bewegung versetzen und in Veränderlichkeit erhalten» (Moltmann 1964, 20). Damit die Hoffnung praktisch werden kann, muss sie das Denken der Menschen gewissermassen einfärben. «Das bedeutet für das Erkennen, Begreifen und Bedenken der Wirklichkeit wenigstens dieses, daß im Medium der Hoffnung die theologischen Begriffe […] zu Vorgriffen [werden], die der Wirklichkeit ihre Aussicht und ihre zukünftigen Möglichkeiten aufdecken.» (Moltmann 1964, 30).

Ein ganz ähnliches Modell findet sich bei Wolfhart Pannenberg – der aufgrund dieser Ähnlichkeit nicht zu Unrecht einen gewissen Plagiatsverdacht gegen Moltmann hegte. Die Antizipation des Zukünftigen, auch hier – wenngleich weniger programmatisch – als «Hoffnung» und «Erwartung» bezeichnet, ist ein zentraler Bestandteil des Umgangs mit der Geschichte. Geschichte selbst ist als Konstrukt immer das Resultat von Deutungsprozessen, sowohl im Blick auf Vergangenes als auch hinsichtlich der Zukunft. «Geschichte fügt sich nie aus sogenannten *bruta facta* zusammen. Als Menschengeschichte ist ihr Geschehen immer schon mit Verstehen verflochten, in Hoffnung und Erinnerung, und die Wandlungen des Verstehens sind selbst Geschichtsereignisse.» (Pannenberg 1961, 112). Ähnlich wie bei Moltmann wird die Zukunft von der Vergangenheit her gedeutet. Pannenberg verweist auf die «vorweggenommene Vollendung der Geschichte im Geschick Jesu» (Pannenberg 1961, 129). Zukunftsaussagen sind Extrapolationen aus der Deutung dieses Ereignisses und in der Gestalt der Kirche ist Gottes Zukunft bereits exemplarisch präsent.

Hoffnung ist, folgt man beiden Autoren, ein inhaltlich qualifiziertes Differenzbewusstsein. Für die Spezifizierung der inhaltlichen Qualifizierung wird die Einbildungskraft herangezogen, die aus sicher geglaubtem Wissen um Vergangenes eine Zukunft konstruiert, die als Möglichkeit der Gegenwart handlungsleitende Kraft für die Hoffenden hat. Externe Kriterien für die Überprüfung dieser Inhalte werden unterschiedlich bewertet.

4. Use your Illusion: Zur «Ethik der Hoffnung»

Das Programm einer Wiederbelebung der eschatologischen Hoffnung auf den Himmel krankt an seiner Konkretisierung. Das wird deutlich, wenn man auf die inhaltliche Ausgestaltung blickt, die etwa Moltmann in einer kurzen Skizze am Ende seiner «Theologie der Hoffnung» mit dem Titel «Exodusgemeinde» entfaltet. Die Christen in ihrem eschatologischen Selbstverständnis sollen exemplarisch und keimhaft die hoffend antizipierten Inhalte materialisieren. Das tun sie, indem sie das Verheissene, den «eschatologische[n] Erwartungshorizont des Reiches Gottes, seiner Gerechtigkeit und seines Friedens mit einer neuen Schöpfung, seiner Freiheit und seiner Humanität» (Moltmann 1964, 308), verkündigen und vorleben, innerhalb des Gottesdienstes und ansonsten – ganz wie bei Luther – ein jeder in seinem Beruf. Offenbar verbindet Moltmann mit der christlichen Hoffnung insbesondere eine soziale Vision, die aber in ihren Konturen seltsam unscharf bleibt. Etwas konkreter wird Moltmann in seiner 2010 erschienenen «Ethik der Hoffnung», die er unter den friedensbewegten Grundsatz «Aus Schwertern Pflugscharen machen!» stellt. Hier formuliert er soziale, politische und ökologische «Handlungsvorschläge», häufig in mehr oder minder direkter Übertragung von Aussagen der Bergpredigt. Dass bedeutet, dass die inhaltliche Ausgestaltung der Ethik nicht selbst aus der Eschatologie stammt. Vielmehr wird sie durch die Übertragung von Traditionsgut auf aktuelle Situationen gewonnen. Der Vorgang dieser Übertragung selbst folgt keinem erkennbaren Prinzip.

Anders bei Wolfhart Pannenberg, der sich mehr oder minder offen zu einem biblisch orientierten Konservatismus bekannte. In beiden Fällen ist die Vergangenheit die Quelle für den Umgang mit dem Zukünftigen – unter der Voraussetzung, dass im Vergangenen das Zukünftige bereits Vorweggenommen wird. Deutlich ist in beiden Fällen, dass der Mehrwert der eschatologischen Ausrichtung der Dogmatik wie der Ethik ganz offensichtlich nicht auf der inhaltlichen Ebene liegt. Keine spezifischen Inhalte aus der Zukunft werden handlungsleitend. Die Einzeichnung des Letzt- und Endgültigen in die Strukturen der wahrgenommenen Welt hat vielmehr einen motivationalen Charakter. *Sub specie aeternitatis* verliert das Endlich-Geschichtliche gerade nicht an Sinn, Wert und Bedeutung, wenn das Ewige als Teil der Geschichte verstanden wird. Das Anliegen dieser Entwürfe ist es, die Welt unendlich ernst zu nehmen. Dennoch wird gerade an diesen Beispielen eine zentrale Ambivalenz der Kopplung von Zukunftshoffnung und Ethik deutlich. Die mangelnde inhaltliche Füllung der Zukunftserwartung bedarf der Konstruktion von Inhalten anhand des Vergangenen. Nicht nur eignet ihr dadurch ein konservativer Grundzug. Vielmehr wird auch der Vorgang der Konstruktion selbst verschleiert.

Ein ähnliches Anliegen wie Moltmann und Pannenberg vertritt der Theologe und Philosoph Paul Tillich. Allerdings geht er dazu einen anderen Weg. Auch bei ihm ist die Eschatologie im Wesentlichen eine Theorie der Geschichte. Das «eschaton» – wie Tillich formuliert – ist der «symbolische Ausdruck für die Beziehung des Zeitlichen zum Ewigen – genauer, für den

«Übergang» vom Zeitlichen zum Ewigen» (Tillich 1966, 447). Mit der Betonung, hierbei handle es sich um ein reines Symbol bzw. eine «Metapher» (Tillich 1966, 447) will Tillich sich von solchen Positionen abgrenzen, die in den einzelnen eschatologischen Bildworten, im «Himmel» besonders, bloss «das idealisierte Abbild des Lebens, wie es innerhalb der Geschichte und unter den allgemeinen Bedingungen der Existenz erfahren wird» (Tillich 1966, 449) darstellen. Solche «Projektionen» trügen gerade nichts für eine Sinngebung der Geschichte aus, die auch deren tatsächlichen Verlauf ernst nehme. «Was sich in Raum und Zeit ereignet, in dem kleinsten Stück Materie wie in der grössten Persönlichkeit, ist von Wichtigkeit für das ewige Leben.» (Tillich 1966, 450). Tillich entfaltet diese Konzeption anhand der «konkreten Symbole» «Leben», «Reich» und «Gericht». Dabei bezeichnet das «Reich Gottes» alle solchen innergeschichtlichen Zustände, in denen die Überwindung der «Zweideutigkeiten» des Lebens gelingt. Tillich hat hier insbesondere politische und soziale, aber auch individuelle Aspekte im Blick – mit einem deutlichen Schwergewicht auf der Politik, die «das beherrschende Element in der geschichtlichen Existenz» (Tillich 1966, 444) ist.

Während das Reich Gottes demnach in spezifischer Weise ein ethisch-politisches Symbol ist, dessen Realisierung in allen Lebensbereichen, exemplarisch aber in den Kirchen, geleistet werden soll, so repräsentieren das «Gericht» und das «ewige Leben» eher «transzendente» Aspekte des Eschatons. Wichtig ist Tillichs Beharren darauf, dass auch hier den Realgeschichtlichen Zusammenhängen die Bedeutung nicht entzogen wird. «[N]ichts, was in der Geschichte geschaffen wird, [ist] verloren; aber es wird von den negativen Elementen befreit, mit denen es innerhalb der Existenz vermischt war.» (Tillich 1966, 450). Dazu zählen etwa «Krankheit, Tod, Lüge, Zerstörung, Mord» (Tillich 1966, 451).

Bei diesen Ausführungen wird der Leser den Eindruck nicht los, dass es sich auch hier um Extrapolationen des Diesseitigen handelt, die vor dem Hintergrund einer Metaphysik des Geistes entfaltet werden. Zudem ist es auch hier der Formalismus der Symbole, der ethische Konkretisierungen jedenfalls erschwert. Das Reich Gottes als Ideal sozialer Strukturierung ist ein hilfreiches Symbol. Dennoch könnte es sein, dass eine Ethik der Hoffnung weiterer Unterstützung bedarf, die ihren religiös informierten Charakter auch deutlicher hervortreten lässt.

Es könnte, so möchte ich schliessen, für die theologische Ethik hilfreich sein, sich anderer Bilder zu bedienen, wenn sie von der Zukunft spricht, als bisher versucht. Dabei kann es sich um Bilder handeln, deren Symbolizität sich selbst aufgrund ihrer Alltagsferne enthüllt: Das «neue Jerusalem» (Räpple 2001), die «Hure Babylon», der «Schwefelsee» oder auch die Cherubim vor Gottes Thron – gerade diese Bilder könnten daraufhin befragt werden, ob ihnen ein Orientierungssinn abgewonnen werden kann.

Dieser Orientierungssinn wäre ein indirekter. Dass das endzeitliche neue Leben mit Gott in einem riesigen Würfel stattfinden soll, der auf den Wolken vom Himmel herabschwebt, hat keinerlei ethischen Mehrwert für unsere Gegenwart. Vielmehr weist diese Vorstellung uns auf die radikale Andersartigkeit dessen hin, was dereinst möglich sein könnte. Das fremdartige, irritierende Symbol enthüllt sich selbst sofort als Symbol. Es läuft nicht Gefahr, zu einer «absoluten Metapher» (Blumenberg) zu geraten, die ihren metaphorischen Charakter verschleierte. Selbst die bibeltreusten Christen neigen zu einer allegorischen Deutung.

Durch die Verwendung derart irritierender Symbole wird der konstruktive Charakter solcher *social imaginaries* (Castoriadis 1986, 115–164; Löwith 1991, 129–172; Taylor 2004) offengelegt, die unser zukunftsbezogenes Handeln bewusst oder unbewusst und Hand in Hand mit Ideologien und Ontologien (Steger / James 2013, 1–2, 17–40, 23) beständig leiten. Der Mehrwert einer religiös informierten Zukunftshoffnung könnte darin bestehen, den irrationalen Kern unserer ethischen Leitvorstellungen nicht als vollständig rationalisierbar verkaufen zu müssen. Die Hoffnung auf den Himmel spricht deutlich über die Rolle menschlicher Imaginationskraft, wenn es um die Gestaltung der Zukunft geht. Die Einbildungskraft spielt eine wichtige Rolle bei der Konstitution von Handlungszielen. Handlungsintentionalität impliziert die Vorstellung möglicher Welten, in denen der Effekt der Handlung bereits eingetreten ist. Diese antizipativen Vorstellungen sind nicht in erster Linie rationaler Art, sondern bildhaft und intuitiv – so wie Handlungsintentionen im Alltag zumeist erst nachträglich rationalisiert werden (können). Die Rolle einer symbolischen Tradition kann in diesem Zusammenhang darin bestehen, auf diesen Vorgang aufmerksam zu machen und ihn einer kritischen Analyse zuzuführen. Ihre konstruktive Rolle könnte aber darin bestehen, zur Rückkehr zu einem affirmativen Umgang mit der Imagination anzustiften.

So gesehen steht der Himmel nicht nur für das Bewusstsein der Differenz dessen, was ist, und dessen, was (noch) nicht ist, sondern auch für das Wissen um die Prozesse der Überbrückung der Distanz zwischen Himmel und Erde. Wir lernen nicht etwas über den «Himmel», wenn wir ans «neue Jerusalem» denken, wohl aber etwas über das menschliche Bewusstsein.

Allzu direkt sollten wir den Himmel nicht auf die Erde abbilden – bzw. die Erde in den Himmel projizieren. Der Himmel muss leer bleiben, jedenfalls im ontologischen Sinn. Wir können nicht wissen, was kommt, und wir dürfen es, theologisch gesehen, auch gar nicht.

Dennoch benötigen wir Bilder des Letzten und Letztgültigen, nicht nur in der Religion, sondern im Alltagshandeln insgesamt. Die Imagination schafft uns Bilder dessen, was nicht ist – und ohne Bilder können wir das Letzte gar nicht wollen. Ohne uns das Gute konkret vorzustellen, wird es uns schwerlich motivieren. Die traditionell christliche Verzahnung von Himmels- und Paradiesvorstellungen hat nicht den Sinn einer regressiven Sehnsucht nach Rückkehr in den Mutterschoss. Und auch die hübschen interkulturellen Paradiesbilder etwa der Zeugen Jehovas könnten nur unter Aufbietung intellektueller Gewalt als realistische Abbildungen des Zukünftigen verstanden werden.

Dass die religiöse Symbolik einen Realismus ganz eigener Art[3] mit sich bringt, versteht allerdings nur, wer zugleich bereit ist, hinter die vorgebliche Rationalität öffentlich-diskursiver Prozesse auf deren irrationalen Kern zu blicken. Hier wie dort sind es Imaginationen, die handlungsleitend werden können. Sowohl in der gesamtgesellschaftlichen Öffentlichkeit wie auch in der Religion ist ein kritischer Umgang mit medialen Bildwelten vonnöten. Die Religion allerdings hat häufig selbst die symbolischen Ressourcen einer Symbolkritik.

Das «Reich Gottes» ist zweifelsohne unter anderem auch eine motivierende soziale Utopie. Die Plausibilität dieses Symbols liegt darin, dass hier ausgedrückt wird, was überall gilt: Menschliches Bewusstsein ist immer auch soziales Bewusstsein und Sozialität bedarf der Ausmittlung der Verhältnisse von Individuen und Gemeinschaft. Nur über den Umweg des «neuen Jerusalem» ist allerdings das «Reich Gottes» oder das neu geschaffene Paradies zu haben – wenigstens dann, wenn die Hoffnung als ethische Ressource nicht schlicht religiösen Wahn bedeuten soll. Solche religiösen Symbole, deren rationaler Kern plausibel gemacht werden kann, verkommen nur dann nicht zu schnell zur Ideologie, wenn sie von solchen begleitet werden, die offensichtlich irritierend sind.

Der symbolische Realismus einer Ethik der Hoffnung bedarf des Umwegs über Irritation und Kritik, wenn er nicht in Fanatismus ausarten soll.

---

3 Allerdings handelt es sich hier um etwas deutlich anderes als den «symbolischen Realismus» eines Paul Avis (vgl. Avis, Paul, God and the creative imagination. Metaphor, symbol and myth in religion and theology, London 1999) oder anderer.

Denn das Imaginierte hat eine Realität eigener Art, in der es alltagspraktisch wirksam wird. Nur ein leerer Himmel garantiert, dass die Hoffnung am Ende nicht ins Leere geht.

Literatur

Avis, Paul, God and the creative imagination. Metaphor, symbol and myth in religion and theology, London 1999.
Barth, Karl, Erklärung des Johannesevangeliums 1925/1926 (GA 9).
Barth, Karl, Unterricht in der christlichen Religion 3 1925/26 (GA 38).
Bultmann, Rudolf, Glauben und Verstehen. Gesammelte Aufsätze, Bd. 1, Tübingen 1980.
Bultmann, Rudolf, Eschatologie und Geschichte, Tübingen 1958.
Castoriadis, Cornelius, The imaginary institution of society. Translated by Kathleen Blamey, Cambridge Mass.1986.
Graf, Friedrich-Wilhelm, Der Weimarer Barth – ein liberaler Linker?, in: EvTh 47 (1987), 555–566.
Gundlach, Thiess, Theologische Ethik unter modernen Bedingungen. Zu den politischen Implikationen der Ethik Karl Barths, in: KuD 37 (1991), 209–226.
Hagencord, Rainer, Die Würde der Tiere. Eine religiöse Wertschätzung, Gütersloh 2011.
Hagencord, Rainer, Gott und die Tiere. Ein Perspektivenwechsel, Regensburg 2008.
Herms, Eilert, Schleiermachers Eschatologie nach der zweiten Auflage der Glaubenslehre, in: ders., Menschsein im Werden. Studien zu Schleiermacher, Tübingen 2003, 125–149.
Koselleck, Reinhart, Die Verzeitlichung der Utopie (1982), in: ders., Zeitschichten. Studien zur Historik, Frankfurt a. M. 2000, 131–149.
Lang, Bernhard / McDannell, Colleen, Der Himmel. Eine Kulturgeschichte des ewigen Lebens, Frankfurt a. M. 1990.
Link, Christian, Das ‹leere Jenseits›. Hegels Analyse der neuzeitlichen Religion, in: Hölscher, Lucian (Hg.), Das Jenseits. Facetten eines religiösen Begriffs in der Neuzeit, Göttingen 2007, 63–79.
Lövenich, Friedhelm, Heiligsprechung des Imaginären. Das Imaginäre in Cornelius Castoriadis' Gesellschaftstheorie, in: Buczkowski, Piotr, The social horizon of knowledge, Amsterdam u. a. 1991, 129–172.

Löwith, Karl, Weltgeschichte und Heilsgeschehen. Die theologischen Voraussetzungen der Geschichtsphilosophie (1953), Stuttgart 2004.

Moltmann, Jürgen, Theologie der Hoffnung. Untersuchungen zur Begründung und zu den Konsequenzen einer christlichen Eschatologie, Gütersloh 1964.

Pannenberg, Wolfhart (Hg.), Offenbarung als Geschichte, Göttingen 1961.

Räpple, Eva Maria, The metaphor of the city in the apocalypse of John; Lee, Pilchan, The New Jerusalem in the Book of Revelation. A study of revelation 21–22 in the light of its background in Jewish tradition, Tübingen 2001.

Sauter, Gerhard, Einführung in die Eschatologie, Darmstadt 1995.

Schleiermacher, Friedrich Daniel Ernst, Der christliche Glaube nach den Grundsätzen der Evangelischen Kirche im Zusammenhange dargestellt (1830/31), hg. von Redeker, Martin, Berlin u. a. 1999.

Steger, Manfred B. / James, Paul (2013): Levels of Subjective Globalization: Ideologies, Imaginaries, Ontologies, in: Perspectives on Global Development and Technology, Bd. 12, 2013.

Taylor, Charles, Comtemporary Sociological Theory. On Social Imaginary, publiziert online unter: web.archive.org/web/20041019043656/http:/www.nyu.edu/classes/calhoun/Theory/Taylor-on-si.htm (Zugriff am 11. Januar 2017).

Tillich, Paul, Die sozialistische Entscheidung, Potsdam 1933.

Tillich, Paul, Systematische Theologie, Bd. III. Das Leben und der Geist. Die Geschichte und das Reich Gottes, Stuttgart 1966.

Vondung, Klaus, Die Apokalypse in Deutschland, München 1988.

Weeber, Martin, Schleiermachers doppelte Eschatologie, in: Cappelørn, Niels Jørgen, Schleiermacher und Kierkegaard. Subjektivität und Wahrheit, 577–598.

Weeber, Martin, Schleiermachers Eschatologie. Eine Untersuchung zum theologischen Spätwerk, Gütersloh 1998.

Wittekind, Folkart, Eschatologie zwischen Religion und Geschichte. Zur Genese der Theologie Bultmanns, in: Körtner, Ulrich H. J. (Hg.), Die Gegenwart der Zukunft. Geschichte und Eschatologie, Neukirchen-Vluyn 2008, 55–84.

Zink, Heidi und Jörg, Kriegt ein Hund im Himmel Flügel? Religiöse Erziehung in den ersten sechs Lebensjahren, Freiburg i. Br. 2003.

Jens Köhrsen

Auf dem Weg zur grünen Religion? Kirchen und die ökologische Krise am Beispiel der Energiewende[1]

1. Einleitung

Der wohl prominenteste Krisendiskurs unserer Zeit ist der ökologische Krisendiskurs. An diesem beteiligt sich heute eine Vielzahl unterschiedlicher gesellschaftlicher Akteure (z. B. Politiker, NGOs, Unternehmen, Wissenschaftler, Künstler), unter ihnen auch religiöse Akteure wie etwa die protestantischen und katholischen Grosskirchen. Massenmedial besonders sichtbar wurde die Auseinandersetzung religiöser Akteure mit der Frage des Klimawandels an der Veröffentlichung «Laudato Si» von Papst Franziskus. Aber auch die zahlreichen Kirchenarbeitsgruppen, öffentlichen Verlautbarungen, Nachhaltigkeitsmassnahmen, Beteiligungen an internationalen Klimakonferenzen und Predigten zum Klimawandel zeugen von einem hohen und wachsenden Interesse an dem Thema innerhalb der Grosskirchen.[2] Dabei beschränkt sich das Engagement nicht nur auf christliche Grosskirchen: So wird weltweit eine steigende Sensibilität religiöser Akteure für Fragen der ökologischen Nachhaltigkeit vermutet (Gardner 2003, 152).[3]

---

[1] Die hier beschriebenen Forschungsergebnisse wurden in Teilen in der religionssoziologischen Zeitschrift «Social Compass» unter dem Titel «Does religion promote environmental sustainability? – Exploring the role of religion in local energy transitions» veröffentlicht (siehe Köhrsen 2015).

[2] Auch in der Schweiz gibt es eine Vielzahl von Beispielen für das Engagement von Kirchen in der ökologischen Nachhaltigkeit. So wurde etwa bereits im Jahr 1986 der ökumenische Verein «oeku Kirche und Umwelt» gegründet. Der Verein versteht sich heute als offiziell anerkanntes Beratungsorgan für Kirchgemeinden zu ökologischen Fragen und setzt sich schweizweit für die Förderung der Energiewende ein. Insbesondere fördert der Verein die Umsetzung von Energiesparmassnahmen in Kirchen und die Erzeugung alternativer Energie. Dazu bietet er den Kirchgemeinden Hilfestellungen durch Informationsmaterial und Bildungsveranstaltungen an.

[3] Ein prominentes Beispiel hierfür ist etwa die ökumenische Initiative von Fastenopfer, Brot für Alle und Partner unter dem Titel «Weniger für uns. Genug für alle.». Diese Kam-

Parallel zu dem steigenden Engagement der religiösen Akteure findet auch in den religionswissenschaftlichen Diskursen eine rasant zunehmende Auseinandersetzung mit dem Thema «ökologische Nachhaltigkeit» statt. Grundtenor ist hier oft, dass Religion zentrale Beiträge zur Umgestaltung moderner Gesellschaften entlang der Prinzipien ökologischer Nachhaltigkeit leisten könne.[4] Damit stellt sich die Frage, ob und in welcher Weise religiöse Akteure signifikante Beiträge zur Errichtung ökologisch nachhaltigerer Gesellschaften leisten. Mit dieser Frage möchte ich mich in diesem Aufsatz beschäftigen. Dabei richte ich den Fokus auf religiöse Beiträge zu Energiewendeprozessen.[5] Diese dienen als Beispiel für das ökologische Engagement von religiösen Akteuren.

Aus forschungspraktischen Gründen beschränke ich mich im Rahmen dieses Beitrags auf etablierte und organisierte Formen von Religiosität. Formen von diffuser, «unsichtbarer» Religiosität werden nicht in den Blick genommen, da sie empirisch nur schwer zu fassen sind. Der Blick richtet sich stattdessen vornehmlich auf die Grosskirchen im deutschsprachigen Raum (protestantische und katholische Kirche) und deren Engagement in der Energiewende.

Die Energiewende bildet das wohl umfassendste Nachhaltigkeitsprojekt, zu dem sich Länder wie die Schweiz und Deutschland politisch verpflichtet haben. Neben den Aktivitäten auf den jeweiligen Bundesebenen zur Umsetzung der Energiewende spielen sich viele Prozesse in konkreten lokalen Räumen – also in Städten und Gemeinden – ab. Hier manifestiert sich die Energiewende in Form von Solaranlagen auf Schuldächern, Energiesparmassnahmen in privaten Haushalten, dem Ausbau von CO_2-neutraler Fahrradmobilität, dezentralen Kraft-Wärme-Kopplungen, energieeffizienten Renovierungsmassnahmen von Verwaltungsgebäuden usw. Lokale Räume bilden Brutstätten und Experimentierfelder für verschiedene Formen der Energiewende. In diesem Kontext sind auch die Aktivitäten von Kirchgemeinden eingebettet. Deshalb sollen lokale Räume in den Blick genommen werden, um hier nach den religiösen Beiträgen zur Energiewende zu fragen.

---

pagne versucht Konsumenten für den Einfluss ihres Lebensmittelkonsums auf den Klimawandel zu sensibilisieren und stellt konkrete Massnahmen vor, wie einzelne Schritte gegen den Klimawandel unternommen werden können (Brot für alle 2015).

4 Im Folgenden werde ich häufiger den Begriff «nachhaltiger Wandel» verwenden, um hiermit gesellschaftliche Transformationsprozesse in Richtung ökologisch nachhaltigerer Formen des Zusammenlebens zu bezeichnen.

5 Taylor verweist darüber hinaus darauf, dass mit der Nachhaltigkeitsbewegung eine neue eigene Form von Religion im Entstehen begriffen sei (Taylor 2004).

Als konkretes Fallbeispiel dient der norddeutsche Ort Emden. Anhand dieses Ortes wird untersucht, in welcher Weise Kirchen Beiträge zu lokalen Energiewendeprozessen leisten. Die Ergebnisse der Fallstudie ermöglichen Hypothesen für künftige Forschung zum Verhältnis von Religion und ökologischer Nachhaltigkeit zu formulieren.

Der Beitrag ist folgendermassen strukturiert: Er beginnt mit einem knappen Überblick über den Forschungsstand zum Thema Religion und Energiewende/Nachhaltigkeit. Danach werde ich anhand des Forschungsstands einen Theorierahmen skizzieren, der das potenzielle Wirken von Religion in lokalen Energiewendeprozessen beschreibt. Der theoretische Ansatz ermöglicht im nächsten Schritt die Analyse des empirischen Materials der Fallstudie. Zum Abschluss fasse ich die zentralen Ergebnisse zusammen und leite aus diesen weitere Forschungsperspektiven ab.

2. Energiewende und Religion in der bisherigen Forschung

> «Human ecology is deeply conditioned by beliefs about our nature and destiny – that is, by religion.» (White 1967, 1205).

Neben der naturwissenschaftlichen und technologischen Erforschung von Nachhaltigkeit nimmt deren sozialwissenschaftliche Erforschung eine wachsende Rolle ein. Die «Sustainability Transitions»-Forschung beschäftigt sich mit der sozialwissenschaftlichen Beschreibung und Analyse von «sustainability transitions», die wie folgt definiert werden: «long-term, multi-dimensional, and fundamental transformation processes through which established socio-technical systems shift to more sustainable modes of production and consumption» (Markard u. a. 2012, 956).[6]

Einen Kernbestandteil dieses Forschungsfeldes bildet die Untersuchung von Energiewendeprozessen. Als Energiewende können anknüpfend an die zuvor genannte Definition umfassende sozio-technologische Transformationsprozesse bezeichnet werden, die zu nachhaltigeren Formen der Produktion,

---

6 Dabei bezieht sich der Begriff der Nachhaltigkeit auf intergenerationale Erhaltung der Lebensbasis oder wie es in der Definition der World Commission on Environment and Development 1987 heisst: «Sustainable development is development that meets the needs of the present without compromising the ability of future generations to meet their own needs» (World Commission on Environment and Development 1987, 43). Zu den Schwierigkeiten des Konzepts mit besonderem Fokus auf nachhaltige Entwicklung siehe (Lele 1991).

Distribution und des Konsums von Energie führen (Bridge u. a. 2013; Cherp u. a. 2011; Coutard u.a. 2010; Grubler 2012; Verbong u. a. 2007). Die Energiewende bezieht sich nicht nur auf technologische, sondern auch auf soziale Veränderungsprozesse. Die hierbei ablaufenden Prozesse schliessen nicht nur die Transformation der Energieproduktion ein, sondern auch die Veränderung von Lebensstilen – wie energiesparende Mobilitäts- und Wohnungsformen – und die damit verbundenen öffentlichen Meinungsbildungsprozesse, in denen es um die Akzeptanz neuer energiearmer Lebensweisen geht.

Bei der Untersuchung dieser Transformationsprozesse hat sich mitunter gezeigt, dass lokale Räume eine zentrale Rolle spielen. Auch wenn rechtliche Rahmenbedingungen und Förderinstrumente häufig auf nationaler (oder internationaler) Ebene festgelegt werden, sind es letztlich lokale Räume in Form von Kommunen und Gemeinden, die deren konkrete Umsetzung bestimmen (Bulkeley u. a. 2006; Hodson u. a. 2010; Hodson u. a. 2012; Maassen 2012; McCauley u. a. 2012; Schönberger 2013; Späth u. a. 2012). Die Energiewende findet somit in starkem Masse vor Ort statt. Dabei gestaltet sich der Prozess der Energiewende von Ort zu Ort unterschiedlich. In bestimmten lokalen Räumen ist der Energiewendeprozess stark zentralisiert und wird über bestimmte Leitungsgremien gesteuert, in anderen Räumen zeichnet er sich durch eine lose Kopplung und Interaktion einer Vielzahl von lokalen Akteuren aus. Es handelt sich somit um Transformationsprozesse mit unterschiedlichen Verläufen und Logiken, deren gemeinsamer Nenner jedoch eine umfangreiche sozio-technologische Transformation des Energiesystems ist. Deshalb ist es sinnvoll, von Energiewenden im Plural zu sprechen.

Zugleich ist eine Vielzahl von Akteuren in den einzelnen Energiewendeprozessen involviert (Geels u. a. 2008). Die Energiewende wird nicht als reines Produkt von einzelnen Akteuren aus der Politik oder Wirtschaft betrachtet, sondern als eine Verzahnung komplexer Prozesse, an denen eine breite Anzahl von unterschiedlichen Akteuren partizipiert. So wurden etwa die Beiträge von Politikern, Unternehmen, Gemeindeverwaltungen, Netzwerkorganisationen und Bürgerinitiativen zu diesen Wandlungsprozessen untersucht. Ein blinder Fleck der Forschung liegt jedoch in der Untersuchung der Rolle von religiösen Akteuren. Während Politik, Wirtschaft, Wissenschaft, Intermediäre und Zivilgesellschaft als wichtige Protagonisten der Energiewende betrachtet werden, wurde die mögliche Rolle von Religion bisher ausgeblendet.

Demgegenüber betont eine andere wissenschaftliche Debatte die Rolle von Religion mit Blick auf ökologische Nachhaltigkeit. Die Debatte um Religion und Ökologie wendet sich den potenziellen Einflüssen von Religion auf ökologische Nachhaltigkeit zu (Tucker 2006). Diese Debatte wird hauptsächlich in englischer Sprache unter dem Titel «Religion and Ecology» geführt. An ihr partizipieren neben Anthropologen, Historikern, Naturwissenschaftlern besonders die Religionswissenschaften im weiteren Sinne (Religionswissenschaft, Theologie, Religionssoziologie, Religionsphilosophie usw.).

Einen wichtigen Anstoss für die Debatte bildete ein Beitrag von Lynn White (White 1966) aus dem Jahr 1966. White sieht die zentrale Ursache für die ökologischen Krisen in den Glaubensvorstellungen des westlichen Christentums. Mit dessen Dualismus von Natur und Mensch und dessen Vorstellung von der Gottesebenbildlichkeit und Überlegenheit des Menschen öffne das westliche Christentum dem Menschen die Pforten zur Ausbeutung der Natur. Technologische und wissenschaftliche Innovationen bieten seines Erachtens keine Lösung für die ökologische Krise. Stattdessen liege die Lösung in der Religion: «Since the roots of our trouble are so largely religious, the remedy must also be essentially religious; whether we call it that or not.» (White 1966, 1207).

Während der Beitrag von Lynn religionskritische Züge trägt, ist die spätere Debatte um Religion und Ökologie durch religionsaffirmative Tendenzen geprägt. Die Herausbildung dieser neuen Positionen ist eng mit den Entwicklungen im religiösen Feld verkoppelt. Im Kontext der verstärkten Auseinandersetzung mit den ökologischen Herausforderungen ab den 1970er-Jahren kam es zur Bildung eigener ökologischer Bewegungen in den grossen Weltreligionen.[7] So finden sich heute etwa Strömungen wie «Ecotheology» im Christentum oder «Islamic Environmentalism» im Islam. Weiterhin nimmt die Anzahl der «Faith-Based Organizations», die sich mit Umweltbelangen auseinandersetzen, stetig zu. Beispiele für Initiativen von christlichen Kirchen sind etwa die «Evangelical Climate Initiative» in den Vereinigten Staaten sowie die «Operation Noah» in Grossbritannien. Beide Kampagnen beziehen sich auf den Klimawandel und versuchen Politik und Bevölkerung durch öffentliche Kampagnen für die Herausforderungen des Klimawandels zu sensibilisieren (Haynes 2007, 124–129).

Analog zu – und oft im Wechselspiel mit – den zunehmenden Aktivitäten religiöser Organisationen hat sich auch in der akademischen Debatte eine Positionsverschiebung vollzogen. So wird der Religion in der akademischen

---

7 In den christlichen Kirchen trat das Thema Ökologie mitunter besonders im Rahmen des konziliaren Prozesses ab 1983 unter dem Titel «Bewahrung der Schöpfung» und auf der ersten Europäischen Ökumenischen Versammlung 1989 in Basel hervor.

Debatte heute häufig ein positiver Einfluss auf ökologische Nachhaltigkeit zugeschrieben. Dabei ergibt sich die Relevanz von religiösen Akteuren aus ihrer moralischen Autorität und dem Umstand, dass sie signifikante materielle und organisatorische Ressourcen sowie Humankapital für bestimmte Anliegen mobilisieren können (Gardner 2002, 48). Besonders betont wird, dass Religionen als Lieferanten von nachhaltigkeitskonformen moralischen Werten und Visionen agieren können. Mary Evelyn Tucker, eine zentrale Protagonistin der Debatte um Religion und Ökologie, schreibt:

> [...] religions can encourage values and ethics of reverence, respect, redistribution, and responsibility for formulating a broader environmental ethics that includes humans, ecosystems, and other species. With the help of religions humans are now advocating for a reverence for the earth [...]. (Tucker 2006, 401)

Durch die Verbreitung nachhaltigkeitskonformer Werte und Visionen könnten Religionen die Lebensführung von Milliarden von Menschen beeinflussen; eine Funktion, die durch andere soziale Sphären wie Wissenschaft oder Wirtschaft nicht geleistet werden kann (siehe beispielsweise Gardner 2003; Gardner 2006; Gottlieb 2008; Rolston 2006; Tucker 2006). Diese Funktion sei umso wichtiger, als dass ein nachhaltiger Wandel gesellschaftlicher Produktions- und Konsummuster auf neue Werteinstellungen und Visionen angewiesen sei und sich nicht allein durch Technologie, Wissenschaft und Politik realisieren lasse. Diese Visionen und Werteinstellungen können durch Religion bereitgestellt werden (Gardner 2003; Tucker 2006, 413–414, 416). Auf der Ebene der Visionen und Werte mag Religion somit ein zentraler Protagonist nachhaltigen Wandels sein.

Ebenso werden die Beiträge von religiösen Organisationen zu öffentlichen Debatten zum Thema Klimawandel und Umweltschutz hervorgehoben; auch wenn diese, wie Haynes bemerkt (Haynes 2007, 129), nur sehr selten konkrete Massnahmen vorsehen. Weiterhin wird auf Einzelprojekte von religiösen Akteuren verwiesen, die sich zum Ziel setzen, ökologische Nachhaltigkeit voranzutreiben (Gottlieb 2006; Harper 2011). Ein Beispiel hierfür ist etwa die protestantische Initiative «Floresta» in Lateinamerika, die die Wiederbewaldung des Regenwaldes und nachhaltige Landwirtschaft fördert (Lorentzen u. a. 2006, 525). Die genannten Positionen und Beispiele tragen zu dem Eindruck bei, dass Religion ein wichtiger – aber bisher in der Nachhaltigkeitswissenschaft vernachlässigter – Agent nachhaltigen Wandels sei.

Zwar wird Religion in der religionswissenschaftlichen Debatte als zentraler Faktor für ökologische Nachhaltigkeit behandelt, jedoch liefert die Debatte bisher kaum empirische Unterfütterungen für diese Annahme. Speziell für den Bereich der Energiewende liegen bisher keine Forschungsergebnisse über die Rolle von Religion vor. Ebenso mangelt es an einer Verknüpfung der beiden zuvor genannten Debatten und an einem theoretischen Ansatz, der die potenzielle Rolle von Religion in Energiewendeprozessen thematisiert. Im nächsten Schritt sollen erste theoretische Überlegungen zur Rolle von Religion in lokalen Energiewendeprozessen skizziert werden.

3. Theorie: Theorie der Religion in Energiewenden

Um die Rolle von Religion in lokalen Energiewendeprozessen zu thematisieren, ist ein holistischer Ansatz nötig, der die Spannbreite möglicher Akteure einbezieht, die an den lokalen Transformationsprozessen partizipieren. Ein solcher Ansatz findet sich in der Theorie regionaler Innovationssysteme (RIS). Die Theorie regionaler Innovationssysteme stammt aus der Innovationsforschung und untersucht regionale und lokale Innovationsprozesse anhand einer ganzheitlichen Perspektive (Cooke u. a. 1997; Doloreux 2002). Dieser Ansatz geht davon aus, dass Innovationsprozesse das Produkt des Zusammenwirkens einer Vielzahl von Akteuren und Rahmenbedingungen sind. Die gehäufte Hervorbringung von Innovationen in einer bestimmten Region wird entlang dieser Perspektive dann beispielsweise aus einer Interaktion zwischen vorteilhaften politischen Rahmenbedingungen, lokaler Wirtschaftskultur, erfolgreichen Unternehmenskooperationen, wissenschaftlicher Forschung und der Vermittlung von Netzwerkakteuren erklärt. Ein gutes Beispiel hierfür ist die prominente Rolle, die Basel weltweit im Bereich pharmazeutischer Innovationen einnimmt. Cooke, führender Forscher im Bereich regionaler Innovationssysteme, spricht mit Blick auf den Basler Biotech- und Pharmabereich vom «Basel Bio-Regional Innovation System» (Cooke 2005, 1140). Die Häufung pharmazeutischer Innovation in Basel verdankt sich nicht nur einzelnen Akteuren, sondern den Unternehmensnetzwerken vor Ort sowie wissenschaftlichen und politischen Rahmenbedingungen, die sich förderlich auf die Innovationsprozesse auswirken.[8]

Innovationen – und Transformationsprozesse – sind somit häufig in ein breites Netz von Akteuren und Rahmenbedingungen eingebettet. Die unterschiedlichen Akteurstypen und Rahmenbedingungen werden in diesem Ansatz in Subsysteme unterteilt. Grundsätzlich kann zwischen den folgenden Subsystemen unterschieden werden (Heidenreich u. a. 2012; Kuhlmann

---

8 Für das Innovationssystem spielen natürlich auch transnationale Kooperationen mit Ablegern in San Francisco und San Diego eine Rolle (siehe Cooke 2005).

2001; Mattes 2010): Politik, Industrie, Wissenschaft, Verwaltung, Intermediäre und Zivilgesellschaft. Jedes der Subsysteme mag hierbei eine spezifische Funktion übernehmen, mit der es zu den Innovationsprozessen beiträgt.[9] Welche Subsysteme eine tragende Rolle übernehmen und welche Funktion(en) sie jeweils erfüllen, wird sich von regionalem Innovationssystem zu Innovationssystem unterscheiden.[10] Diese Perspektive lässt sich nicht nur auf sozio-technologische Innovationsprozesse im engeren Sinne, sondern auch auf lokale Transformationsprozesse anwenden. Besonders aussichtsreich erscheint die Anwendung dieses Ansatzes auf lokale Energiewendeprozesse (Huber u. a. 2013; Mattes u. a. 2015). Die sich hier vollziehenden Transformationsprozesse werden dann als das Zusammenwirken von Akteuren und Rahmenbedingungen verschiedener lokaler Subsysteme gedeutet. Eine solche Perspektive trägt der Vielfältigkeit lokaler Energiewenden Rechnung, da sie erlaubt, die unterschiedlichen Rollen und Interaktionsmuster der Subsysteme in verschiedenen lokalen Kontexten vergleichend zu untersuchen.[11]

Wie die zuvor diskutierten religionswissenschaftlichen Beiträge zeigen, kann Religion eine zentrale Rolle für die Umgestaltung moderner Gesellschaften entlang der Prinzipien ökologischer Nachhaltigkeit übernehmen. Diese Rolle kann sich mitunter in lokalen Energiewendeprozessen manifestieren. Um diesem Umstand Rechnung zu tragen, wird die Bandbreite der bereits ge-

---

9 Einzelne Subsysteme können aber natürlich auch eine blockierende Rolle einnehmen.
10 Das Wissenschaftssystem in Form von lokalen Hochschulen kann beispielsweise eine Reihe von Funktionen übernehmen: (a) wichtiges Grundlagenwissen für weitere Forschung und Innovation bereitstellen, (b) anwendungsorientierte Forschung gemeinsam mit wirtschaftlichen Akteuren betreiben, (c) Ausbildung von Personal, das später im Kontext anderer Subsysteme wichtige Beiträge zu Innovationsprozessen leistet, (d) Vermittler zwischen unterschiedlichen Akteuren (etwa in Form von anwendungsorientierten Workshops und Konferenzen).
11 So zeigt sich etwa, dass in der deutschen Stadt Bottrop institutionalisierte Vernetzungen zwischen Industrie und lokaler Stadtverwaltung, die besonders durch Netzwerkorganisationen getragen werden, eine zentrale Rolle für die lokale Energiewende spielen. In anderen Städten wie etwa der norddeutschen Stadt Emden sind es persönliche und informelle Kontakte zwischen Akteuren aus der Industrie, Politik und Stadtverwaltung, die die lokale Energiewende bestimmen (Mattes u. a. 2015). Die Beteiligung einzelner Subsysteme und die Ausgestaltung ihrer Interaktion unterscheiden sich somit anscheinend von lokaler Energiewende zu Energiewende. Da der Analyserahmen ein breites Spektrum von möglichen Einflussfaktoren im Blick hat und dabei zunächst keine Aussage über die Funktionen und Rolle macht, lässt er sich auf unterschiedliche lokale Räume anwenden, um diese vergleichend zu untersuchen.

Auf dem Weg zur grünen Religion? 57

nannten Subsysteme um Religion erweitert. Religion wird somit als eines neben vielen Subsystemen betrachtet, die potenziell an lokalen Energiewendeprozessen partizipieren. Damit stellt sich jedoch die Frage, worin die spezifischen Beiträge von Religion liegen könnten. Die religionswissenschaftliche Debatte um Religion und Ökologie deutet auf unterschiedliche Einflusskanäle hin, durch die Religion zu ökologischer Nachhaltigkeit beitragen kann. Diese werden im Folgenden in drei Funktionen unterteilt:

1) *Öffentlichkeitsfunktion*: Religiösen Akteuren wird in gegenwärtigen wissenschaftlichen Debatten eine starke Präsenz in der öffentlichen Sphäre westlicher Gesellschaften bescheinigt (Casanova 1994; Habermas 2008; Willaime 2008). Angesichts dieser Präsenz und der hohen Anzahl von Anhängern sind religiöse Akteure befähigt, die öffentliche Meinungsbildung zu beeinflussen (Gardner 2003, 156, 161). So können sie etwa in Form von Pressemitteilungen und öffentlichen Verlautbarungen wichtige Beiträge zu medialen Debatten über das Thema Nachhaltigkeit leisten. Zugleich können sie ihren politischen Einfluss nutzen, um bei Regierungen Lobbyarbeit zu leisten. In den USA etwa partizipiert eine wachsende Zahl von evangelikalen Kirchen an öffentlichen Debatten zum Klimawandel (Dewitt 2006; Djupe u. a. 2010; McCammack 2007; Nagle 2008; Wardekker u. a. 2009). Während der Einfluss religiöser Stellungnahmen in den USA als sehr stark eingeschätzt wird (Wardekker u. a. 2009), ist die öffentliche Wirkung religiöser Verlautbarungen im west-europäischen Kontext bisher unklar (Köhrsen 2012).

2) *Materialisierungsfunktion*: Religiöse Akteure können eigene Projekte realisieren, die zum nachhaltigen Wandel beitragen (Gottlieb 2006; Harper 2011). Mit Blick auf die Energiewende handelt es sich um Projekte, die einen konkreten Beitrag zur Transformation des Energiesystems leisten. Dieser Beitrag kann beispielsweise darin liegen, die eigene Stromversorgung auf Ökostrom umzustellen, die Energieeffizienz von Kirchengebäuden zu erhöhen oder Photovoltaikanlagen zu installieren. Daneben können Projekte auch breitere Transformationsprozesse vorantreiben, die über die eigene religiöse Organisation hinausgehen. Beispiele für solche Initiativen sind die bereits oben genannten Initiativen aus der Schweiz (Oeku Kirche und Umwelt 2012), die Ökumenische Energiegenossenschaft in Süddeutschland (www.oekumenische-energiegenossenschaft.de/home/) oder die amerikanische Interfaith Power & Light (IP&L) (Gardner 2003, 170; Interfaith Power & Light). Gemeinsam ist diesen Projekten, dass sie die Energiewende in Kirchengemeinden durch

Energiesparmassnahmen und regenerative Energieproduktion «materialisieren». Für die Übernahme dieser Funktion sind besonders grosse religiöse Organisationen befähigt, da sie über hohe finanzielle sowie materielle Ressourcen verfügen und ihre Kirchengebäude häufig einen erhöhten Energiebedarf aufweisen, der sich durch Energieeffizienzmassnahmen signifikant reduzieren lässt (Gardner 2003, 156–158).

3) *Wertevermittlungsfunktion*: In dieser Funktion vermittelt Religion moralische Werte und Weltbilder, die nachhaltigkeitskonforme Verhaltensweisen fördern. Zahlreiche wissenschaftliche Beiträge betonen die Wertvermittlungsfunktion als ein Alleinstellungsmerkmal von Religion im nachhaltigen Wandel. So wird angenommen, dass Religion – im Gegensatz zu anderen sozialen Sphären – einen ethischen Leitfaden und Visionen im Umgang mit den ökologischen Herausforderungen bereitstellen könne (cf. Gardner 2006; Gottlieb 2008; Rolston 2006; Tucker 2006; Gardner 2003). Die entsprechenden Werte und Weltbilder werden etwa in Kindergärten kirchlicher Trägerschaft, schulischem Religions- und Konfirmationsunterricht und Gottesdiensten vermittelt (Clugston u. a. 2012; Djupe u. a. 2009; Gottlieb 2008). In dieser Funktion ergibt sich der religiöse Einfluss einerseits aus der Fähigkeit, moralische Werte und Weltbilder zu prägen, andererseits durch den grossen Personenkreis, der durch die unterschiedlichen Kanäle (wie etwa den Religionsunterricht) angesprochen werden kann (Gardner 2003, 154–156).

Ausgehend von dieser Klassifizierung kann Religion unterschiedliche Funktionen in lokalen Prozessen der Energiewende erfüllen. Inwiefern und in welcher Weise sie diese Funktionen übernimmt, möchte ich im Folgenden anhand eines empirischen Fallbeispiels untersuchen.

4. Fallstudie: Die Rolle religiöser Akteure in der Emder Energiewende

Das Fallbeispiel bezieht sich auf die Energiewende in der norddeutschen Stadt Emden. Emden ist eine Hafen- und Industriestadt mit ca. 50 000 Einwohnern. Mit Blick auf die religiöse Demografie ist sie hauptsächlich protestantisch geprägt: 66,3 % der Bevölkerung gehören zu etwa gleichen Teilen der Evangelisch–Reformierten und der Evangelisch-Lutherischen Kirche an, während nur 8,8 % der Bevölkerung katholisch sind (Statistische Ämter des Bundes und der Länder 2013).

Mit Blick auf die Energiewende gilt Emden als eine Pionierstadt (Klagge u. a. 2012). Bereits früh setze hier das Engagement für erneuerbare

Energie und Energieeffizienz ein. So wurden Anfang der 90er-Jahre erste Windräder durch die Emder Stadtwerke installiert und lokale Förderprogramme für den sparsamen Umgang mit Energie aufgesetzt. Auch wurde die Ansiedlung von grossen Windenergiefirmen wie Enercon und Bard aktiv durch die Politik gefördert, die die Energiewende als Chance für die Stadtentwicklung entdeckt hatte. Weitere Beispiele für die Verwurzelung des Themas in Emden sind die Omnipräsenz von Windkraftanlagen, die das landschaftliche Bild rund um die Stadt prägen, die Durchführung eines Energiebildungsprogramms an allen Grundschulen der Stadt und Energiemessen wie die «Emder Energietage» und Offshoredays. Schliesslich sind noch die ambitionierten Klimaziele der Stadt zu nennen: Bis 2030 strebt die Stadt eine 50 %-Reduktion der CO_2-Emissionen im Vergleich zu 1990 an (Stadt Emden 2010).

Um die Energiewendeprozesse in Emden zu untersuchen, wurden Daten aus einer Dokumentanalyse und anhand von Leitfadeninterviews gewonnen. Während sich die Dokumentanalyse der Erhebung von Internetseiten, Zeitungsberichten und Reports (z. B. Stadt Emden 2010) zuwandte, wurden im Rahmen der Befragung 37 qualitative Leitfadeninterviews mit führenden Akteuren in der Emder Energiewende aus verschiedenen Subsystemen geführt. Ziel der Interviews war es, die Beiträge und Vernetzungen von Akteuren aus verschiedenen Subsystemen zu ermitteln. Dementsprechend wurden den Interviewpartnern mitunter Fragen zu den Aktivitäten im Bereich der Energiewende und zur Zusammenarbeit mit anderen Akteuren gestellt. Im Zuge der Interviews wurden Akteure aus allen genannten Subsystemen befragt: Politik, Industrie, Wissenschaft, Verwaltung, Intermediäre, Zivilgesellschaft und Religion. Mit Blick auf das religiöse Subsystem wurden Vertreter der Evangelisch–Reformierten, der Evangelisch-Lutherischen Kirche und der Katholischen Kirche interviewt. Der empirische Fokus lag somit auf dem möglichen Engagement der numerisch wichtigsten religiösen Organisationen in Emden.

Im Zuge der Analyse des Interviewmaterials ergab sich, dass die meisten Subsysteme bestimmte Funktionen für die lokale Energiewende einnehmen. Die Politik hat von früh an eine Unterstützungsfunktion durch das Treffen von förderlichen Entscheidungen übernommen (z. B. durch die Entscheidung für eine Reorientierung der Stadtwerke in Richtung erneuerbare Energie). Eine ähnliche Unterstützungsfunktion aber in administrativer Weise wird durch die Stadtverwaltung ausgeübt, indem sie Projekte und Anträge, die einen Nachhaltigkeitsfokus aufweisen, prioritär behandelt. Weiterhin realisiert die Stadtverwaltung selbst eine grosse Anzahl eigener Projekte wie beispielsweise die Beteiligung am European Energy Award, energieeffiziente Renovierung von Stadtquartieren, den Ausbau der CO_2-neutralen Mobilität durch die Förderung von Fahrradmobilität. Ebenso werden wichtige Projekte zur Materialisierung der Energiewende von der Industrie vorangetrieben. Beispiele hierfür sind die Errichtung von grossen Windfarmen, wie etwa der Windfarm Wybelsumer Polder, der zeitweise als grösster Windpark Europas galt. Das Wissenschaftssystem in Form der Emder Hochschule unterstützt den Prozess durch die Ausbildung von Fachkräften im Zuge eines eigenen Studiengangs im Bereich «energy efficiency» sowie durch kollaborative Forschungsprojekte, die gemeinsam mit Praxispartnern aus der Region realisiert werden. Beispiele hierfür sind ein Projekt mit den Emder Stadtwerken zur Speicherung von Windenergie mittels Power-To-Gas-Technologie und ein Projekt mit verschiedenen Firmen zu energieautarker Produktion. Intermediäre wie die Handelskammer oder das Climate Center North bieten spezielle Netzwerke und Fortbildungsprogramme an, die Akteuren aus der Region ermöglichen, ihr Wissen mit Blick auf Energieeffizienzmassnahmen auszutauschen und zu erweitern. Das Finanzsystem in Form von lokalen Banken stellt spezielle Kredite bereit, um die Umsetzung von Energiesparmassnahmen und die Erzeugung von erneuerbarer Energie in privaten Haushalten zu finanzieren. Die Zivilgesellschaft in Form von NGOs übernehmen eine Kontroll- und Mobilisierungsfunktion. So haben die lokale Greenpeace-Gruppe und die Bürgerinitiative ‹Saubere Luft› zu Massenprotesten mobilisiert, um die Errichtung eines Kohlekraftwerks in Emden zu verhindern.

Sichtbar wird also, dass jedes der genannten Subsysteme entlang seiner spezifischen Kompetenzen (z. B. Wissenschaft: Erzeugung von Wissen, Politik: politische Entscheidungsbildung) bestimmte Beiträge zur Energiewende leistet. In vielen Einzelprojekten interagieren dabei die Funktionen der einzelnen Subsysteme miteinander.

Insgesamt zeigt sich eine starke Vernetzung der zentralen Akteure aus den einzelnen Subsystemen. Hierbei laufen die Kontakte häufig über informelle, persönliche Beziehungen ab. Die Pionierfunktion der Stadt Emden scheint sich somit aus der erfolgreichen Interaktion zwischen den Subsystemen und der gegenseitigen Ergänzung ihrer funktionalen Beiträge zu ergeben (Mattes u. a. 2015).

Angesicht der hohen «säkularen» Aktivität in der Energiewende stellt sich die Frage, welche Funktion Religion im Rahmen dieses Innovationssystems

Auf dem Weg zur grünen Religion? 61

übernimmt. Die Ergebnisse der Untersuchung mit Blick auf diese Frage werden im Folgenden entlang der drei potenziellen Funktionen, die oben skizziert wurden, dargestellt.

1) *Öffentlichkeitsfunktion*: Die drei grossen Kirchen partizipieren nur in geringem Masse aktiv an öffentlichen Debatten der Stadt. Dennoch werden ihre öffentlichen Veranstaltungen für gewöhnlich von den lokalen Medien dokumentiert. Die meisten öffentlichen Veranstaltungen der drei Kirchen bewegen sich im Themenspektrum soziale Gerechtigkeit und Frieden, während keine der lokalen Gemeinden auf das Thema ökologische Nachhaltigkeit oder Energiewende fokussiert ist. Dementsprechend lassen sich nur sehr vereinzelte öffentliche Beiträge der drei grossen Kirchen zum Themenbereich Klimawandel und Energiewende finden. So zitiert die Emder Zeitung 2011 etwa den Präsidenten der Evangelisch-Reformierten Kirche Emden, welcher den Deutschen Atomausstieg befürwortet. Breitere öffentlichkeitswirksame Beiträge oder Veranstaltungen liegen nicht vor. Zur öffentlichen Sensibilisierung und Bewusstwerdung im Bereich Energiewende und Klimawandel tragen politische Parteien, die Zivilgesellschaftlichen NGOs und einzelne Unternehmen in weitaus höheren Masse durch ihre öffentliche Präsenz in diesen Themen bei. Beispielsweise organisieren zwei lokale Energieunternehmen in Zusammenarbeit mit der Hochschule alle zwei Jahre eine gemeinsame Bürgerenergiemesse, auf der sich die Emder Bevölkerung über neue Entwicklungen und Möglichkeiten im Bereich der Energieeffizienz und Erzeugung von erneuerbarer Energie informieren kann. Auch tragen Bürgerinitiativen mit ihren Protestaktionen gegen die Errichtung eines Kohlekraftwerks zur öffentlichen Debatte bei.

2) *Materialisierungsfunktion*: Einzelne Kirchgemeinden haben Massnahmen zur Verbesserung der Energieeffizienz in ihren Gebäuden ergriffen und die Installation von Solaranlagen auf Kirchdächern vorangetrieben. Zwei Gemeinden partizipieren an Programmen zur Steigerung der Energieeffizienz, die von ihren Dachverbänden lanciert wurden. Ein Beispiel hierfür ist das Projekt Grüner Hahn der Evangelisch-Reformierten Kirche. Dieses sieht einen Zertifizierungsprozess vor, der auf der Erhebung von Energiedaten und der Implementierung von Energiemassnahmen basiert. Bisher hat sich nur eine reformierte Kirchengemeinde in Emden diesem Programm angeschlossen. Während das Projekt anfangs mit viel Begeisterung und Engagement von den Mitgliedern der Gemeinde betrieben

wurde, brach das Engagement am Ende des zähen Datenerhebungsprozesses ab. Die im Programm vorgesehenen mittel- und langfristigen Massnahmen wurden somit bisher nicht implementiert. Da andere Anliegen der Gemeinde als dringlicher empfunden werden, wurde die Fortführung des Programms bis auf weiteres verschoben. So richtet die Gemeinde einen gemeinsamen Mittagstisch in einem sozialen Brennpunktviertel Emdens ein und organisiert jährlich ein Friedensforum. Dieses Beispiel zeigt, dass selbst Gemeinden, in denen Nachhaltigkeit als wichtiges Anliegen betrachtet wird, ihre knappen zeitlichen wie ökonomischen Ressourcen auf andere Themen verwenden, die besonders im Bereich soziale Gerechtigkeit und Frieden verortet sind. Das tendenziell randständige Engagement der Kirchen im Bereich der Energiewende beschränkt sich dabei zugleich nur auf die eigene Gemeinde. Umfassendere Projekte zur Förderung der lokalen Energiewende, die über die eigene Gemeinde hinausgehen, konnten nicht festgestellt werden. Gemeinsame Energiewendeprojekte oder themenbezogene Vernetzungen zwischen den Kirchen und den säkularen Protagonisten der Emder Energiewende konnten ebenfalls nicht nachgewiesen werden. Auch fanden religiöse Akteure in den Interviews mit säkularen Akteuren mit Blick auf die Energiewende keine Erwähnung. Akteure aus dem Subsystem der lokalen Industrie und Stadtverwaltung leisten weitaus umfassendere Beiträge zur Materialisierung der lokalen Energiewende in Emden.

3) *Wertevermittlungsfunktion*: Eine Vermittlung von nachhaltigkeitskonformen Werten erfolgt zum Teil in Predigten und im Konfirmationsunterricht, wie die Vertreter der Emder Kirchen in den Interviews berichteten. Dabei liegt der Fokus jedoch nicht speziell auf dem Klimawandel oder der Energiewende, sondern auf dem Themenkomplex «Bewahrung der Schöpfung». Ein besonderer Fokus auf das Thema oder eine systematische Vermittlung von nachhaltigkeitskonformen Werten und Weltbildern liegt jedoch in keiner der Gemeinden vor. Eine systematische Vermittlung von nachhaltigkeitskonformen Werten und Denkansätzen wird hingegen von anderen Subsystemen übernommen: Das Projekt «E-Spas» der lokalen Ökoinitiative (Ökowerk), Stadtwerke und Stadtverwaltung sieht vor, Grundschüler für den effizienten und sparsamen Umgang mit Energie zu sensibilisieren. Dazu werden in jeder Klassenstufe spezielle Unterrichtseinheiten durchgeführt, die darauf abzielen, ein moralisches Bewusstsein sowie praktische Kenntnisse für den effizienten Umgang mit Energie im Haushalt zu schaffen. Die Grundschüler tragen die neuen Werthaltungen

und Kompetenzen nach dem Schulunterricht in ihre Elternhäuser, in denen sie an der nachhaltigkeitskonformen Resozialisierung ihrer Eltern partizipieren sollen, indem sie über die Notwendigkeit des verantwortungsvollen Umgangs mit Energie kommunizieren.[12] Dieses Beispiel zeigt, dass religiöse Akteure mit Blick auf die Vermittlung von nachhaltigkeitskonformen Werten keineswegs konkurrenzlos sind. Unter den säkularen Interviewpartnern fand sich nur ein Entrepreneur, der angab, dass sein Engagement in der Energiewende mitunter durch seinen religiösen Hintergrund motiviert sei. Dieser Akteur war von früh an in der Kirche und ökologischen Bewegung engagiert. In den restlichen Interviews gab es keine Hinweise für den Einfluss von religiös geprägten Wertvorstellungen auf das Engagement in der Energiewende.[13]

Zusammenfassend lässt sich feststellen, dass die drei untersuchten Kirchen nur marginal an dem Prozess Emder Energiewende partizipieren.[14] Das vorhandene Engagement beschränkt sich meist auf die eigene Kirche und geht nur in sehr vereinzelten Fällen über diese hinaus. Somit liegen auch keine dauerhaften Kooperationen mit anderen Akteuren vor, die in der Energiewende aktiv sind. Religiöse Akteure bewegen sich kaum in den sozialen Netzwerken, die die Emder Energiewende auszeichnen. Wo Kontakte bestehen, tendieren religiöse Akteure dazu, potenzielle Rollen und Aufgaben an säkulare Akteure zu delegieren. So erwähnt einer der interviewten Pastoren, dass dessen Gemeinde gezielt Vertreter von NGOs wie beispielsweise Greenpeace einlade, um ihnen die Möglichkeit zu geben, ihre Projekte zu bewerben und neue Mitglieder aus dem Kreis der Kirchengemeinde anzuwerben. Religiöse Akteure scheinen die eigenen potenziellen Rollen an andere Akteure abzugeben. Ganz in diesem Sinne werden die möglichen Funktionen von Religion wesentlich von säkularen Akteuren übernommen.

Mit Blick auf das geringe Engagement der grossen kirchlichen Akteure in Emden und die bisherigen Befunde lassen sich drei Hypothesen formulieren:

---

12 In den Interviews zeigte sich, dass ein Energiesparprojekt in einer Bank angestossen wurde, da die Mitarbeiter über ihre Kinder in Kontakt mit dem Projekt «E-Spas» gekommen waren.

13 An dieser Stelle muss jedoch darauf verwiesen werden, dass eine umfassende empirische Messung des Einflusses von Religion auf die moralischen Werthaltungen von Akteuren kaum möglich ist.

14 Die Selbstbeschreibung der Pastoren passt zu diesem Bild: Einer der Pastoren beschreibt die Rolle der Emder Kirchen als die eines Mitläufers statt Pioniers, ein anderer spricht davon, dass Kirchen auf einen bereits fahrenden Zug aufspringen würden.

1) Autoexklusionsthese: Die lokalen Kirchen tendieren zu einer Autoexklusion. Sie halten sich bewusst aus umfassenden gesellschaftlichen Transformationsprozessen heraus, die sie nicht als Teil ihres Kernauftrags sehen. Diese Position mag damit zusammenhängen, dass religiöse Akteure davon ausgehen, dass eine religiöse Einmischung in weltliche Belange – wie etwa die Energiewende – von der Öffentlichkeit nicht gewünscht ist. Eine erwartete Exklusion von Seiten der Öffentlichkeit führt zu einer Vorwegnahme der Exklusion durch religiöse Selbstexklusion. Da religiöse Akteure annehmen, von der Öffentlichkeit ausgeschlossen zu werden, schliesst sie sich selbst aus. Gegen die These spricht, dass sich die religiösen Akteure in Emden in andere öffentliche Themenbereiche einbringen.
2) Fremdexklusionsthese: Eine alternative Erklärung für das geringe religiöse Engagement ist eine Fremdexklusion von Religion. Da Religion im besten Fall als irrelevant oder im schlimmsten Fall als innovationsfeindlich verstanden wird, wird sie aus «säkularen» Netzwerken, die die soziotechnologischen Transformationsprozesse vorantreiben, herausgehalten. Andere soziale Sphären exkludieren Religion.[15] Für diese These spricht zu einem gewissen Grad, dass religiöse Akteure nicht als priorisierter Kooperationspartner in Energiewendeprojekten benannt werden. Jedoch werden sie auch nicht unmittelbar ausgeschlossen.
3) Konkurrenzthese: Basierend auf Jörg Stolz' Theorie der säkularen-religiösen Konkurrenz (Stolz 2013; Stolz u. a. 2014) geht die Konkurrenzthese davon aus, dass religiöse Akteure sich nur in öffentliche Themenfelder einbringen, in denen sie einen Wettbewerbsvorteil gegenüber der säkularen Konkurrenz besitzen. Droht das Engagement religiöser Akteure jedoch angesichts einer starken säkularen Präsenz kaum wahrgenommen zu werden und nur eine geringe zusätzliche Wirkung zu erzeugen, werden sich religiöse Akteure in anderen Themenfeldern engagieren. Religiöse Akteure werden also – gemäss dieses religionsökonomischen Ansatzes – eher dazu tendieren, sich in Themenfeldern zu engagieren, die nur wenig

---

15 Dabei mag auch die Selbstverpflichtung moderner westlicher Gesellschaft zur funktionalen Ausdifferenzierung eine grosse Rolle spielen. Die westliche Öffentlichkeit fordert eine Trennung von verschiedenen sozialen Sphären: Zeichnet sich enge Verflechtung von politischen oder wirtschaftlichen Interessen und Religion ab, dann drohen öffentliche Skandale (wie etwa der Fall des ehemaligen Limburger Bischofs Ebertz zeigt). Dem öffentlichen Anspruch an funktionaler Ausdifferenzierung folgend, wird Religion aus politischen Debatten und wirtschaftlichen Innovationsprozessen weitgehend exkludiert.

durch säkulare Akteure abgedeckt werden (z. B. Friedensarbeit, Armutsbekämpfung), um hier ein mangelndes säkulares Engagement zu kompensieren. Für diese These spricht, dass die interviewten religiösen Akteure das hohe Engagement anderer Akteure im Bereich der Energiewende betonen und zugleich vorziehen, ihre knappen Ressourcen in andere Themenfelder zu investieren, die weniger stark durch säkulare Akteure bedient werden.

Auch wenn sich für alle der genannten Hypothesen Indizien anführen lassen, spiegelt besonders die letztgenannte Konkurrenzthese das Handeln der lokalen religiösen Akteure in Emden wieder. Die zentrale Ursache für das verhältnismässig geringe Engagement religiöser Akteure scheint darin zu liegen, dass der Themenkomplex Energiewende, Klimawandel und Nachhaltigkeit bereits stark durch säkulare Akteure bedient wird. Das säkulare Engagement verdrängt ein potenzielles religiöses Engagement. Dementsprechend verwenden die lokalen religiösen Akteure ihre begrenzten Ressourcen auf Themen, die weniger durch säkulare Akteure bedient werden. So thematisieren die Emder Kirchen in besonderer Weise den Themenkomplex «soziale (Un-)Gleichheit und Armut», beschäftigen sich aber nur marginal mit der Energiewende.

Trifft die Konkurrenzthese zu, könnte dies umgekehrt jedoch bedeuten, dass Religion in anderen lokalen Räumen, in denen sich säkulare Akteure nur wenig im Bereich der Nachhaltigkeit engagieren, eine grössere Rolle einnehmen kann. Religion würde dann eine Kompensationsfunktion übernehmen: sie würde geringes säkulares Engagement in der Nachhaltigkeit durch die Übernahme eigenen Engagements ausgleichen und in jene der drei genannten Funktionen einspringen, die durch säkulare Akteure vor Ort nicht abgedeckt werden. Ob eine solche Kompensationsfunktion im Bereich der Nachhaltigkeit vorliegt, muss jedoch noch erforscht werden. Wenn die These zutrifft, wäre das am Anfang skizzierte Theoriemodell, in dem die unterschiedlichen Systeme friedlich zusammenwirken, durch die Konkurrenz der Akteure zu ergänzen. Religiöse Akteure werden sich dann häufig nicht auf den offenen Wettbewerb mit säkularen Akteuren einlassen.

5. Fazit

In den wissenschaftlichen Debatten wurde die mögliche Rolle von Religion in der Energiewende bisher kaum thematisiert. Traut man den religionswissenschaftlichen Beiträgen, dann kann Religion eine zentrale Rolle für ökologische Nachhaltigkeit und damit auch für die Energiewende(n) spielen. Nicht zuletzt spricht die anhaltende Präsenz von Religion in der westeuropäischen Öffentlichkeit und im Leben von Millionen von Menschen dafür, dass sie in gesellschaftlichen Transformationsprozessen ein weichenstellender Faktor sein kann. Die gesellschaftstransformierende Rolle von Religion hat sich in der jüngeren Geschichte etwa in der Revolution in Nicaragua (die stark durch die Befreiungstheologie unterstützt wurde), der US-Bürgerrechtbewegung (die vom Reverend Martin Luther King geleitet wurde), der Iranischen Revolution oder der polnischen Befreiungsbewegung gezeigt (Gardner 2003, 154). Ob sie sich auch als eine starke Kraft des Wandels im Bereich der ökologischen Nachhaltigkeit und Energiewende erweist, wird sich noch zeigen müssen.

In dem hier betrachteten Fallbeispiel der Energiewende der Stadt Emden gibt es keine Anzeichen für eine signifikante Rolle von Kirchen.[16] Stattdessen sind es andere soziale Sphären wie etwa Wirtschaft, Politik und Verwaltung, die sich stark in den Prozess der Energiewende einbringen. Angesichts dieser Ergebnisse ist gegenüber den religionsaffirmativen Positionen, die häufig in der Debatte um Religion und Ökologie vertreten werden, eine kritische Position nötig, die hinterfragt, welche Beiträge Religion konkret zum nachhaltigen Wandel leistet.

Zugleich ist jedoch zu betonen, dass es sich bei der Fallstudie um einen spezifischen lokalen Raum handelt, der sich von anderen lokalen Räumen durch eine starke «säkulare» Aktivität in der Energiewende abhebt. Dabei mag das säkulare Engagement zu einem Verdrängungseffekt mit Blick auf das potenzielle religiöse Engagement führen. Dem Fallbeispiel der Stadt Emden stehen zahlreiche Beispiele religiösen Engagements im nachhaltigen Wandel gegenüber. Oft scheint sich das ökologische Engagement jedoch auf die eigene religiöse Organisation zu beschränken und selten über deren Grenzen hinauszugehen. Damit stellt sich grundsätzlich die Frage, ob sich religiöse Organisationen überhaupt in der Position und Pflicht sehen, breitere Prozesse des nachhaltigen Wandels zu begleiten und ob ihnen von anderen sozialen Systemen die Möglichkeit geboten wird, sich in diese Prozesse einzubringen. Weiterhin wäre zu klären, ob sich die Stärke des religiösen Engagements nicht diametral zu jener des säkularen Engagements verhält. So

---

16 Der Fokus wurde jedoch auf organisierte Formen von Religiosität gelegt. Je nach Religionsdefinitionen mögen diffuse Formen von Nachhaltigkeitsreligionen («green religions») bei einzelnen Akteuren eine Rolle spielen. Aber auch für einen dogmatischen Nachhaltigkeitsglauben gab es kaum Anzeichen in dem empirischen Material.

wäre die These zu prüfen, dass religiöse Akteure sich nur in lokalen Transformationsprozessen engagieren, wenn sie die Möglichkeit sehen, sich erfolgreich einzubringen ohne von der säkularen «Konkurrenz» verdrängt zu werden.

Um diese Fragen und Hypothesen zu bearbeiten, wäre etwa eine breite Untersuchung des religiösen Engagements im nachhaltigen Wandel in verschiedenen Städten in der Schweiz denkbar. Anhand einer solchen Studie liessen sich Antworten auf die Frage finden, wie grün organisierte Formen von Religion in der Schweiz sind. Diese Forschung würde letztlich dazu beitragen, einen möglicherweise wichtigen, aber in der Nachhaltigkeitsforschung bisher wenig beachteten Faktor für nachhaltigen Wandel zu beleuchten.

Literatur

Bridge, Gavin / Bouzarovski, Stefan / Bradshaw, Michael / Eyre, Nick, Geographies of energy transition: Space, place and the low-carbon economy, in: Energy Policy 53 (2013), 331–40.

Brot für alle. «Weniger für uns. Genug für alle.» 2015, online unter www.sehen-und-handeln.ch/Media/01_texte/de/medien/dossier/2015_oek_in_kuerze.pdf (Zugriff am 12. März 2015).

Bulkeley, Harriet / Kern, Kristine, Local government and the governing of climate change in Germany and the UK, in: Urban Studies 43 (2006), 12: 2237–59.

Casanova, José, Public religions in the modern world, Chicago 1994.

Cherp, Aleh / Jewell, Jessica / Goldthau, Andreas, Governing global energy: Systems, transitions, complexity, in: Global Policy 2 (2011), 1: 75–88.

Clugston, Richard / Holt, Steve (Hg.), Exploring synergies between faith values and education for sustainable development, San José 2012.

Cooke, Phil / Uranga, Mikel G. / Etxebarria, Goio, Regional innovation systems: Institutional and organisational dimensions, in: Research Policy 26 (1997), 475–91.

Cooke, Phil, Regionally asymmetric knowledge capabilities and open innovation: Exploring ‹Globalisation 2› – A new model of industry organisation, in: Research Policy 34 (2005), 1128–49.

Coutard, Olivier / Rutherford, Jonathan, Energy transition and city-region planning: understanding the spatial politics of systemic change, in: Technology Analysis & Strategic Management 22 (2010), 711–27.

Dewitt, Calvin B., The scientist and the sheperd: The emergence of evangelical environmentalism, in: Gottlieb, The Oxford handbook of religion and ecology, New York 2006.

Djupe, Paul A. / Gwiasda, Gregory W., Evangelizing the environment: Decision process effects in political persuasion, in: Journal for the Scientific Study of Religion 49 (2010), 73–86.

Djupe, Paul A. / Hunt, Patrick K., Beyond the Lynn White thesis: Congregational effects on environmental concern, in: Journal for the Scientific Study of Religion 48 (2009), 670–86.

Doloreux, David, What we should know about regional systems of innovation, in: Technology in Society 24 (2002), 243–63.

Gardner, Gary T., Invoking the spirit: Religion and spirituality in the quest for a sustainable world, in: Worldwatch paper 164, Washington, DC 2002.

Gardner, Gary T., Engaging religion in the quest for a sustainable world, in: Worldwatch Institute (Hg.), State of the world: A Worldwatch Institute report on progress toward a sustainable society, New York 2003, 152–75.

Gardner, Gary T., Inspiring progress: religions' contributions to sustainable development, New York 2006.

Geels, Frank W. Hekkert / Marko P. / Jacobsson, Staffan, The dynamics of sustainable innovation journeys, in: Technology Analysis & Strategic Management 20 (2008), 521–36.

Gottlieb, Roger, You gonna be here long? Religion and sustainability, in: Worldviews: Global Religions, Culture, and Ecology 12 (2008), 163–78.

Gottlieb, Roger, Religious Environmentalism in Action, in: Gottlieb, Roger, The Oxford handbook of religion and ecology, New York 2006, 467–509.

Grubler, Arnulf, Energy transitions research: Insights and cautionary tales, in: Energy Policy 50 (2012), 8–16.

Habermas, Jürgen, Notes on post-secular society, in: New perspectives quarterly 25 (2008).

Harper, Fletcher, Greening faith: Turning belief into action for the earth, in: Zygon® 46 (2011), 957–71.

Haynes, Jeffrey, Religion and development: Conflict or cooperation? Houndmills 2007.

Heidenreich, Martin / Barmeyer, Christoph / Koschatzky, Knut / Mattes, Jannika /Beyer, Elisabeth / Krüth, Katharina, Multinational enterprises and innovation: Regional learning in networks. London u. a. 2012.

Hodson, Mike / Marvin, Simon, Can cities shape socio-technical transitions and how would we know if they were?, in: Research Policy 39 (2010), 477–85.

Hodson, Mike / Marvin, Simon, Mediating low-carbon urban transitions? Forms of organization, knowledge and action, in: European Planning Studies 20 (2012), 421–39.

Huber, Andreas / Köhrsen, Jens / Mattes, Jannika, Towards a better understanding of local reorganization processes – empirical findings from two case studies, in: Proceedings of the ECEEE 2013 summer study, 2013, 271–82.

Interfaith Power & Light (Hg.), A religious response to global warming: The regeneration project's Interfaith Power & Light Campaign: 2013 Annual Report.

Klagge, Britta / Brocke, Tobias, Decentralized electricity generation from renewable sources as a chance for local economic development: a qualitative study of two pioneer regions in Germany, in: Energy, Sustainability and Society 2 (2013), 2–9, online unter: www.energsustainsoc.com/content/pdf/2192-0567-2-5.pdf (Zugriff am 13. März 2015).

Köhrsen, Jens, Does religion promote environmental sustainability? – Exploring the role of religion in local energy transitions, in: Social Compass 62 (2015), 296–310.

Köhrsen, Jens, How religious is the public sphere? – A critical stance on the debate about public religion and post-secularity, in: Acta Sociologica 55 (2012), 273–88.

Kuhlmann, Stefan, Future governance of innovation policy in Europe – three scenarios, in: Research Policy 30 (2001), 953–76.

Lele, Sharachchandra M., Sustainable development: a critical review, in: World Development 19 (1991), 607–21.

Lorentzen, Lois A., / Leavitt-Alcantara, Salvador, Religion and environmental struggles in Latin America, in: Gottlieb, Roger, The Oxford handbook of religion and ecology, New York 2006, 510–34.

Maassen, Anne, Heterogeneity of lock-in and the role of strategic technological interventions in urban infrastructural transformations, in: European Planning Studies 20 (2012), 441–60.

Markard, Jochen / Raven, Rob / Truffer, Bernhard, Sustainability transitions: An emerging field of research and its prospects, in: Research Policy 41 (2012), 955–67.

Mattes, Jannika, Innovation in multinational companies: organisational, international and regional dilemmas, Frankfurt / London 2010.

Mattes, Jannika / Huber, Andreas / Koehrsen, Jens, Energy transitions in small-scale regions – what we can learn from a regional innovation systems perspective, in: Energy Policy 78 (2015), 255–64.

McCammack, Brian, Hot damned America: Evangelicalism and the climate change policy debate, in: American Quarterly 59 (2007), 645–68.

McCauley, Stephen M. / Stephens, Jennie C., Green energy clusters and socio-technical transitions: analysis of a sustainable energy cluster for regional economic development in Central Massachusetts, USA, in: Sustainability Science 7 (2012), 213–25.

Nagle, John C., The evangelical debate over climate change, Minneapolis 2008, online unter: scholarship.law.nd.edu/law_faculty_scholarship/433 (Zugriff am 19. März 2015).

Oeku Kirche und Umwelt (Hg.), Positivbeispiele: Energie sparen in Kirchgemeinden, Bern 2012.

Rolston, Holmes, Caring for nature: What science and economics can't teach us but religion can, in: Environmental Values 15 (2006), 307–13.

Schönberger, Philipp, Municipalities as key actors of German renewable energy governance: An analysis of opportunities, obstacles, and multi-level influences, Wuppertal 2013, online unter: wupperinst.org/en/publications/details/wi/a/s/ad/2056/ (Zugriff am 22. März 2015).

Späth, Philipp / Rohracher, Harald, Local demonstrations for global transitions: Dynamics across governance levels fostering socio-technical regime change towards sustainability, in: European Planning Studies 20 (2012), 461–79.

Stadt Emden (Hg.), Integriertes Kommunales Klimaschutzkonzept, 2010, online unter: www.emden.de/fileadmin/media/stadtemden/PDF/FB_300/FD_362/Energie_Klima/klimaschutzkonzept_gesamt_endversion.pdf (Zugriff am 22. März 2015).

Statistische Ämter des Bundes und der Länder (Hg.), Zensus 2011, online unter: https://www.zensus2011.de (Zugriff am 22. März 2015).

Stolz, Jörg, Entwurf einer Theorie religiös-säkularer Konkurrenz, in: Köln Z Soziol 65 (2013), 25–49.

Stolz, Jörg / Könemann, Judith / Schneuwly Purdie, Mallory / Engelberger, Thomas / Krüggeler, Michael, Religion und Spiritualität in der Ich-Gesellschaft: Vier Gestalten des (Un-)Glaubens. Beiträge zur Pastoralsoziologie 16, Zürich 2014.

Taylor, Bron, A green future for religion?, in: Futures 36 (2004), 991–1008.

Tucker, Mary E., Religion and ecology: Survey of the field, in: Gottlieb, Roger, The Oxford handbook of religion and ecology, New York 2006, 398–418.

Verbong, Geert / Geels, Frank, The ongoing energy transition: Lessons from a socio-technical, multi-level analysis of the Dutch electricity system (1960–2004), in: Energy Policy 35 (2007), 1025–37.

Wardekker, J. Arjan / Petersen, Arthur C. / van der Sluijs, Jeroen P., Ethics and public perception of climate change: Exploring the Christian voices in the US public debate, in: Global Environmental Change 19 (2009), 512–21.

White, Lynn, The historical roots of our ecologic crisis, Science 155 (1966), 1203–7.

Willaime, Jean-Paul, Le retour du religieux dans la sphère publique. Vers une laïcité de reconnaissance et de dialogue. Lyon 2008.

World Commission on Environment and Development (Hg.), Our common future, New York 1987.

Regina Betz

Religion und Treibhausgasemissionen: Potenziale religiöser Gemeinschaften im Klimaschutz

1. Einleitung

Der Klimadiskurs wird von Zahlen dominiert. In den Klimaverhandlungen geht es vor allem um Zahlen, wie z. B. dem 1.5 oder maximal 2 Grad maximalem Erwärmungsziel oder den 350 ppm an maximaler CO_2-Konzentration in der Atmosphäre. Laut Jonas Lüscher ist unsere Gesellschaft allgemein einer «quantitativen Blendung» (vgl. Muscionico, Daniele, Die Zeit vom 1. Oktober 2015, 14) verfallen und so ist es nicht verwunderlich, dass diese auch die Klimawandeldebatte infiziert hat. Besonders Klimawissenschaftler versuchen mit ihren Modellen anhand verschiedener Szenarien, die Auswirkung unterschiedlicher Treibhausgaskonzentrationen in der Atmosphäre auf unser Klima abzuschätzen. Laut ihren Studien werden die Folgen dramatische Auswirkungen auf Mensch und Natur haben, z. B. werden extreme Wetterereignisse in ihrer Intensität und Häufigkeit zunehmen sowie zum Untergang ganzer Inseln durch den Meeresspiegelanstieg führen.

Anfang dieses Jahrhunderts wurde der Versuch unternommen, weg von der rein quantitativen Klimawandelkommunikation, vermehrt auch bildliche Darstellungen zu nutzen. Dies zeigt zum Beispiel die im Dritten Sachstandbericht des Intergovernmental Panel on Climate Change (IPCC) veröffentlichte Grafik, die an glimmende Asche erinnert und daher «Burning Embers» genannt wird (IPCC 2001, WGII). Seit 2004 verschärfte sich die Kommunikation hinsichtlich der Risiken des Klimawandels durch die Einführung des Begriffes von sogenannten «Tipping Points» (Held u. a. 2004). Dieser beinhaltet das Kippen von bestimmten Subsystemen (z. B. Schmelzen der antarktischen Eisdecke oder das Auftauen der Permafrostböden in der Tundra), die mit solchen positiven Rückkopplungen verbunden sind, dass ab diesem Zeitpunkt ein massiver globaler Temperaturanstieg nicht mehr aufgehalten werden könne. Eine grafische Darstellung dieser Umkehrpunkte erfolgte 2005 in der naturwissenschaftlichen Zeitschrift Nature (Kemp 2005). Seitdem scheint die apokalyptische Rhetorik bezüglich des Klimawandels weiter zugenommen zu haben (Foust u. a. 2009). Die Verwendung von Weltuntergangsszenarien wird meist als politisches Druckmittel eingesetzt (Wuketits 2012), könnte jedoch auch als «Triebkraft sozialen Wandels» dienen (Nagel 2008, 306). Die Gefahr, in der Gesellschaft durch apokalyptische Reden ein Ohnmachtsgefühl auszulösen, sollte dabei mitbedacht werden. Denn je nach Rezipient kann der Begriff Apokalypse zu Aktionismus oder zu Apathie führen. Oder – wie später erläutert wird –, religiöse Gruppen, die an eine baldige biblische Apokalypse, d. h. die Wiederkehr Jesu glauben, werden zu höheren Diskontraten neigen und eine aktive Klimapolitik eher ablehnen. Skrimshire schlägt daher folgende Rhetorik vor: «climate change discourse communicates simultaneously that a threshold has already been reached (some amount of warming is already unstoppable) and that a crucial threshold (a point of no return) is still to be resisted.» (Skrimshire 2010, 217).

Dieser Artikel wählt auch einen quantitativen Ansatz, jedoch mit einem etwas anderen Fokus, indem er die weltweiten Emissionen nach Glaubensgruppierung abschätzt. Ziel ist es, daraus eine Einschätzung über die maximalen Reduktionspotenziale religiöser Gruppierungen zu gewinnen. Dies dient zur Veranschaulichung von Aussagen, wie z. B. jener von Papst Franziskus, dass der «größte Teil der Bewohner des Planeten [...] sich als Glaubende» (Enzyklika 2015, 180) bezeichnen und somit eine Verantwortung für den Planten übernehmen müssen. Auch andere Autoren (Posas 2007; Gardner 2003; Gardner 2006; Roberts 2012) versuchen mit Statistiken von Anhängerzahlen religiöser Gruppierungen auf das grosse Potenzial dieser Gruppen im Zusammenhang mit Umweltschutz hinzuweisen. Der Abschätzung der Treibhausgasemissionen nach religiösen Gruppierungen ist in der Literatur jedoch bisher wenig Aufmerksamkeit gewidmet worden. Diese Lücke möchte dieser Beitrag schliessen. Jedoch nicht, um Schuldzuweisungen daraus abzuleiten, sondern es soll vielmehr als Selektionskriterium dienen für das zweite Ziel dieses Artikels. Die aktuellen Deklarationen religiöser Gruppierungen, die im Vorfeld zu der Klimakonferenz in Paris veröffentlicht worden sind, sollen nämlich näher analysiert werden. Dabei soll herausgearbeitet werden, bei welchen Themen die verschiedenen religiösen Glaubensgemeinschaften ihre Schwerpunkte setzen.

Der Beitrag ist wie folgt strukturiert: Im ersten Abschnitt wird auf die Potenziale von Religion und religiösen Akteuren in der Klimadebatte eingegangen. Im zweiten Abschnitt werden die Kohlendioxidemissionen der verschiedenen religiösen Gemeinschaften abgeschätzt, wobei zuvor die Datenquellen und Vorgehensweise erläutert wird. Anhand der Ergebnisse erfolgt eine Auswahl näher zu untersuchender religiöser Gruppierungen. Im dritten

Abschnitt werden anhand der in Abschnitt 1 erläuterten Potenziale die Deklarationen der ausgewählten religiösen Gruppen zum Klimawandel oder Umweltschutz analysiert. Der Beitrag endet mit einer Diskussion der Unterschiede und Gemeinsamkeiten und einer Zusammenfassung der wesentlichen Ergebnisse.

2. Religion und Klimaschutz

Religion ist Teil der Kultur eines Menschen und beeinflusst ihn wesentlich in vielen seiner Entscheidungen. Religion kann dabei ein sehr breites Spektrum des individuellen Wahrnehmens, Handelns und Denkens beeinflussen, da sie Weltansichten prägt (z. B. Erläuterungen zur Beziehung zwischen Gott, Erde/Natur und Mitmenschen), moralische Weisungen gibt (z. B. was gute und was weniger gute Praktiken sind), Hoffnungen und Ängste schürt oder mildert (Gerten u. a. 2012). Diese Zusammenhänge werden im Folgenden näher erläutert. Religiösen Anführern und Sprechern kommt dabei eine besondere Rolle zu, da ihnen Vertrauen und Wertschätzung entgegengebracht wird (Hoffman 2015). Daher wird dieser Aspekt in einem gesonderten Abschnitt erläutert.

2.1 Potenziale religiöser Gemeinschaften

Religion bzw. religiöse Gemeinschaften verfügen über eine Vielzahl von Potenzialen, die sie zur Bekämpfung des Klimawandels oder der Anpassung an den Klimawandel einsetzen können. Folgende Potenziale werden in der Literatur aufgeführt:

Religionen spielen eine wesentliche Rolle bei der Prägung des individuellen *Weltbildes* (Gardner 2003), das sich auf das soziale Handeln auswirken kann. Dadurch, dass das Weltbild wichtig für das Verständnis von der Beziehung von Mensch und Erde bzw. Natur, Schöpfung und Gott ist, kann es indirekt einen Beitrag zum Umwelt- und Klimaschutz leisten. In den abrahamitischen Religionen zum Beispiel, bei denen Gott wie «an author and a book» (Schönfeld 2012, 169) eher eine Distanz zu seiner Schöpfung einnimmt, steht der Mensch im Mittelpunkt und es besteht ein metaphysischer Dualismus zwischen Natur und Mensch und eine Trennung von Himmel und Erde (Hitzhusen u. a. 2013). Im Gegensatz dazu ist bei anderen religiösen Gruppierungen wie den Buddhisten, Taoisten, Schintoisten, Hindus und vielen Naturreligionen Gott Teil der Natur (Schönfeld 2012). Die Anhänger dieser Gruppierungen streben daher aufgrund ihres Weltbildes eher ein Gleichgewicht mit der Natur an.

Im Vergleich zu vielen anderen gesellschaftlichen Systemen hat Religion den Anspruch auf *moralische Autorität* (Gardner 2003). Sie hilft zwischen «richtig» und «falsch» zu unterscheiden, um dadurch ein Fundament für gesellschaftliche Solidarität zu bieten. Durch das Wertesystem kommt ihr in Bezug auf die ethischen Fragen des Klimawandels eine besondere Rolle zu. Zum Beispiel die Frage, welche ethischen Prinzipien zugrunde gelegt werden sollen, wenn über die Höhe der anthropogenen Treibhausgasemissionen entschieden wird (Brown u. a. 2006). Dabei sollte man sich bewusst sein, dass indirekt darüber entschieden wird, welche Kulturen und Arten weiter existieren dürfen und welche nicht. Oder die Frage, welche ethischen Prinzipien werden zugrunde gelegt, wenn entschieden wird, welche Länder bzw. Organisationen wie viel zu den globalen Minderungen beitragen sollen? Laut Posas (2007) ist die Verantwortung, die wir gegenüber der übernatürlichen Macht bzw. Gott und durch sie auch gegenüber unseren Mitmenschen haben, wichtig bei der Beantwortung dieser Frage. Gemäss Posas finden sich in allen religiösen Gruppierungen Regeln für den Umgang mit den Mitmenschen, die als «goldene Regel» herangezogen werden können. Sie zeigt durch eine Analyse der jeweils heiligen Schriften auf, dass diese alle die Ethik der «reciprocity», d. h. der gegenseitigen Begünstigung, beinhalten.

Religiöse Gruppen können durch ihre moralische Autorität auch den *Lebensstil* ihrer Anhänger beeinflussen. Laut Gardner (2003) sollten die religiösen Gruppen ihre Predigten dazu nutzen, Werte zu vermitteln, die es ermöglichen die globale ökologische Krise abzuwenden, indem sie zum Beispiel einen einfacheren Lebensstil propagieren. Für ihn ist Suffizienz oder Genügsamkeit in Bezug auf Konsum eines der wichtigsten Prinzipien, das in jede Glaubensrichtung Eingang gefunden hat (Gardner 2006). Weitere Werte, die von Tucker und Grim anhand von den fünf «Rs» aufgeführt werden sind: «reverence, respect, restraint, redistribution and responsibility» (Tucker u. a. 2001, 19). Der Natur mit Ehrerbietung, Respekt, Zurückhaltung, Umverteilung und Verantwortung zu begegnen, könnte zu einem Lebensstil beitragen, der die Atmosphäre schützen hilft.

Viele religiöse Gruppierungen bilden *soziale Gemeinschaften* (Gardner 2003), die sich durch *regelmässige Interaktionen* über einen längeren Zeitraum auszeichnen. Sie sind meist *lokal präsent* und ihre Führungsfiguren (z. B. Pastoren, Rabbiner, Imame) wechseln weniger häufig als in der Politik (Hipple u. a. 2010). Dadurch haben religiöse Gruppierungen den Vorteil, dass sie nicht in einer politischen Konkurrenz stehen und Beziehungen über längere Zeiträume eingehen können, als Politiker in ihren Wahlkreisen, die von der Wiederwahl abhängen. Durch dieses besondere Vertrauen sollten religiöse

Gruppierungen über besonders hohe Potenziale bezüglich lokaler Anpassungsmassnahmen an den Klimawandel und im Hinblick auf langfristige Verhaltensänderungen verfügen.

Religiöse Gruppierungen verfügen über substanzielle *materielle Ressourcen* und können dieses Potenzial positiv für den Klimaschutz nutzen (Gardner 2003). Zusammen stellen sie die drittgrösste Gruppe an Investoren weltweit dar. Daher könnten sie, wenn sie sich für eine ethische Investitionspolitik einsetzten, einen grossen Einfluss auf den globalen Finanzmarkt haben. Auch können sie ein *Vorbild* sein, indem sie etwa ihre eigenen Gebäude energetisch sanieren und mit regenerativen Energiegewinnungsanlagen ausstatten z. B. Photovoltaik auf Kirchendächern. So könnten diese Andachtsorte eine ökologische Vorreiterrolle einnehmen und ihre Mitglieder inspirieren, es ihnen gleichzutun.

Viele religiöse Gruppierungen sind aktiv in der *Bildung und Erziehung* von Kindern und Jugendlichen. Sie verfügen über Schulen, Ferienprogramme und Freizeitaktivitäten. Diese Einrichtungen könnten dazu genutzt werden, um Prinzipien des Energiesparens, Recyclings oder eines einfacheren Lebensstils den Jugendlichen zu vermitteln. Auch verfügt *pastorale Hilfe* über das Potenzial, mit Umweltkrisen besser umgehen zu können, d. h. der Glaube könnte bei der seelischen Bewältigung von Klimakatastrophen und der Anpassung an den Klimawandel eingesetzt werden (Rollosson 2010).

Symbolische Praktiken und Feiern können eingeführt werden wie zum Beispiel der 1. September, der zum «World Day of Prayer for the Care of Creation» auserkoren wurde, an dem gemeinsam für den Schutz der Erde gebetet wird.[1] Auch können sakrale Orte benannt werden oder neue Traditionen eingeführt werden, wie etwa in Tansania, wo bei jedem wichtigen Anlass im Leben (z. B. Hochzeit, Geburt eines Kindes) ein Baum gepflanzt wird (Rollosson 2010).

Letztlich umfassen religiöse Gruppierungen einen *Grossteil der Erdbevölkerung* und können somit ein breites Publikum mit ihrer Botschaft erreichen. Für welchen Anteil an weltweiten Kohlendioxidemissionen sie jeweils stehen bzw. welche Pro-Kopf-Emissionen ihnen zugeschrieben werden, wird im nächsten Kapitel erläutert, wobei vorerst auf die Rolle der religiösen Führungsfiguren eingegangen werden soll.

---

[1] Weitere Informationen siehe: http://unfoundationblog.org/9-faith-quotes-on-climate-change/#sthash.inxOei03.dpuf.

2.2 Potenziale religiöser Führungsfiguren

Trotz der naturwissenschaftlichen Einigkeit in der Dringlichkeit, heute handeln zu müssen, gibt es noch viele Menschen, die das Phänomen Klimawandel anzweifeln und sich daher nicht zum Klimaschutz mobilisieren lassen. Im Film «The Age of Stupid» wird durch die Schock-Taktik versucht, die Zuschauer aus der kollektiven Apathie zu wecken. Der Film spielt in der Zukunft und der Hauptdarsteller sieht sich Film- und Buchquellen aus der heutigen Zeit an, die zeigen mit welcher Dringlichkeit das Handeln bzgl. Klimaschutz in unserer heutigen Zeit signalisiert wurde und der daraufhin kopfschüttelnd sagt: «Amazing. What state of mind were we in, to face extinction, and simply shrug it off?» (Skrimshire 2010, 216).

Mike Hulme (2009) ist in seinem Buch «Why we disagree about climate change» dieser Frage nachgegangen, indem er verschiedene Perspektiven eingenommen hat (z. B. Wissenschaft, Ökonomie, Religion, Psychologie, Medien, Fortschritt und Staatsführung), und versucht anhand dieser das Phänomen zu erklären. Andrew Hoffman (2015) hat darauf aufbauend vier wichtige Elemente herausgearbeitet, die sich gut nutzen lassen um Menschen vom Klimaschutz zu überzeugen, wobei besonders zwei davon im Hinblick auf diese Arbeit von Bedeutung sind: Laut ihm spielt das *Vertrauen in den Nachrichtenüberbringer* eine grosse Rolle, um Menschen zu mobilisieren, etwas für die Bekämpfung des Klimawandels zu tun. Religiöse Führungsfiguren, denen ein grosses Mass an Vertrauen entgegengebracht wird, eignen sich daher besonders gut. Am Beispiel der Enzyklika des Papstes Franziskus (2015) kann dies besonders gut verdeutlicht werden. Nach der Veröffentlichung wurde sie verschiedentlich genutzt, um zum Beispiel in der Öffentlichkeit an den damaligen Australischen Premier Minister Tony Abbott zu appellieren: «As I read it, the Prime Minister has a choice, [...] As a Catholic, he can listen to Pope Francis who is the spiritual leader of his faith tradition or, alternatively, he can continue to operate as an ally to extractive industries.»[2]

Als zweiten Punkt führt Hoffman an, dass jeder Mensch danach strebt, dass er mit seinem eigenen Glauben und mit seinen Mitgläubigen (Peers), denen er vertraut und die er wertschätzt, im Einklang ist. Daher ist die Sicht der Anführer einer religiösen Gruppierung und ihrer lokalen Repräsentanten (z. B. Pastoren, Imame, Rabbis) von grosser Bedeutung (Hoffman 2015).

---

2 Aussage von Thea Ormerod, Präsidentin der Australian Religious Response to Climate Change (ARRCC), vgl. Media Release of the Australian Religious Response to Climate Change (ARRCC) on 18th of June 2015.

3. Treibhausgasemissionen nach religiösen Gruppierungen

3.1 Daten und Methode

Um die Emissionen nach religiöser Gruppenzugehörigkeit zu berechnen, wurden verschiedene Quellen miteinander kombiniert. Als erstes wurde die World Religion Database (WRD) und die World Christian Database (WCD) ausgewertet, wobei die Daten 2014 heruntergeladen worden sind und beide Datenbanken laufend fortgeschrieben werden (Johnson und Grim, 2013). Anhand dieser wurden die religiösen Gruppierungen und deren Mitgliederzahlen als auch die Gesamtbevölkerung jedes Landes bestimmt. In einem zweiten Schritt wurden für jedes Land die Kohlendioxidemissionen (CO_2) von 2011 aus der International Energy Agency (IEA) Datenbank hinzugefügt, um so die Pro-Kopf-Emissionen eines jeden Landes anhand der Bevölkerungszahl aus der WRD zu bestimmen. Auf Basis der pro-Kopf-Emissionen eines Landes wurden dann die CO_2-Emmissionen für die einzelnen Religionsgruppen (Multiplikation der pro-Kopf-Emissionen mit der jeweiligen Mitgliederzahl einer religiösen Gruppierung) für jedes Land berechnet. Diese wurden im Anschluss zu Grossregionen und religiösen Gruppierungen zusammengefasst. Um die Pro-Kopf Emissionen pro religiöser Gruppierung zu bestimmen, wurde die Summe der Emissionen einer religiösen Gruppierung durch die Anzahl ihrer weltweiten Mitglieder geteilt. Zum besseren Vergleich werden die pro-Kopf-Angaben nach religiöser Gruppenzugehörigkeit mit einer Auswahl der Pro-Kopf-Emissionen einzelner Länder aufgeführt, die aus den IEA Daten (Emissionen durch Bevölkerung eines Landes aus WRD) abgeleitet worden sind. Auch werden die Anhänger der verschiedenen religiösen Gruppierungen zum Vergleich den Emissionen gegenübergestellt.

Die WRD-Daten beziehen sich dabei auf das Jahr 2010 sowie die WCD auch. Die WRD basiert dabei auf der WCD, da diese für die christlichen Religionen die besten Daten enthält. Diese wurden dann im Zuge der WRD weiterentwickelt z. B. durch die Einbeziehung von Zensus-Daten und Umfragen aus den Bereichen Gesundheit und Demografie (Demographic Health Survey) wie auch reinen Bevölkerungsumfragen. In der WRD wird durch konservative Schätzungen aus verschiedenen Quellen versucht, die bestmöglichsten Angaben zu erzielen. In manchen Ländern gibt es grosse Unstimmigkeiten, da Religionszugehörigkeit eine politische Bedeutung hat (z. B. Kopten in Ägypten), so dass es sehr grosse Unterschiede zwischen den Zensus-Erhebungen und den Daten der Denominationen gibt. Auch können die Zeitpunkte der Erhebung sehr unterschiedlich sein, da Kirchenstatistiken eher über längere Zeiträume geführt werden und Zensus-Daten zu einem bestimmten Zeitpunkt ermittelt werden. Ebenfalls wurde versucht religiöse Migrationen und Konvertierungen zu berücksichtigen, wie auch unterschiedliche Geburtenraten verschiedener religiöser Gruppierungen, die vor allem für zukünftige Projektionen von Bedeutung sind. In der Datenbank werden «Atheisten» als «Persons who deny the existence of God, gods, or the supernatural» und «Agnostiker» als «Persons who claim no religion or claim that it is not possible to know if God, gods, or the supernatural exist» definiert, wobei dabei die Angaben im Zensus oder anderen Befragungen wie oben beschrieben ausschlaggebend war. Unter «Ethnoreligionen» werden «Followers of local religions tied closely to specific ethnic groups, typically in Africa, with membership restricted to those groups» eingruppiert und unter «Unabhängige Christen» werden «One of Christianity's 6 ecclesiastico-cultural megablocs, separated from, uninterested in, and independent of historic denominationalist Christianity (the other 5 mega blocks)» verstanden. Dabei wurden die «anderen Christen» als Differenz der Gesamtzahl der Christen und der Summe aller fünf Blöcke aus Katholiken, Anglikanern, Protestanten, orthodoxen und unabhängigen Christen berechnet. Dies sind Christen, die z. B. gläubig sind, sich jedoch keiner Kirche oder Gemeinde zurechnen lassen. Die «Anderen» umfassen alle nicht separat aufgeführten Gruppen wie Sikhs, Zoroastrianer, sowie «other smaller non-Christian religious faiths, quasi-religions, pseudo-religions, para-religions, religious systems, religious philosophies and semi-religious brotherhoods (Gnostic, Occult, Masonic, Mystic, usw.)». «Neue Religionen» bezeichnen «Followers of the so-called New Religions of Asia, mostly founded after 1945. Mainly Hindu or Buddhist sects/offshoots, or new syncretistic religions combining Christianity with Eastern religions. Sometimes termed Neoreligionists.»

Folgende Einschränkungen der Daten sind hervorzuheben. Die Qualität der Daten in der WRD und WCD ist voraussichtlich für die christlichen Glaubensgemeinschaften höher als bei anderen Glaubensrichtungen. Ausserdem erlauben die Daten es nicht, dass Unterschiede zwischen den Treibhausgasemissionen verschiedener religiöser Gemeinschaften innerhalb eines Landes gemacht werden. Die Daten der IEA (2013) umfassen ausserdem nur die CO_2-Emissionen aus der Verbrennung fossiler Energieträger. Sie stellen die umfassendste Datenbasis dar, da sie alle Länder beinhalten und über eine lange Zeitreihe verfügbar sind. Es wurden die CO_2-Emissionen aus dem «Sectoral Approach» gewählt und versucht 2011 oder – falls nicht vorhanden – die nächste zur Verfügung stehende Jahresangabe eines Landes zu wählen. Sie haben jedoch den Nachteil, dass sie nur die CO_2-Emissionen aus der Verbrennung beinhalten, das heisst es sind keine anderen Treibhausgase wie Methan (CH₄) oder Distickstoffmonoxid (N₂O) einbezogen und somit fehlt ein Teil der Treibhausgasemissionen (schätzungsweise ca. 20 %) wie auch die prozessbedingten CO_2-Emissionen, die z. B. in der Klinkerproduktion oder Stahlproduktion anfallen. Dies führt also zu einer Unterschätzung der Emissionen.

Weitere Einschränkungen der Daten entstehen dadurch, dass es zum Teil Doppelzugehörigkeiten zu religiösen Gruppierungen gibt, d. h. in WCD werden Personen bei zwei verschiedenen Gruppierungen mitgezählt. Das bedeutet für die Analyse der Emissionen, dass die Pro-Kopf-Zahlen leicht unterschätzt sein können, da sie durch höhere Mitgliederzahlen geteilt werden oder dass die Gesamtzahl der absoluten Emissionen aller religiösen Gruppen höher ausfallen als die Summe aller Emissionen, durch die Doppelzählungen.

Im letzten Teil des Beitrags werden anhand der Argumente im Diskurs offizielle Deklarationen zum Klimawandel oder Umweltschutz analysiert, um daraus Unterschiede oder Übereinstimmungen bzgl. der Werte und Praktiken abzuleiten, die für den Klimaschutz dienlich sind. Für einige religiöse Gruppierungen wie den Protestanten und Chinesischen Volksreligionen werden wissenschaftliche Studien in die Analyse miteinbezogen, um deren Einstellung gegenüber dem Klimawandel näher zu verstehen, da sie über keine aktuellen Deklarationen verfügen.[3]

3.2 Ergebnisse

Wie aus Grafik 1 ersichtlich wird, werden gut 2/5 (42 %) der CO_2-Emissionen weltweit von christlichen Glaubensgruppen ausgestossen, dabei stellen die Katholiken mit 16 % den höchsten Anteil dar gefolgt von Muslimen (14 %), Buddhisten (9 %) und Chinesischen Volksreligionen (9 %) und den weiteren christlichen Gruppen wie Protestanten, orthodoxen und unabhängigen Christen, deren Anteil jeweils um die 7 % der weltweiten CO_2-Emissionen geschätzt wird.

---

[3] Die beste Quelle für Text ist Yale Forum on Religion and Ecology: www.yale.edu/religionandecology, das einen eigenen Bereich zum Klimawandel hat: vgl.: http://fore.yale.edu/climate-change/statements-from-world-religions/ (Zugriff am 11. April 2016).

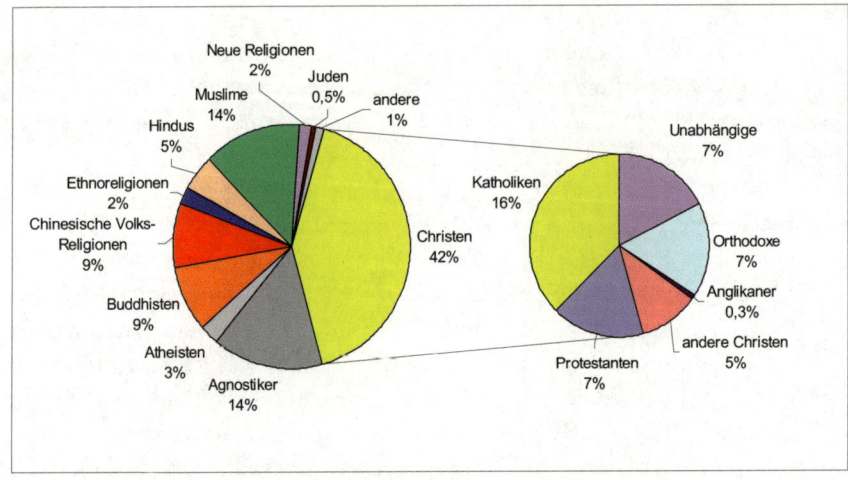

Grafik 1: Anteil der Religionsgruppen an weltweiten CO_2-Emissionen (2010/2011)
Quelle: Eigene Darstellung und Berechnung auf Basis von WRD, WCD, IEA.

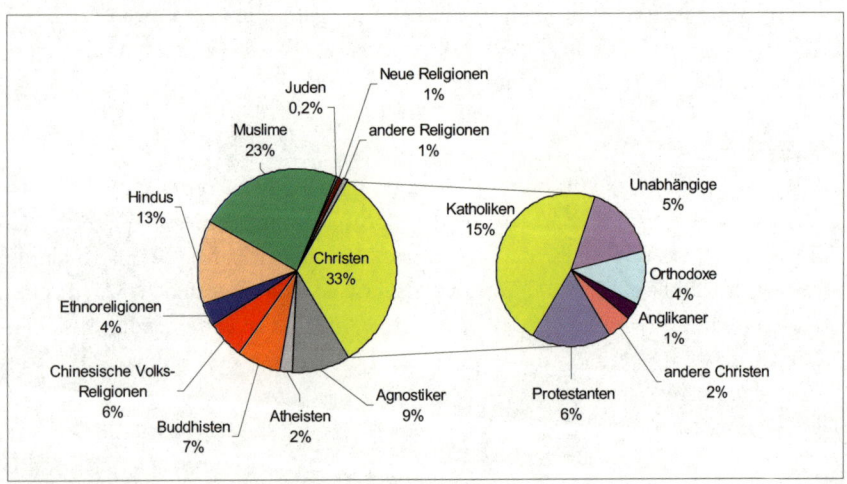

Grafik 2: Anteil an Anhänger nach religiösen Gruppen (2010)
Quelle: Eigene Darstellung und Berechnung auf Basis von WRD.

Diese CO_2-gewichteten Werte aus Grafik 1 unterscheiden sich im Vergleich zu reinen Werten auf Basis der Religionsanhängerdaten in Grafik 2 vor allem für folgende religiöse Gruppen:

Potenziale religiöser Gemeinschaften im Klimaschutz 83

- Bei Hindus und Muslimen weichen sie nach unten ab: Im Vergleich eines 5 %igen Anteils an den weltweiten CO_2 Emissionen, sind 13 % der Weltbevölkerung Hindus. Im Vergleich eines 14 %igen Anteils an den weltweiten CO_2 Emissionen, sind 23 % der Weltbevölkerung Muslime.
- Bei Christen und innerhalb der Christen sowie bei den Orthodoxen weichen sie dagegen nach oben ab: Im Vergleich zu einem 42 %igen Anteil an den weltweiten CO_2-Emissionen sind 33 % der Weltbevölkerung Christen und bei einem 7 %igen Anteil an den weltweiten CO_2-Emissionen sind 4 % der Weltbevölkerung Orthodox.

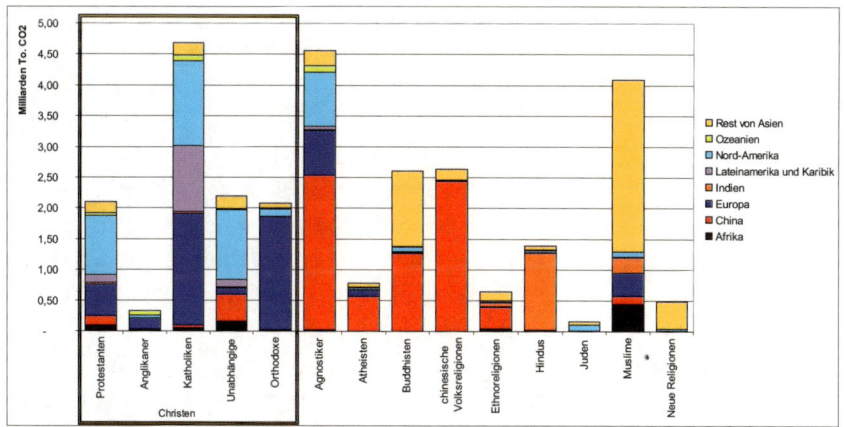

Grafik 3: CO2-Emissionen nach religiösen Gruppierungen und Region (2010/2011)
Quelle: Eigene Darstellung und Berechnung auf Basis von WRD, WCD, IEA.

Betrachtet man die CO_2-Emissionen in absoluten Grössen und nach Regionen (Grafik 3) zeigt sich, dass die Emissionen der Katholiken vor allem in Nordamerika, Europa und Lateinamerika emittiert werden, wobei die Emissionen der Muslime vor allem aus dem restlichen Asien, Afrika und Europa stammen. Die Chinesischen Volksreligionen haben fast alle ihren Ursprung in China und einen sehr kleinen Anteil im restlichen Asien. Bei den Buddhisten ist es relativ gleich verteilt zwischen China und dem restlichen Asien mit ein paar wenigen Emissionen aus Nordamerika. Die Emissionen der Protestanten stammen wie die der Katholiken vorwiegend aus Nordamerika und Europa, wobei der Anteil der Emissionen aus China hier höher, dafür der Anteil der lateinamerikanischen Emissionen geringer ausfällt. Die Emissionen der unabhängigen christlichen Gruppierungen setzen sich aus Nordamerika, China und dem restlichen Asien, sowohl Europa und Lateinamerika und

Afrika zusammen und ähneln der regionalen Zusammensetzung der Protestanten. Bei den orthodoxen Christen stammt der höchste Anteil der Emissionen aus Europa und nur ein geringer Anteil aus Nordamerika und Asien. Auffällig ist auch der hohe Anteil (14 %) an Emissionen, die Agnostikern zugerechnet werden können, wobei diese vor allem aus den Regionen China, Nordamerika und Europa stammen.

In Grafik 4 sind die Pro-Kopf-CO_2-Emissionen nach religiöser Gruppierung aufgeführt und mit den Pro-Kopf-CO_2-Emissionen einzelner Länder verglichen. Die höchsten Pro-Kopf-Emissionen fallen dabei auf die ressourcenreichen Länder wie Katar (fast 40t CO_2 pro Kopf) gefolgt von Australien und USA. Dabei emittiert eine Person in Katar fast 400mal die Menge an CO_2 eines Bewohners der Demokratischen Republik Kongo.

Betrachtet man die Pro-Kopf-Emissionen nach religiösen Gruppierungen so fallen diese mit mehr als 10 t CO_2 pro Kopf am höchsten bei den Juden aus, wobei diese kaum bei den absoluten weltweiten Emissionen ins Gewicht fallen. Diese hohen Pro-Kopf-Emissionen lassen sich mit den hohen Emissionen in den USA und Israel erklären, in welchen Juden zahlenmässig am meisten leben. An zweiter Stelle stehen die Emissionen der Schintoisten, welche in etwa den japanischen Pro-Kopf CO_2-Emissionen entsprechen und die der orthodoxen Christen, die ähnlich hoch sind wie die griechischen Pro-Kopf-Emissionen.

Auf Basis der Datenanalyse werden folgende religiöse Gruppierungen für die weitere detailliertere Analyse ausgewählt: Katholiken, Protestanten und unabhängige Christen wie auch orthodoxe Christen, Muslime und Buddhisten, aufgrund ihrer hohen absoluten Emissionsanteile Juden, Schintoisten sowie die Daoisten und Konfuzianer aufgrund ihrer hohen Pro-Kopf-Emissionen.

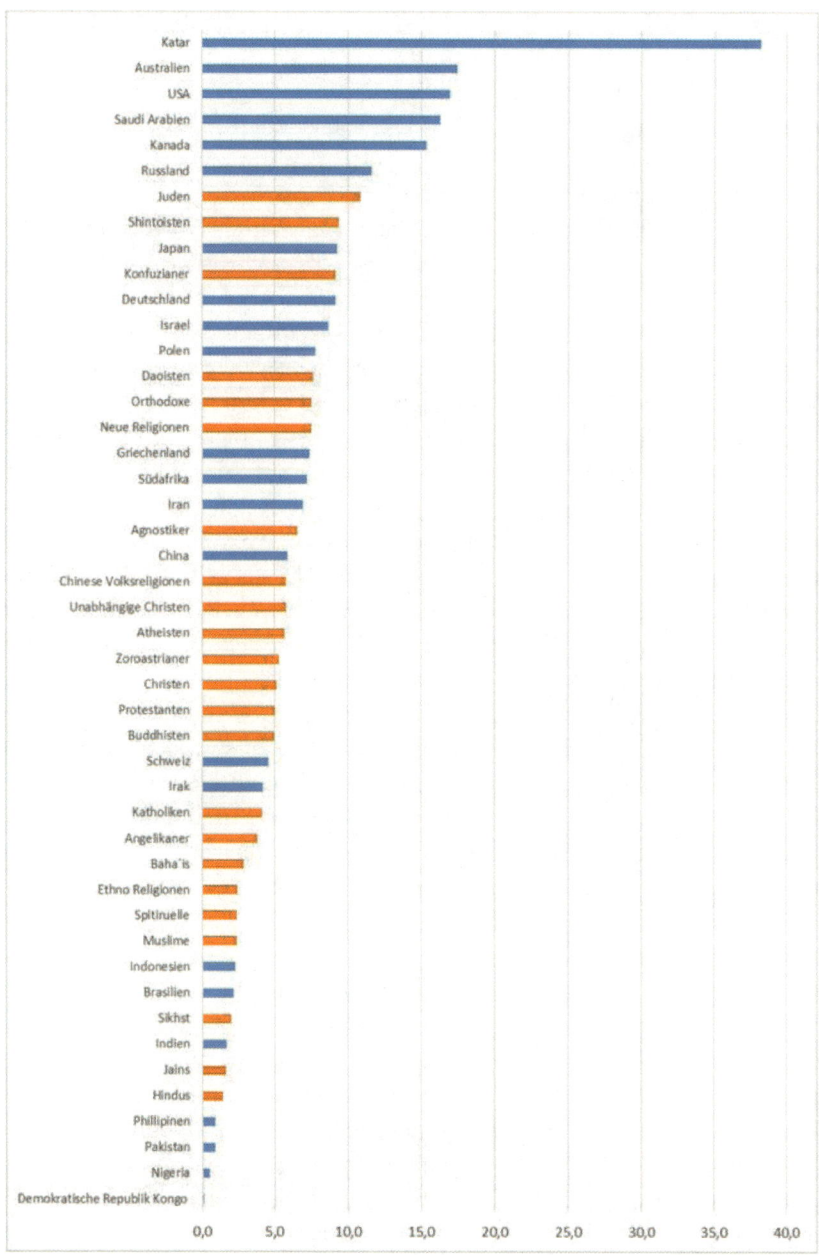

Grafik 4: CO$_2$-Emissionen pro Kopf ausgewählter Länder und religiöser Gruppierungen (2010/2011)
Quelle: Eigene Darstellung und Berechnung auf Basis von WRD, WCD, IEA.

4. Deklarationen zum Klima- bzw. Umweltschutz

In diesem Abschnitt werden die aktuellen Klima- und Umweltschutzdeklarationen der ausgewählten religiösen Gemeinschaften näher analysiert. Die jeweilig dazu herangezogenen Quellen sind dabei in einem separaten Abschnitt in der Bibliografie aufgeführt.

Katholiken stellen mit 16 % der absoluten weltweiten CO_2-Emissionen die wichtigste religiöse Gruppierung dar, wobei die Pro-Kopf-Emissionen mit ca. 4,2 t CO_2 eher gering sind. Bei den Katholiken scheint sich seit dem Antritt Papst Franziskus in 2013 ein verstärktes ökologisches Bewusstsein zu entwickeln. Dies zeigt sich schon in seiner Namenswahl, da der Heilige Franziskus die Natur als Quelle der Ehrfurcht vor Gott ansah. Zwar wurde bereits 1971 von Papst Paul VI. auf ökologische Probleme hingewiesen, aber die im Juni 2015 erschienene Enzyklika «Laudato Si» ist wohl das umfangreichste und bedeutendste umweltbezogene Werk der katholischen Kirche. In diesem verurteilt Papst Franziskus den modernen Anthropozentrismus, wobei er darin nicht nur auf den Klimawandel, sondern auf eine Vielzahl von weiteren Umweltproblemen eingeht. Franziskus ruft in der Enzyklika zum *Dialog* darüber auf, wie wir «die Zukunft unseres Planeten gestalten» (Enzyklika 2015, 14) wollen. Er ermahnt die Weltbevölkerung – nicht nur die Katholiken –, dass die Erde allen geschenkt wurde und wir sie daher hüten sollten, damit wir das Geschenk möglichst unversehrt weiter an zukünftige Generationen geben können. Die *generationsübergreifende Gerechtigkeit* kommt dabei immer wieder vor (49; 145). Für ihn sind «Friede, Gerechtigkeit und Bewahrung der Schöpfung drei absolut miteinander verbundene Themen» (84); er fordert uns auf, die «Klage der Armen ebenso zu hören wie die Klage der Erde» (44). Er bekennt klar den Eigenwert (*intrinsischen Wert*) aller Lebewesen, nicht nur, wenn sie als nutzbare «Ressource» für den Menschen dienen, da sie alle Gott verherrlichen (31; 64, 106). Ausserdem verurteilt er den *Lebensstil* reicher Länder, der durch enormen Konsum geprägt ist und zur Klimaerwärmung in den ärmsten Zonen beiträgt. Daher ruft er die Menschheit auf, bei der Erziehung des Nachwuchses verstärkt auf ökologische Spiritualität zu setzen, anstatt auf Konsum. Er erteilt ausserdem ganz konkrete Handlungsempfehlungen, wie jeder Einzelne sein Verhalten ändern kann, und ruft die Nichtregierungsorganisationen (NGOs) auf, die Regierungen zu verpflichten, mehr für den Umweltschutz zu tun. Seine Enzyklika endet mit einem Gebet für unsere Erde.

Die Emissionen der *orthodoxen* Christen liegen bei 7 % bzw. bei ca. 7,5 t CO_2 pro Kopf an den globalen Treibhausgasemissionen. Auch ihr Oberhaupt, der Patriarch Bartholomäus, spricht sich explizit für den Umweltschutz aus und verurteilt die Umweltzerstörung als Sünde gegen die Mitmenschen und gegen Gott, um die man um Vergebung bitten sollte. Für ihn steht fest, dass die ökologischen Krisen sich nicht nur durch Technik lösen lassen, sondern dass sich die Menschen verändern müssen und weniger verschwenden und konsumieren sollten. Er hat selbst zu einem Symposium zu Religion, Wissenschaft und Umwelt eingeladen und am 1. September den Weltgebetstag der Schöpfung ins Leben gerufen.

Die *Protestanten* und *unabhängigen christlichen Gemeinschaften*, emittieren beide ca. 7 % der weltweiten Treibhausgasemissionen bzw. um die 5 bis 6 t CO_2 pro Kopf. Zu den unabhängigen christlichen Gemeinschaften gehören die Pfingstgemeinden und Freikirchen, die aus den protestantischen Kirchen hervorgegangen sind. Daher werden sie hier gemeinsam betrachtet. Neben einigen Deklarationen zum Klimawandel sind vor allem in Bezug auf die Protestanten in den USA einige Studien erschienen, die einen starken Zusammenhang von konservativen Protestanten und republikanischer Parteizugehörigkeit aufzeigen (Barker / Bearce 2014). Dort werden vor allem den konservativen Protestanten, die häufig zu den sogenannten «Creationists»[4] und «Endzeit»[5]-Gläubigen gehören, eine eher negative Rolle in der amerikanischen Klimapolitik zugeschrieben. Eine Umfrage des Public Religion Research Institute gemeinsam mit der American Academy of Religion (Jones u. a. 2014) kam zu dem Ergebnis, dass 49 % der Amerikaner, bzw. 77 % der weissen Protestanten die jüngsten Naturkatastrophen eher mit der biblischen «Endzeit» in Verbindung bringen als mit dem Klimawandel. Diese Zahl hat seit 2011 um 5 % zugenommen, wo sie noch bei 44 % lag. Eine andere Studie von Barker und Bearce (2014) kommt zu einem ähnlichen Ergebnis. Sie schätzten den Zusammenhang zwischen der Befürwortung von politisch aktivem Klimaschutz und dem Glauben an die baldige Wiederkunft Jesu statistisch ab und berechnen, dass der Glaube an die Endzeit die Wahrscheinlichkeit um 20 % reduziert, aktiven Klimaschutz zu befürworten. Dies wird von

---

4 Die «Creationists» vertreten die Ansicht, dass die Erde nur ein paar Tausend Jahre alt ist und dass es keine Evolution gibt. Diese Ideologie wird von vielen Protestanten geteilt und stammt aus den USA (Roberts 2011).
5 Laut einer Studie des Pew Research Center (2010) glaubten 41 % der Befragten, dass die zweite Wiederkunft Christi voraussichtlich oder sicher vor 2050 sein würde.

den Autoren als rationales Ergebnis bezeichnet, da die Befragten voraussichtlich eine höhere Diskontrate ansetzen, da sie die kurzfristigen Kosten höher bewerten als den langzeitigen Nutzen des Klimaschutzes, da sie diesen voraussichtlich nicht mehr erleben.

Aber durch welche Argumente werden die Protestanten oder unabhängigen Christen von dieser Weltsicht überzeugt? Zum einen durch ihre generell skeptische Haltung gegenüber den Naturwissenschaften, wie sie durch die Publikation «The Republican War on Science» von Mooney veranschaulicht wird, versuchen Creationists und Klimaskeptiker die unschlüssigen oder verwirrten Protestanten zu überzeugen (Kearns 2011). Laut Kearns (2011) betonen sie vor allem die «Unsicherheit» der Wissenschaft bzgl. des Klimawandels, um daraus eine Art «Religion» des Klimawandels zu schaffen, die das Gefühl vermittelt, dass die Naturwissenschaften etwas sind, an das man glauben kann oder auch nicht. Mit dieser Strategie waren sie bisher sehr erfolgreich, nicht nur in den USA sondern auch in Australien. In beiden Ländern haben sie die klimapolitischen Bestrebungen der Regierung entweder verhindern (die USA hat das Kyoto-Protokoll nie ratifiziert) oder verzögern können (in Australien wurde Klimapolitik, nachdem die Opposition an die Macht kam, direkt wieder abgeschafft). Auf die Argumente, dass Klimawandel vor allem die Armen treffen wird, entgegnen sie mit einem Gegenargument: die Anstrengungen die Treibhausgase zu reduzieren würden vor allem die Armen treffen, da Energie teurer wird und sich damit die Armen dementsprechend weniger leisten können. Ausserdem werden negative Wachstumsszenarien beschworen und vor der Umweltbewegung als neuer «Kommunismus» gewarnt, der die freie Marktwirtschaft gefährden könnte. Der Markt wird von ihnen als «unsichtbare Hand Gottes» angesehen (Kearns 2011). Aber natürlich gibt es auch aktive Umweltaktivisten unter den Protestanten und unabhängigen Christen. Die *Evangelical Climate Initiative* wurde 2006 verabschiedet und spricht sich für eine aktive Teilnahme der Kirchen am Klimaschutz aus.[6] Die Protestanten und unabhängigen Christen, zu denen die Pfingstgemeinden und Freikirchen zählen, sind vor allem deshalb so relevant für die Klimapolitik, da ihre Anhängerzahlen vor allem in Lateinamerika aber auch in Afrika und im Asiatischen Raum seit dem Ende des 20. Jahrhunderts stark gestiegen sind und voraussichtlich weiter wachsen werden (Roberts 2012).

---

6 Siehe www.npr.org/documents/2006/feb/evangelical/calltoaction.pdf (Zugriff am 11. April 2016).

Die *jüdische Glaubensgruppe* ist zwar absolut nur für 0,5 % des globalen Treibhausgasausstosses im Jahr 2011 verantwortlich, wird jedoch aufgrund ihrer fast 11 t CO_2 Pro-Kopf-Emissionen hier näher betrachtet. Im Gegensatz zu den konservativen protestantischen Gruppierungen in den USA, die die naturwissenschaftliche Basis des Klimawandels in Zweifel ziehen, vertraut der Grossteil der Juden naturwissenschaftlichen Studien. Laut den Schilderungen in Genesis sind die Menschen in den Garten Eden gesetzt worden, um als Wächter der Erde zu fungieren. Es wird als unmoralisch angesehen, der Erde oder anderen Menschen wie auch sich selbst Schaden zuzufügen. Der Mensch ist also verantwortlich für das Wohl der Erde. Die Juden sind sich ihrer Verantwortung bzgl. des Klimawandels sehr bewusst und sie streben die Bewahrung der Schöpfung für zukünftige Generationen an. In ihrer jüngsten Deklaration fordern sie ein Sabbatjahr für die Erde, damit sie sich regenerieren kann. Sie prangern dabei die mächtigen Industrien an, die sich durch den Verkauf der fossilen Energien bereichern und ihren Reichtum nutzen, um Klimaskeptiker zu unterstützen und Politiker zu beeinflussen. In den letzten Jahren haben verschiedene jüdische Organisationen zahlreiche Aktivitäten initiiert. So wurde am 6. Februar 2012 eine Deklaration unterzeichnet, bei der sich die 50 Unterzeichner konkrete Ziele setzen, die Treibhausgase in ihren Gemeinden um 14 % bis 2014 zu reduzieren und bis 2050 um 83 % – jeweils gegenüber 2005. Es gibt verschiedene jüdische Zusammenschlüsse weltweit, die sich im Klima- und Umweltschutz engagieren, wie *The Coalition on the Environment and Jewish Life* (COEJL) oder die *Jewish Environmental and Energy Imperative*, die sich als Ziel setzen, Synagogen ökologischer zu gestalten, jüdische Umwelterziehung zu stärken oder sich gegen den Schiefergasabbau im Delaware River Basin stark machen (Halpert 2012). In dem jüngsten Aufruf 2015 werden diese Forderungen weiter auf alle unkonventionellen Erdöl- und Gasvorkommen als auch auf Tiefseebohrungen ausgedehnt und Investitionen in Firmen, die im fossilen Energieträgergeschäft tätig sind, angemahnt. Am 4. Oktober 2015 wurde am sogenannten Sukkot-Fest ein Tag eingeführt, bei dem man speziell der Erde gedenken soll. Es zeigt sich, dass grosse Unterschiede zwischen den jüdischen Gruppierungen mit Blick auf den Klimaschutz bestehen: die Rekonstrukturisten sind die aktivsten im Umwelt- und Klimaschutz gefolgt von Reformisten und Konservativen. Die orthodoxen Juden – speziell die Chassidim –, die eher nach innen gerichtet sind und am wenigsten Offenheit für die säkulare Welt zeigen, haben am wenigsten für den Klimaschutz getan. Sie werden in den USA durch die Medien stark von den Ansichten der konservativen Partei beeinflusst, die zahlreiche Klimaskeptiker umfasst.

Die *Muslime*, die mit fast 14 % der Emissionen und einem Pro-Kopf-Ausstoss von nur 2,4 t CO_2 den zweitgrössten Anteil aufweisen, haben 2015 eine Deklaration zum Klimawandel abgegeben (Islamic Climate Change Declaration 2015). Darin wird betont, dass Allah der Schöpfer aller Lebewesen ist und ihm die Erde und der Himmel gehören. Er hat laut dieser Deklaration ein perfektes Gleichgewicht geschaffen, das wir Menschen nicht zerstören dürfen, denn wie könnte man dann dem Schöpfer entgegentreten, wenn man sein Geschenk zerstört hat? Stattdessen werden die Muslime aufgerufen sich ein Beispiel am Propheten Muhammad zu nehmen, der z. B. das Recht aller Lebewesen respektierte, keine Bäume fällte, Wasser selbst bei religiösen Waschungen sparte und den Jagdsport verurteilte. Auch sie betonen die Verantwortung gegenüber zukünftigen Generationen und dass Arme von den noch zur Verfügung stehenden nicht regenerativen Energien profitieren sollen, indem die Reichen ihren heutigen Konsum reduzieren. Sie rufen dazu auf, das Streben nach ungebremstem ökonomischem Wachstum aufzugeben und eine Gesellschaft mit 100 % regenerativen Energien anzustreben. Auch die Investitionen in fossile Energieträger werden verurteilt und die reichen und erdölreichen Länder werden besonders aufgefordert, zu einem gerechten weltweiten Klimaabkommen beizutragen. Die *Muslim Association for Climate Change Action* (MACCA) ist 2009 gegründet worden und arbeitet z. B. gemeinsam mit dem zuständigen saudiarabischen Minister daran, den Haji ökologisch verträglicher zu gestalten, z. B. keine Plastikflaschen (Rollosson 2010). Der Grossmufti von Ägypten hat sich auch verpflichtet Moscheen «grüner» zu machen und muslimische Entwicklungsorganisationen wie *Islamic Relief Worldwide* und *Muslim Aid* haben den Klimaschutz in ihre Programme aufgenommen (Veldman u. a. 2012).

Die *chinesischen Volksreligionen*, die ca. 9 % der Weltemissionen umfassen, stehen gemeinsam mit den Buddhisten an dritter Stelle der Emissionen von religiösen Gemeinschaften. Unter den chinesischen Volksreligionen werden sowohl die Daoisten, Konfuzianer, Neo-Konfuzianer und andere buddhistische Prägungen gefasst, die in China weit verbreitet sind. Die Konfuzianer mit 9 t CO_2/Kopf nahmen dabei den dritten Rang und die Daoisten mit 7,6 t CO_2/Kopf den vierten Rang in den Pro-Kopf-CO_2-Emissionen ein.[7] Die

---

[7] Dabei gibt es Experten, die sowohl Daoisten als auch Konfuzianer nicht als religiöse Gruppierung sehen würden, sondern als Vertreter der klassischen chinesischen Philosophie (Kuo 2011). In der WRD wird Religion jedoch als «a grouping of persons with beliefs about God or gods, and defined by its adherents' loyalty to it, by their acceptance of it as

Daoisten und Konfuzianer sehen Gott als eine transzendente «Energie» (Tao) oder einen «Prozess» an. Wobei die Daoisten eher Naturalisten sind, bei denen die Bewahrung der Natur (Conservation), die Liebe zur Natur und die Harmonie im Zusammenleben mit der Natur (z. B. Jagdverbote) nach den Schriften des Lao-tse sehr wichtig ist. Dabei wird häufig dem «Nichteingreifen» (no action) in die Natur ein grosser Stellenwert eingeräumt (Xia u. a. 2011). Im Gegensatz dazu werden die Konfuzianer als Humanisten angesehen, die durch die Lehre von Konfuzius das menschliche Verhalten in den Vordergrund stellen, d. h. wie Menschen der Natur helfen können und warum. Es wird eine Trinität zwischen Himmel, Mensch und Erde angenommen, wobei der Mensch meist in der Mitte steht und nach dem Himmel strebt. Eine der wichtigsten Tugenden der Konfuzianer ist das authentische Verhalten, wie auch die «echte» Liebe und Weisheit, die hilft, das Gleichgewicht und die Harmonie zwischen den gegensätzlichen Elementen «dem Ying und Yang» herzustellen. Laut Kuo (2011) bieten sich die Lehren des Konfuzius an, eine ökologische Intelligenz «ecological intelligence» zu lehren, da sie eine Synergie zwischen Umwelt und Mensch anstreben und dadurch den Respekt vor dem Menschen und der Natur fördern. Die Mitglieder der chinesischen Volksreligionen haben sowohl Deklarationen zum Klimawandel (Daoisten) oder zu Umweltschutz (Konfuzius) abgegeben, als auch Aktionspläne verabschiedet, um die Emissionen in ihren Tempeln zu reduzieren.

Die *Schintoisten* tragen weltweit zu ca. 0,1 % der globalen Treibhausgasemissionen bei, wobei die Pro-Kopf-Emissionen bei etwas über 9 t CO_2 liegen. Der Schintoismus hat seinen Ursprung in Japan und kommt daher vor allem dort vor. Es gibt dafür keine heilige Schrift, sondern die Lehre wurde von Generation zu Generation vor allem mündlich überliefert. Die Schintoisten glauben daran, dass es mehrere Gottheiten gibt. Dabei sind am Anfang der Welt verschiedene Götter (Kami) aus dem Chaos hervorgegangen. Am Ende hat ein männliches und weibliches Götterpaar die Inseln geboren und alle weitere Gottheiten (bis zu 8 Millionen) erschaffen, das bedeutet alle Vorfahren der Japaner stammen von diesem einen Götterpaar ab. Daher gehen die Schintoisten davon aus, dass alle Dinge ihre eigene Spiritualität besitzen. Daraus ergibt sich eine sehr enge Verbindung zur Umwelt und zu Mitmenschen, da sie alle wie «blutsverwandt» sind. Schintoisten sehen die Natur als Gottheit selbst an, daher sollte ihr im Geiste von Dankbarkeit und

---

unique and superior to all other religions, and by its relative autonomy.» definiert und Daoisten als auch Konfuzianer werden zu den chinesischen Volksreligionen gezählt.

Respekt begegnet werden, so wie Eltern mit ihren Kindern umgehen. Es gilt das Prinzip «du sollst Dinge, die dir als Mensch geschenkt worden sind, an den gleichen Platz zurückgeben». Bis zur Ära der Edo (1602–1867) funktioniert das Kreislaufsystem der japanischen Gesellschaft sehr gut. Danach entwickelte sich die moderne Gesellschaft mithilfe der Industrialisierung und die materiellen Dinge wurden wichtiger, so dass Menschen heute ihr Leben weniger religiös ausrichten. Der Shinto-Aktionsplan umfasst die Entwicklung eines religiösen Forststandards und die Initiative, Tempel mit regenerativen Energien zu betreiben.

Die *Buddhisten* emittieren ca. 8 % der weltweiten CO_2-Emissionen und liegen pro Kopf mit 5 t CO_2 nahe an den durchschnittlichen Emissionen eines Christen. Die Buddhisten und speziell der Dalai Lama sind sehr aktiv im Klimaschutz und haben am 14. Mai 2015 eine Deklaration zum Klimawandel verabschiedet, wobei diese nur eine von vielen Deklarationen darstellt. In dieser jüngsten Deklaration äussern sie sich sehr beunruhigt über das schneller als erwartete Fortschreiten des Klimawandels und den erwarteten extremen Auswirkungen in vielen Regionen (z. B. Meeresspiegelanstieg, Wasserknappheit durch Gletscherschwund, aber auch Biodiversitätsverlust). Laut dem Dharma sind die Begierde, schlechter Wille und Unwissenheit der Ursprung von allem menschlichen Leiden. Wird dies erkannt, kann man die Probleme lösen. Das Dharma bietet darüber hinaus auch Handlungsempfehlungen, die dabei helfen können, dieses Leiden zu mindern. Die Erleuchtung ist erreicht, wenn man es erfolgreich schafft diese Laster zu überwinden. Auch der Klimawandel wird auf diese drei Hauptlaster zurückgeführt, die die Erde, unsere Mutter und unser Zuhause, krankgemacht haben. Um sie zu bekämpfen, müssen wir unseren Verstand nutzen, das heisst, wir müssen uns der schlechten geistigen Antriebskräfte bewusst werden. Darüber hinaus sollten wir erkennen, dass wir mit allem verbunden sind und jeder Einzelne im Inneren gesund sein sollte, damit das Ganze gesund ist. Damit dies gelingt, brauchen wir Weisheit und sollten wir uns ethisch verhalten – d. h. Genügsamkeit, Angemessenheit und Achtsamkeit üben. Das Streben nach mehr Konsum ist ein Ausdruck von dem Laster des Verlangens, der Wurzel des Leidens. In der Buddhistischen Deklaration wird auch betont, dass es ungerecht ist, dass die armen Gesellschaftsschichten als erste von den Folgen des Klimawandels betroffen sein werden, obwohl sie am wenigsten dazu beigetragen haben. Ansichten, Haltungen, Lebensstil und Erwartungen müssen verändert werden, damit ein Leben in Harmonie und ein zufriedenstellender Lebensstandard für alle möglich wird und unsere Biosphäre auch für zukünftige Generationen erhalten bleibt. Sie betonen dabei, dass wir als heute lebende Menschen für die zukünftigen Generationen und andere Lebewesen, die keine Stimme haben, sprechen müssen. Sie rufen dazu auf, dass sich religiöse Gruppierungen mit säkularen Bewegungen verbinden sollen, damit durch kollektive Anstrengung die notwendigen Veränderungen erreicht werden können. Schliesslich geben sie Hoffnung, indem sie darauf hinweisen, dass die Geschichte gezeigt hat, dass dies möglich ist.

5. Diskussion

In Tabelle 1 (Anhang) werden die wesentlichen Elemente der religiösen Gemeinschaften und ihre Deklarationen zum Klima- oder Umweltschutz noch einmal zusammengefasst. Dies soll behilflich sein, um die Unterschiede und Gemeinsamkeiten besser sehen zu können. Als Erstes wird auf die Gemeinsamkeiten eingegangen. Dabei zeigt sich, dass einige Deklarationen darauf hinweisen, dass religiöse Bewegungen in der Vergangenheit immer wieder bewiesen haben, dass sie grosse soziale Veränderungen erreichen können. So wird dies bei den Buddhisten erwähnt und bei den Juden mit Blick auf Menschenrechte. Die religiösen Deklarationen rufen fast alle zu einem einfacheren Lebensstil, geringerem Konsum und mehr Spiritualität auf, wie zu Respekt vor der Natur. Einige geben dafür ganz konkrete Handlungsempfehlungen z. B. zum Energiesparen oder zu nachhaltigen Investitionen.

Viele der religiösen Deklarationen ähneln sich darin, dass sie z. B. die Entwicklungsdimension des Klimawandels hervorheben. «Climate change is an interesting issue in this respect, as it can be framed (vgl. Nisbet u. a. 2007) not only as an environmental problem, but also as a development problem» (Wardekker u. a. 2009, 513). Bei den Prinzipien und Werten wird immer wieder die Ungerechtigkeit betont, dass es die Armen auf der Welt sind, die vom Klimawandel am stärksten betroffen sind und am wenigsten Mittel für Anpassungsmassnahmen haben und auch am wenigsten zum Problem beigetragen haben. Dadurch werden ethische Fragen aufgeworfen in Bezug auf die Verantwortung für zukünftige Generationen und dass die Reichen vor allem für den Klimaschutz aufkommen sollen.

Nicht nur Deklarationen der Religionen abrahamitischen Ursprungs verwenden ähnliche Symbolik, in dem sie vom «Geschenk der Schöpfung» sprechen, das wir zerstören und somit nicht unversehrt an zukünftige Generation weitergeben können. Sondern auch bei den Schintoisten oder Buddhisten, die einen sehr ähnlichen Wortlaut verwenden. Auch in einigen Aktionen sind sich die religiösen Glaubensgemeinschaften ähnlich. So wird bei vielen ein «Tag der Erde» oder Ähnliches eingeführt, der das Bewusstsein für die Natur stärken soll.

Neben den Gemeinsamkeiten werden auch Unterschiede zwischen den Religionen deutlich. Zum Beispiel schlagen die Juden ein Sabbatjahr für die Erde vor und sehen den Klimawandel als eine neue Herausforderung von Gott für Ihr Volk an. Parallelen werden zum Auszug aus Ägypten gezogen. Die Buddhisten fordern mehr Weisheit, Achtsamkeit und geringeren Fleischverzehr, was wiederum auf ihre religiösen Ansichten zurückzuführen ist.

Es gibt aber nicht nur Unterschiede zwischen den Religionen, sondern auch innerhalb derselben Religionen. Die Unterschiede innerhalb einer Religion können exemplarisch anhand der obigen Ausführungen zu den unterschiedlichen protestantischen Positionen zum Klimaschutz gezeigt werden oder auch anhand der verschiedenen jüdischen Untergruppen, deren Haltung und Aktivitäten bzgl. Klimaschutz ein sehr breites Spektrum ergibt zwischen rekonstrukturistischen und orthodoxen Juden.

Schliesslich gibt es auch eine Vielzahl von gemeinsamen Aktionen religiöser Glaubensgruppierungen, von sogenannten Interfaith Gruppen. Dabei spielen das *World Parliament of Religion*, der *World Council of Churches*, die *Alliance of Religions and Conservation (ARC)*, *National Religious Partnership for the Environment (NRPE)*, *Interfaith Power and Light* eine wichtige Rolle. Sie haben z. B. die «Interfaith Declaration on Climate Change» erarbeitet und die ARC hat zusammen mit dem *United Nations Development Program* (UNDP) Treffen organisiert, bei denen die verschiedenen Religionsführer Siebenjahres-Aktionspläne zum Klimaschutz verabschiedet haben, auf die im vorherigen Abschnitt eingegangen wurde.

6. Zusammenfassung

In diesem Beitrag wurden als Erstes die verschiedenen Rollen von Religion und religiösen Gemeinschaften in Bezug auf Klimawandel und Klimaschutz diskutiert. Dabei wurde vor allem ihr Beitrag zur Beeinflussung des Weltbildes und den Beziehungen von Mensch-Natur, Natur und Gott sowie zwischen den Menschen Bedeutung zugemessen. Aber auch die moralische Dimension, d. h. der Einfluss auf das Wertesystem spielte eine Rolle bei der Beeinflussung des Lebensstils oder das Einsetzen ihrer finanziellen Möglichkeiten z. B. im Bereich Bildung oder als Vorzeigeprojekte. Besonderes Augenmerk kam dabei den Religionsführern zu, die durch ihr Vertrauen und ihre Autorität eine besondere Rolle einnehmen können. Anschliessend wurden die CO_2-Emissionen verschiedener religiöser Gruppierungen geschätzt, um diese als Selektionskriterium zu verwenden. Für die ausgewählten religiösen Gruppierungen wurde eine Analyse der Klimadeklaration bzw. falls nicht vorhanden ihrer Deklaration zum Umweltschutz vorgenommen. Es stellt sich heraus, dass fast alle untersuchten religiösen Gruppierungen Deklarationen zum Klima abgegeben haben, im Vorfeld des Klimagipfels in Paris 2015. Es zeigt sich, dass Religion nicht nur positiven Einfluss auf Klimaschutz haben kann. So wird das Risiko hoher Diskontierungsraten, die sich negativ auf die Klimapolitik in den USA ausgewirkt haben, bei den «apokalyptischen Protestanten» deutlich. Jedoch werden auch sehr viele positive Aktionen von religiösen Gemeinschaften erkennbar. Speziell scheinen sich alle Religionsrichtungen einig, dass die «Schöpfung» bzw. «Natur» als göttliches Geschenk für zukünftige Generationen zu bewahren ist. Versagt man dabei als Muslim, fällt es schwer, Gott vor Augen zu treten, für einen orthodoxen Christen wird es als Sünde gesehen, für die man um Vergebung bitten sollte. Moralisch sind sich die religiösen Gruppierungen einig, dass es ungerecht ist, dass die Armen am meisten unter dem Klimawandel leiden werden, obwohl sie selbst nicht viel dazu beigetragen haben. Dass eine Änderung des Verhaltens – neben regenerativen und energiesparenden Technologien – notwendig ist, scheint auch Konsens zu sein. Die Forderungen reichen von einem einfacheren Lebensstil, gemässigtem Konsum bis hin zu 100 % regenerativen Energien und das Überlassen der fossilen Energien an die Armen. Wie die Aktionspläne der religiösen Gruppen zeigen, die auf zwei vom *United Nations Development Program* (UNDP) initiierten Treffen 2009 in Windsor Castle (Rollosson 2010) und 2012 in Nairobi entwickelt wurden, umfassen diese Pläne sehr unterschiedliche Massnahmen von Forststandards bis hin zu ökologischem Haji.

Diese positiven Beispiele sollen jedoch nicht das Gefühl erzeugen, dass das Potenzial von Religion und religiösen Gruppierungen als so einflussreich angesehen werden kann, dass Klimapolitik in anderen Bereichen nicht mehr verfolgt werden muss. Wie bei der Analyse der amerikanischen Evangelikalen gezeigt wurde, gibt es durchaus Konfliktpotenzial. Religiöse Gruppen werden weiterhin «individuelle Erlösung» oder «Erleuchtung» als prioritäre Ziele anstreben und Klima- und Umweltprobleme nicht zum Hauptthema machen. Auch darf die Lenkungswirksamkeit der Deklarationen und Aktivitäten religiöser Gruppierungen auf die breite Masse der Anhängerschaft nicht überschätzt werden. Sie haben das Potenzial, kognitive Differenzen zu erzeugen, die jedoch nicht überbewertet werden sollten. Die theologischen Eliten haben sich bereits seit den 70er Jahren mit ökologischen Themen beschäftigt, jedoch sind die Themen erst sehr viel später in den Gemeinden diskutiert worden. Wissenschaftler und religiöse Gruppierungen werden wohl auch in Zukunft Kommunikationsschwierigkeiten aufweisen, da sie beide auf ihren eigenen Dogmen beharren (Hitzhusen u. a. 2013). Der Einfluss der Religion in einer industrialisierten Gesellschaft mag auch dadurch limitiert sein, dass die Anzahl der aktiven Mitglieder religiöser Gemeinschaften eher am Abnehmen ist und Religion häufig als etwas Privates angesehen wird, über das nicht viel gesprochen wird.

An dieser Stelle sei noch auf einige Einschränkungen dieser Arbeit hingewiesen. Zum einen wurden nur deutsche oder englische Texte berücksichtigt. Daher kann es sein, dass zu den Aktivitäten asiatischer Religionen wie der Schintoisten, Konfuzianer oder Daoisten weniger Texte verfügbar waren. Zum anderen wird nicht auf die Repräsentativität der Deklarationen eingegangen. Es scheint, dass zum Beispiel die muslimische Deklaration nicht unbedingt von allen mitgetragen wird.

Und schliesslich hat diese Studie einen wichtigen Aspekt kaum beachtet, das ist der Aspekt der politischen Einflussnahme von religiösen Gruppierungen zum Beispiel auf die internationalen Klimaverhandlungen, aber auch auf nationaler oder lokaler Ebene.

Literatur

Barker, David C. / Bearce, David, H., End-times theology, the shadow of the future, and public resistance to addressing global climate change, Political Research Quarterly, 66/2 (2012), 267–279.

Brown, Donald A. / Tuana, Nancy u. a., White paper on the ethical dimensions of climate change 2006, http://rockethics.psu.edu/climate

Foust, C. / O'Shannon Murphy, William, revealing and reframing apocalyptic tragedy in global warming discourse, Environmental Communication 3 (2009), 151–167.

Gardner, Gary T., Engaging religion in the quest for a sustainable world, in: State of the World 2003, World Watch Institute, 2003.

Gardner, Gary T., Inspiring progress: Religions' contributions to sustainable development, World Watch Institute, 2006.

Gerten, Dieter / Bergmann, Sigurd, Facing the human faces of climate change, in: Gerten, Dieter / Bergmann, Sigurd (Hg.), Religion in environmental and climate change, 2012, 3–15.

Halpert, Judy, Judaism and climate change, Series on Climate and Major Religions, Yale Climate Connections, 2nd February 2012, www.yale-climateconnections.org/2012/02/judaism-and-climate-change

Hipple, Andreas / Duff, Jean, The Centre for Interfaith Action and the MDGS, Crosscurrents, September 2010, 368–382.

Hitzhusen, Gregory E., Tucker, Mary E., The potential of religion for earth stewardship, Frontier in Ecological Environment, 11/7 (2013), 368–376.

Hoffman, Andrew, How culture shapes the climate change debate, Stanford Briefs, California, 2015.

Hulme, Mike, Why we disagree about climate change. Understanding controversy, inaction and opportunity, Cambridge 2009.

Intergovernmental Panel of Climate Change (IPCC), Impacts, adaptation & vulnerability, summary for policy makers, Working Group II, Third Assessment Report, Geneva 2001.

International Energy Agency (IEA), CO2 emissions from fuel combustion, Paris 2013.

Johnson, Todd M. / Grim, Brian J., The world's religions in figures: An introduction to international religious demography, Oxford 2013.

Johnson, Todd M. / Grim, Brian J., Methodology of the world religion database, 2014, www.worldreligiondatabase.org/wrd_default.asp

Jones, Robert P. / Cox, Daniel / Navarro-Rivera, Juhem, Believers, sympathizers, & skeptics. Why Americans are conflicted about climate change, environmental policy, and science, findings from the PRRI/AAR religion, values, and climate change survey, Washington 2014.

Kearns, Laurel, Religion Activism in the United States, in Gerten, Dieter/ Bergmann, Sigurd (Hg.): Religion in environmental and climate change, 2012, 132–151.

Kuo, Shih-yu, Climate change and the ecological intelligence of Confucius, Journal of Global Ethics, 7/2 (2011), 185–194, DOI: 10.1080/17449626.2011.590278

Nagel, Alexander K., Ordnung im Chaos – Zur Systematik apokalyptischer Deutung, in: Nagel, Alexander / Schipper, Bernd / Weymann, Ansgar (Hg.), Apokalypse: Zur Soziologie und Geschichte religiöser Krisenrhetorik, Frankfurt a. M. 2008, 49–72.

Posas, Paula J., Roles of religion and ethics in adressing climate change, Ethics in science and environmental politics, 31/49 (2007), 1–18.

Roberts, Michael, Evangelicals and climate change, in Gerten, Dieter / Bergmann, Sigurd (Hg.): Religion in Environmental and Climate Change, 2012, 107–131.

Rollosson, Natabara, The United Nations development programme (UNDP) Working with faith representatives to address climate change, Cross-Currents, 2010, 419–431.
Schellnhuber, H. J. / Held, H., Evolution of perturbations in complex systems, in: Steffen, A. S. / Jäger, J. u. a. (Hg.), Global change and the earth system: A plant under pressure, Berlin 2004.
Schönfeld, Martin, The future of faith: Climate change and the future of religion, in: Gerten, Dieter / Bergmann, Sigurd (Hg.): Religion in environmental and climate change, 2012, 152–172.
Skrimshire, Stefan, What are we waiting for? Climate change and the narrative of apocalypse, in: Bergmann, Sigurd / Gerten, Dieter (Hg.): Religion and dangerous environmental change, 2010, 205–226.
Tucker, Mary Evelyn / Grim, John A., Introduction: The emerging alliance of world religion and ecology, Deadalus 2001, 1–22.
Veldman, Robin Globus / Szasz, Andrew / Haluza-DeLay, Randolph, Introduction: climate change and religion – a review of existing research, Journal of the Study of Religion, Nature and Culture, 6/3 (2012), 255–275.
Wardekker, Arjan J. / Petersen, Arthur C. / van der Sluijs, Jeroen, Ethics and public perception of climate change: Exploring the Christian voices in the US public debate, Global Environmental Change, 19 (2009), 512–521.
Waskow, Arthur, Encouraged by plans for papal Encyclical, they call for Eco-Social Justice on 8/31/2015, https://theshalomcenter.org/torah-pope-crisis-inspire-400-rabbis-call-vigorous-climate-action
Wuketits, Franz M., Apokalyptische Rhetorik als politisches Druckmittel, in: Aus Politik und Zeitgeschichte (APuZ), 62 (2012), 51–52, Bundeszentrale für Politische Bildung, Bonn, 11–16.
Xia, Chen / Schönfeld, Martin, A Daoist response to climate change, Journal of Global Ethics, 7/2 (2011), 195–203, DOI: 10.1080/17449626.2011.590279

Deklarationen

Daoism and climate change (via Pennsylvania Interfaith Power & Light) www.clubs.psu.edu/up/ipl/Daoism.pdf
Islam: Islamic declaration on global climate change international Islamic climate change symposium, August 2015, http://islamic climate-declaration.org/islamic-declaration-on-global-climate-change/

Juden: To the Jewish people, to all communities of spirit, and to the world: A rabbinic letter on the climate crisis, May 11, 2015, https://theshalomcenter.org/250-rabbis-sign-rabbinic-letter-climate-crisis

Katholiken: Papst Franziskus, Enzyklika Laudato si, Über die Sorge für das Gemeinsame Haus, Mai 24, 2015, http://m.vatican.va/content/francescomobile/en/encyclicals/documents/papa-francesco_20150524_enciclica-laudato-si.html

Konfuzianer: www.arcworld.org/faiths.asp?pageID=182

Orthodoxe Christen: Message by His all holiness ecumenical patriarch Bartholomew for world environment day, June 5, 2009, www.ec-patr.org/docdisplay.php?lang=en&id=1071&tla=enwww.ec-patr.org/docdisplay.php?lang=en&id=1362&tla=en

Schintoisten: Shinto faith statement on Ecology, 2003, Prepared by the Jinja Honcho, the representative body of all Shinto Shrines in Japan. From the book, Faith in conservation, by Martin Palmer with Victoria Finlay, published by the World Bank in 2003, www.arcworld.org/faiths.asp?pageID=74

Ekaterina Svetlova

Herausforderungen für die Finanzethik durch die Komplexität: Ein Plädoyer für eine Ethik des Nichtwissens

1. Einführung

Der Artikel behandelt die Fragen nach der Möglichkeit der Finanzethik bzw. der Möglichkeit einer ethischen Entscheidung in der Wirtschafts- und Finanzwelt. Infolge der Wirtschaftskrise 2008 sind die Diskussionen über das (un)moralische Verhalten der Finanzmarktakteure erneut entflammt. Es wurden immer wieder die Fragen nach der moralischen Verantwortung der Beteiligten gestellt. Ist es moralisch, die Banken in der Krise mit dem Geld der Steuerzahler zu retten (Woll 2013)? Sind die Bürger von Griechenland für die Rückzahlung der Staatsschulden verantwortlich (Streeck 2013)? Und mehr grundsätzlich: Passen Markt und Moral zusammen? Wer trägt die Verantwortung, wenn der Markt in die Krise gerät?
Normalerweise soll Ethik als Wissenschaft über die Normen des verantwortungsbewussten Handelns die Antworten auf diese Fragen geben; allerdings ist *die Ethik des Finanzmarktes* so gut wie nicht existent (Boatright 2010). Gibt es Gründe für diesen Notstand? Dieser Frage wird der Artikel nachgehen.

Ein möglicher Grund für die Nicht-Existenz der Finanzethik ist die Überzeugung, dass die Finanzethik – ähnlich wie Business-Ethik – wenig mit dem realen Wirtschaftsleben zu tun hat. Es handelt sich um den ewigen Konflikt von zwei Sachlogiken: Wirtschaft (Gewinnmaximierung) und Ethik. Dobson (1997) argumentiert, dass dieser ungelöste Konflikt in der Wirtschaft in eine Art «moralischer Schizophrenie» führt: Finanzmarktteilnehmer merken, dass sie *entweder* gute (d. h., effiziente, gewinnwirtschaftende) Buchhalter, Dealer, Portfoliomanager sind *oder* eben sich ethisch verhalten. Folglich dreht sich die Wirtschaftsethik als eine Disziplin ständig im Kreis: Wenn sie die Dominanz der Ethik proklamiert, wird sie lebensfremd; wenn sie der Gewinnmaximierung den Vorrang gibt, wird sie unethisch. Diese Beobachtung veranlasste Luhmann zu einer pointierten Anmerkung: «Es gibt Wirtschaft und es gibt Ethik – aber es gibt keine Wirtschaftsethik» (Luhmann 1993, 34). Er vermutete, dass die Wirtschaftsethik «zu der Sorte von Erscheinungen gehört wie auch die Staatsräson oder die englische Küche, die in der Form eines Geheimnisses auftreten, weil sie geheim halten müssen, dass sie gar nicht existieren» (Luhmann 1993, 34).

Diese Formulierung scheint auf die Finanzethik voll zu treffen. Ich möchte in diesem Artikel aber eine weitere Antwort auf die Frage vorschlagen, warum die Finanzethik erhebliche Schwierigkeiten hat, sich zu etablieren. Das Problem besteht darin, dass die meisten Versuche, finanzethisch zu argumentieren, an ein bestimmtes Verständnis der Wirtschaft anknüpfen, das grösstenteils schon überholt ist bzw. sehr wichtige Elemente der modernen Wirtschafts- und Finanztheorie ausser Acht lässt. Was ich meine, ist die klare Anknüpfung der Wirtschafts- und der Finanzethik an die Theorie der rationalen Wahl (*rational choice*). Dieses Konzept macht das rationale Entscheiden und Handeln eines Individuums zum Grundelement der Analyse und fokussiert sich auf die Frage: Wie erreicht man, dass die Marktakteure ethische Entscheidungen treffen? Die Business-Ethik hat bis jetzt die Antworten auf zwei getrennten Ebenen geliefert: Auf der Makroebene (der Markt) und der Mikroebene (das Individuum). Es ist wichtig, anzumerken, dass alle vorgeschlagenen Antworten die Aufstellung eines (wie auch immer gearteten) Regelwerks verlangen.

Bei den «Makrolösungen» geht es vor allem um die Notwendigkeit der Makro-Steuerung des individuellen Verhaltens, um die Schaffung der richtigen Anreize und Regeln, um die Ordnungspolitik, die zum Beispiel durch Belohnungen und Strafen ein moralisch korrektes Verhalten herbeiführt (Homann 2002; Homann u. a. 1999). Dabei wird die moralische Pflicht der Wirtschaftsakteure zur Gewinnmaximierung anerkannt; die Ordnungsethik sorgt (top-down) lediglich dafür, dass die Anreize zum opportunistischen Verhalten auf der Individualebene eingeschränkt werden.

Die «Mikrolösungen» verlangen, dass man auf der Ebene der Wirtschaftsakteure ansetzt und dadurch das gesamte Wirtschaftssystem so zu sagen *bottom-up* «besser» (moralischer) gestaltet. Man knüpft an die klassische ökonomische Entscheidungstheorie an, die eine präskriptive Theorie ist – sie beantwortet die Frage, wie eine richtige Entscheidung getroffen werden *soll*. Folglich wird die Ethik, die daran anschliesst, als ein Regelwerk, das diese Wahl leitet, verstanden. So wird Ethik in einem klassischen Business-Ethik Lehrbuch als eine «Systematisierung der Moral in ein Regelwerk» definiert: «Ethical theories are the rules and principles that determine right and wrong for any given situation» (Crane u. a. 2007).

So fokussieren sich die ethischen Debatten im amerikanischen Raum auf die Erstellung eines ethischen Regelwerkes, das sich leicht in *ethical decision-making* implementieren lässt (Grabner-Kräuter 2005; siehe auch repräsentativ ein Leitfaden zur ethischen Entscheidungsfindung von *Markkula Center for Applied Ethics*, Santa Clara University). Die Ausbreitung der Verhaltenskodizes im Bankenwesen und der Finanzbranche führen in die gleiche Richtung: Es wird eine Liste der Verhaltensregeln für eine bestimmte Berufsgruppe erstellt. In anderen Worten setzt das ethische Konzept, das an die klassische Entscheidungstheorie anschliesst, voraus, dass, wenn richtige Regeln gefunden und die Individuen ausreichend motiviert sind, diesen Regeln zu folgen, das Problem des ethischen Handelns und der Verantwortung gelöst ist.

Beide Grundansätze behandeln das Verhältnis zwischen den Makro- und Mikroebenen mechanistisch: Man geht im Wesentlichen davon aus, dass, wenn man einerseits *top-down* die richtigen Regeln vorgibt, Individuen sich ethisch verhalten werden. Andererseits wird angenommen, dass wenn die Individuen ethische Regeln befolgen, im System auch die erwünschte moralische Ordnung herrschen wird. Dabei wird aber eine wichtige Diskrepanz übersehen: Die Finanzkrisen, zum Beispiel, sind unerwünschte Ereignisse auf der Systemebene, während die Verantwortlichen dafür auf der individuellen Ebene (Banken/Banker, Regierungen, Bürger) gesucht werden. Wie hängen aber die Krisen (die Makroereignisse) und das Verhalten auf der Mikroebene zusammen? Wer eine solche Frage stellt, findet sich unmittelbar mit dem ewigen und bis jetzt ungelösten Problem der Makroökonomik – dem Aggregationsproblem – konfrontiert. Die traditionelle, auf einer individuellen Entscheidung sich basierende Ökonomik sagt uns wenig, wie die individuellen Entscheidungen sich zu Makrophänomenen aggregieren: Die sogenannte Mikrofundierung der Makroökonomik ist nach wie vor Gegenstand heftiger Debatten und Kritik. Aber genau dieses ungelöste Problem macht das ethische Argumentieren über die Folgen des Handelns, die meist aggregierter Natur sind, schwierig. Meine These ist, dass, solange wir die Phänomene auf der Makroebene nicht richtig verstehen und sie nicht mit dem Entscheiden und Handeln auf der Mikroebene sinnvoll verbinden können, die Finanzethik eigentlich nicht existent sein kann. Es handelt sich um eine «epistemische Lücke» (DeMartino 2013), die die Etablierung der Wirtschafts- und Finanzethik im Wesentlichen verhindert.

Folglich ist es notwendig, die Wirtschafts- und Finanzethik in die modernen Entwicklungen der Wirtschafts- und Finanztheorie einzubinden. Vor allem möchte ich auf ein relativ neues Paradigma in der Ökonomik, die *Komplexitätsökonomik*, hinweisen. Dieses Forschungsprogramm ist im Entstehen begriffen und bemüht sich, die Mikro- und Makroebenen zu verbinden, indem sie solchen Phänomenen wie Rekursivität, stärkere Interdependenzen, *feedback loops*, systemische Risiken usw. Rechnung trägt. Dabei werden die

Phänomene auf der Makroebene (wie zum Beispiel Krisen, Preise) als emergente Phänomene in ihrem eigenen Recht – als nicht reduzierbar auf die Handlungen von einzelnen Akteuren – verstanden. Da aber unser Wissen über die Emergenz der Makrophänomene prinzipiell eingeschränkt ist, könnte man im Einklang mit Woermann u. a. (2012) argumentieren, dass eine substanzielle Ethik, d. h. eine Ethik, die sich auf den begründeten *A-priori*-Überlegungen basiert, noch nicht möglich ist. Das bedeutet, dass die Schwierigkeiten der Ausarbeitung und Implementierung ethischer Grundsätze nicht unbedingt in der Unvollkommenheit ethischer Ansätze selbst (wie bisher vermutet) zu suchen sind, sondern in der schlichten Unmöglichkeit der normativen Bestimmung unsicherer emergenter Prozesse (vgl. Owen u. a. 2013). Jedes ethische Konzept soll sich dem prinzipiellen Widerspruch zwischen der *Normativität* der Ethik und der *Unterbestimmtheit* des ökonomischen Handelns stellen. In anderen Worten, um normative Vorschriften machen zu können, muss man mindestens einige deterministische Zusammenhänge zwischen den vorgeschlagenen Regeln und deren Effekten vermuten können. In den komplexen Systemen sind solche Vermutungen eingeschränkt bis unmöglich: Komplexität entzieht sich der Normativität.

Mit ähnlichen Problemen sind Mediziner konfrontiert: Sie sehen ein, dass sie das Funktionieren des menschlichen Körpers (Makroebene) nicht genug verstehen, um die Folgen jeder medizinischen Behandlung (Mikroebene) in Form von unbeabsichtigten Nebenwirkungen eindeutig einzuschätzen. Aus diesem Grund sprechen sie von «iatrogenen Schäden», den Schäden nämlich, die von einem Arzt durch eine Behandlung verursacht werden (können).

Obwohl man in der Finanzwelt bevorzugt, solche Überlegungen öffentlich nicht anzustellen (um die Illusion der Kontrolle zu wahren), findet man sich in den Zeiten einer Finanzkrise der «epistemic insufficiency» (DeMartino 2013) voll ausgeliefert. Dabei reagiert man mit der Verschärfung der Gesetzgebung und Regulierung: Ethik wird durch Regulierung ersetzt (Boatright 2010, 4). Dies ist die Reaktion auf eine andere Besonderheit jeder Ethik: Es liegt im Ermessen jedes Einzelnen, sich an die ethischen Regeln zu halten oder nicht; dabei sind die Ereignisse auf der Makroebene der Finanzwelt zu wichtig, um sie den *freiwilligen* Entscheidungen der Finanzakteure zu überlassen. Aus diesem Grund wird der Gesetzgeber zu einer zentralen Instanz, der über die Fragen der Gerechtigkeit, der Rechten und Pflichten der Marktteilnehmer u. a. urteilt. Die eigentlichen Finanzmarktakteure sind dadurch von der Pflicht, sich im eigentlichen Sinne des Wortes ethisch zu entscheiden und zu verhalten, entlastet – sie sollen bloss den festgelegten gesetzlichen Regeln folgen. Dieser Umstand trägt dazu bei, dass Ethik der Finanzmärkte als unbedeutendes und eher lästiges Anhängsel der Gesetzgebung betrachtet wird. Um diese Argumente zu entwickeln, diskutiere ich im Abschnitt 2 das Paradigma der Komplexitätsökonomik. Aus dieser Perspektive schildere ich in den Abschnitten 3–5 die wesentlichen Probleme der Wirtschafts- und Finanzethik, die an die klassische Entscheidungstheorie anschliessen; dabei wird sich das Thema «Nichtwissen» als zentral herausstellen. Im Abschnitt 6 folgt die Zusammenfassung sowie das Plädoyer für Finanzethik als Ethik des Nichtwissens.

2. «Complexity Economics»

Das Verständnis der Ökonomik, das einen rational entscheidenden, isolierten Akteur zu ihrem Ausgangspunkt macht, wurde in den letzten Jahren radikal infrage gestellt. Zunehmend werden die Wirtschafts- und Finanzsysteme als komplexe, selbstorganisierende Systeme verstanden und untersucht. Als «Stimme aus der Praxis» könnte man die Worte von Rainer Voss im Film «Master of the Universe» betrachten. Hier spricht er über die qualitativen Veränderungen im Finanzsystem in den letzten Jahren:

> Wir haben heutzutage mit den kernschmelzartigen Prozessen zu tun [...]In den 90er Jahren hing alles nicht so stark zusammen, war eher überschaubar [...]Man hatte nur 4 Zahnräder; wenn man an denen gedreht hat, wusste man was rauskommt. Jetzt haben wir 7500 Räder, man dreht an einem, ein anderes fällt ab, man weiß ja nicht, was passiert [...] [In der Konsequenz] ist es heutzutage unmöglich, dass ein Land isoliert pleitegeht oder dass ein isoliertes Finanzinstitut ein Problem mit einem bestimmten Finanzinstrument bekommt.

Dieses Verständnis der Ökonomik und des Finanzsystems insbesondere ist ein Teil des Paradigmenwechsels, der unter dem Namen «complexity economics» (z. B. Colander u. a. 2004) – wenn auch sehr langsam – stattfindet. Der Fokus verschiebt sich auf die Untersuchung der stärkeren Interdependenzen zwischen den Marktakteuren. Man beobachtet die erhöhte *Ansteckung* zwischen den Finanzinstituten («contagion») (Vitali u. a. 2011; Battiston u. a. 2012), zum Beispiel durch eine direkte Kreditvergabe eines Instituts an das andere. Auch die *ansteigende Konzentration* des Finanzsektors (Wyman 2009) bedingt die wechselseitige Abhängigkeit der Marktteilnehmer. Wenn ein Kontrahent Pleite geht oder einfach «schwächelt», wird der andere «angesteckt». Dieser Prozess kann sich kaskadenartig verbreiten und wird durch positive und negative Feedbacks verstärkt. Zum Beispiel, «[p]ositive feedback occurs when an action leads to consequences which themselves reinforce the action» (Sornette u. a. 2010, 22). So führte die Verbreitung von *Option Hedging*, einer rationalen Absicherungsstrategie, zunehmend dazu, dass immer mehr Marktteilnehmer diese Strategie verfolgten, d. h., einander imitiert haben. Einerseits ist Imitation eine Art des rationalen Verhaltens, das die Komplexität der Entscheidungen reduziert und dadurch Entscheidungen ermöglicht (es handelt sich um die «eingeschränkte Rationalität» im Sinne von Simon 1956). Andererseits aber führt das wechselseitige Beobachten und Nachahmen der Wirtschaftsakteure dazu, dass die Märkte zunehmend selbstreflexiv werden; die Ansteckungsgefahren erhöhen sich.

Diese Ansteckungsgefahren werden häufig in der Literatur auch als «systemische Risiken» diskutiert (Danielsson u. a. 2002; Danielsson u. a. 2009; the World Economic Forum Report diskutiert in 2013 die Interdependenzen der globalen Risiken). Dabei handelt es sich um Risiken, die aus dem Zusammenspiel von individuellen Kalkülen und Handlungen entstehen; dieses Zusammenspiel ist dem System nicht explizit, sondern immanent (endogen) und bedingt die *unerwarteten* und oft *nicht intendierten Konsequenzen der individuellen Handlungen auf der Systemebene*. So ein unerwartetes, nicht intendiertes Ereignis auf der Systemebene könnte eine gleichzeitige Pleite von mehreren Finanzinstituten sein, oder ein dramatischer Anstieg oder Absturz der Aktienpreise.

Ob solche Ereignisse vorhergesehen werden können oder nicht, darüber wird heftig gestritten. Taleb (2007) nennt diese Ausreisser «Black Swans» und behauptet, dass sie nur im Nachhinein «gesehen» und erklärt werden können. Insbesondere ist es für den einzelnen Finanzakteur zum Zeitpunkt der Entscheidung nahezu unmöglich, vorherzusehen, in welchem Umfang seine Entscheidung nachgeahmt wird und dadurch zum systematischen Risiko wird.

Allerdings beteuert die neueste Forschung, angeführt von Sornette, dass es doch so etwas wie «pockets of predictability» geben kann: Obwohl die ganze Systemdynamik nicht vorhersehbar ist, kann es von Zeit zur Zeit Momente geben, in denen bestimmte extreme Ereignisse doch prognostizierbar sind. Generell fordert die Forschung der Finanzmärkte als komplexe Systeme *das Anerkennen der radikalen Unsicherheit in Bezug auf Zukunft* (Esposito 2010, 28f; Esposito 2012; Taleb 2007; vgl. auch «potential surprise» in Shackle 1949). Sornette u. a. (2010) fassen zusammen:

We propose that, to understand stock markets, one needs to consider the impact of positive feedbacks via possible *technical as well as behavioral mechanisms*, such as imitation and herding, leading to *self-organized cooperativity* and the development of possible *endogenous instabilities*. We thus propose to explore the consequences of the concept that most of the crashes have fundamentally an endogenous, or internal, origin and that exogenous, or external shocks only serve as triggering factors. As a consequence, the origin of crashes is probably much more subtle than often thought, as it is constructed progressively by the market as a whole, as a self-organizing process. In this sense, the true cause of a crash could be termed a systemic instability (ibid: 20, meine Hrvh.).

Aus dieser Perspektive sind die Phänomene auf der Makroebene (wie Krisen, Preise usw.) auf ihre «Teile» (zum Beispiel, das individuelle Verhalten der Marktakteure) nicht reduzierbar. Sie sind *emergente* Phänomene.

Wichtig ist dabei, zu betonen, dass es sich bei der «Komplexitätsökonomik» eher um ein Forschungsprogramm handelt: Man versteht die Mechanismen hinter den emergenten Prozessen (noch) nicht ganz, d. h., das Aggregationsproblem ist bei weitem nicht gelöst; es wird aber deutlich als Problem erkannt und thematisiert. Obwohl zum Beispiel die Forscher an der ETH Zürich oder am Santa Fe Institut eher von der «restricted complexity» (Morin 2007) ausgehen, d. h., die Idee verfolgen, dass man die Mechanismen und Gesetze hinter den Prozessen der Selbstorganisation prinzipiell entdecken und verstehen kann, müsste man sich aus heutiger Sicht eher mit der Position der «general complexity» (Morin 2007) zufrieden geben, d. h., sich mit der eventuellen Unmöglichkeit einer solchen radikalen Entdeckung abfinden. Man ist auf der Suche; daher der deutsche Titel des Buches von Sandra Mitchell (2008): «Komplexitäten. Warum wir erst jetzt anfangen, die Welt zu verstehen».

In anderen Worten, wenn wir die Finanzmärkte als komplexe selbst-organisierende Systeme verstehen, die durch radikale Unsicherheiten charakterisiert sind, müssen wir uns mit der Unvollständigkeit unseres Wissens darüber, wie das gesamte System funktioniert, abfinden.

Diese Auffassung muss weitgehende Konsequenzen für unser Verständnis von Ethik und Verantwortung haben. Eine Ethik, die für die aktuellen Debatten über die Wirtschaft und das Finanzsystem relevant sein möchte, sollte der Komplexität der ökonomischen Entscheidungssituationen und der ökonomischen Systeme grundsätzlich gerecht werden (Woermann 2013). Eine solche Ethik soll von dem eingeschränkten Wissen der Akteure ausgehen, dem Wissen, das aufgrund der unintendierten, unvorhersehbaren und oft nicht kontrollierbaren Effekte immer unvollkommen bleibt. Woermann u. a. (2012, 448) erklären:

> since we cannot have complete knowledge of complex things, we cannot «calculate» their behaviour in any deterministic fashion. We have to interpret and evaluate. Our decisions always involve an element of choice that cannot be justified objectively, but are, in part, based on normative judgements.

In anderen Worten, soll die Ethik, die die Komplexität der Welt anerkennt, der Diskrepanz zwischen *der normativen Natur jeder Ethik* und *der Unterbestimmtheit der Welt* bzw. dem Nicht-Wissen der Mechanismen hinter den emergenten Prozessen und folglich der Konsequenzen des individuellen Handelns Rechnung tragen (Woermann 2013; Schramm 2014). Prozesse der Aggregation der individuellen Handlungen – und nicht das individuelle Handeln an sich – sollen zum Schwerpunkt der wirtschaftsethischen Überlegungen gemacht werden. Im Folgenden werde ich diese These Schritt für Schritt weiterentwickeln.

3. Der Weg zur ethischen Entscheidung

Die moderne Wirtschaftsethik war bis jetzt vorwiegend an die klassische Entscheidungstheorie wie sie in den Wirtschaftswissenschaften des 19. und 20. Jahrhunderts entwickelt wurde gebunden. Die zentrale Frage, die sie zu beantworten suchte, war: «Wie trifft man *eine ethische Entscheidung*?»

Eine Entscheidung wird in der ökonomischen Theorie (und in der Finanztheorie) als eine begründete Wahl zwischen den Handlungsalternativen verstanden: Es wird eine Entscheidungsmatrix aufgestellt, in der die möglichen Zustände der Welt (Ereignisse), die alternativen Handlungen und ihre Konsequenzen (Pay-offs) abgebildet werden. Da die künftigen Zustände der Welt unsicher sind, werden diesen Wahrscheinlichkeiten zugeschrieben. Eine rationale Person wählt die Alternative, die ihren Erwartungsnutzen maximiert (der Erwartungsnutzen wird bestimmt als Summe des nach Wahrscheinlichkeiten gewichteten Erwartungsnutzens aller Ereignisse).

Die konsequentialistische Ethik (dazu gehören die Konzepte des ethischen Egoismus und Utilitarismus) schliesst an diese Denkweise an: Die Konsequenzen der Handlungen für alle (die Gemeinwohl) oder für eine Person (für den Entscheider) werden beurteilt und liefern die Begründung für eine ethische Entscheidung.

Dabei werden die konsequentialistischen Diskussionen über den Finanzmarkt mit den Ideen der Zurechenbarkeit und Haftung (*accountability*) und der perfekten Vorausschau (*foresight*) eng verbunden (Mitchell 2008, 109; Muniesa u. a. 2013). Es muss genau bestimmt werden, wer für welche Handlungskonsequenz verantwortlich ist (bzw. gemacht werden kann). Der Fokus auf *accountability* impliziert «the financial world [...] in which actions are traceable, a world in which signature is critical, a world of disclosure and attribution of liabilities, a world of audit» (Armstrong u. a. 2011).

Das Prinzip der Vorausschau verlangt von dem Handelnden das perfekte Verständnis davon, welche Ergebnisse von einer bestimmten Handlung herbeigeführt werden und ob diese Ergebnisse erwünscht sind. Das Individuum, das Verantwortung trägt, muss alles tun, um die Folgen seines Handelns abschätzen zu können: «taking responsibility means to exercise foresight» (Owen u. a. 2013).

Die Prinzipien der Konsequenzenabschätzung, der Haftung und der perfekten Vorschau setzen aber voraus, dass man ohne Weiteres die Konsequenzen voraussehen und abschätzen sowie die Haftung zuschreiben kann. Das würde zum Beispiel bedeuten, dass Bänker, die Finanzinnovationen entwickelt und eingesetzt haben, für die Krise verantwortlich waren, weil sie die markt- und ökonomieweiten Konsequenzen des Einsatzes der innovativen Finanzprodukte *voraussehen konnten*. Dies würde implizieren, dass sie den Mechanismus, der die unerwünschten Ereignisse im Finanzsystem (z. B. Finanz- und Bankenkrisen) hervorbringt, vollständig verstanden haben, aber – und dies macht derer Handeln unethisch (unverantwortlich) – die vorausgesehenen negativen Effekte ignoriert haben.

Hier aber zeichnen sich die Grenzen der auf dem Prinzip des rationalen Handelns und Entscheidens basierenden ethischen Konzepte ab. Diese Grenzen sollen im Folgenden diskutiert werden.

Die traditionelle Kritik an der konsequentialisischen Ethik rückt die intersubjektive Unvergleichbarkeit der Nutzenwerte und die Unmöglichkeit sie ausreichend zu quantifizieren sowie die Verteilungsungleichheit in den Fokus. Ich möchte aber einen anderen Kritikpunkt entwickeln, der in Bezug auf die Verantwortungsdebatte relevant wird: Können die Konsequenzen des (individuellen) Handelns vorausgesehen und abgeschätzt werden?

Die Wirtschaft wird in der klassischen Ökonomik als ein deterministisches System konzipiert, in dem das perfekte Wissen (auch über die Zukunft, abgebildet im Konzept des rationalen Erwartens [Muth 1961]) – und hiermit das rationale Entscheiden – prinzipiell möglich ist.

Gleichzeitig gibt es aber eine lange Tradition, die die Unsicherheit und die Unterbestimmtheit jeder Entscheidungssituation in der Ökonomik betont (Knight 1921; Keynes 1936, 1937; Shackle 1949; Frydman u. a. 2007).

Ausgehend von der epistemischen Lage, d. h., dem Wissen eines Entscheiders über die Situation, unterscheidet man drei Arten der Entscheidungssituationen:

1) Risiko (wenn die möglichen Weltzustände, die alternativen Handlungen, ihre Konsequenzen und die Wahrscheinlichkeiten ihres Eintretens bekannt sind);
2) Unsicherheit I (Ambiguität) (wenn die möglichen Weltzustände, alternativen Handlungen und ihre Konsequenzen bekannt sind, aber die Wahrscheinlichkeiten nicht)
3) Unsicherheit II (Unbestimmthcit, Unwissen, *unawareness*) (wenn weder die möglichen Zustände der Welt und die Handlungskonsequenzen noch die Wahrscheinlichkeiten unbekannt sind) (Svetlova / van Elst 2013, 2015).

Andere aber ähnliche Klassifikationen sind möglich: Die Unsicherheit II wird zum Beispiel bei Nida-Rümelin (2012, 109) als eine Situation der «*vollkommene(n) Variabilität*», eine Situation nämlich wenn «keine Struktur erkannt werden kann, die die Basis für eine Analyse einer Risikosituation sein kann», oder als *Unterbestimmtheit* («die Situation, in der selbst die Kausalitäten nicht vorhersehbar sind») bezeichnet. In diesen Situationen hat man keine Gewissheit über die Folgen des wirtschaftlichen Handelns. Wie soll man sich dann ethisch entscheiden und verhalten?

Ein (weniger formales, sondern eher pragmatisches, heuristisches) Konzept, das in diesem Zusammenhang viel diskutiert wird, ist das Prinzip der Vorsicht (*precautionary principle*). Dieses Prinzip wird eben in den Situationen angewendet, in denen die negativen Handlungskonsequenzen *wahrscheinlich*, aber *nicht genau abschätzbar* sind. Eine ausführliche Diskussion dieses Prinzips würde den Umfang dieses Artikels sprengen; ich merke nur an, dass die Anwendung des Vorsichtsprinzips voraussieht, dass die möglichen (negativen, unerwünschten) Konsequenzen des Handelns nach bestem Wissen und Gewissen abgeschätzt und dann die Vermeidungsstrategien ausgearbeitet werden, wobei die Beweislast dem Entscheider aufgelegt wird (Was hat er gewusst? Was konnte er wissen?). Dieses Prinzip wird häufig von den Regulierungsbehörden angewandt.

Die Diskussion um das Vorsichtsprinzip stellt zwei wesentliche Punkte in den Vordergrund, die für die gesamte, sich auf Regulierung und normative Entscheidungstheorie orientierte ethische Debatte von grosser Relevanz ist. Das Vorsichtsprinzip bietet keine adäquate Lösung (Nida-Rümelin u. a.

2012; Sunstein 2005), weil es einerseits der Frage nach der Natur der Handlungskonsequenzen nicht gerecht wird und andererseits die systemischen Effekte nicht berücksichtigt. Das sind zwei zentrale Punkte.

In der Entscheidungstheorie werden die Konsequenzen des Handelns durch nominale monetäre Pay-offs abgebildet, die die Entscheider erhalten bzw. verlieren. Gleichzeitig fokussiert sich die ethische Debatte, wie schon gesagt, auf den Ereignissen der Makroebene: Krisen, Umweltkatastrophen, Kraftwerkunfälle, Genveränderungen in der Bevölkerung usw. Das sind Konsequenzen ganz anderer Natur, die in der klassischen Entscheidungsmatrix keine Berücksichtigung finden – sie können auf eine monetäre Zahlung nicht reduziert werden.

Die Ereignisse auf der Makroebene resultieren aus dem Zusammenspiel der individuellen Handlungen und Entscheidungen – sie sind Resultat systemischer Effekte. Wie genau sie zustande kommen (die Kausalkette), ist nicht bekannt (das Aggregationsproblem der Ökonomik). Sie formieren sich, *während* gehandelt und entschieden wird *(they are becoming)*. Das bedeutet: Während man versucht, ein bestimmtes Risiko *(target risk)* zu vermeiden, entstehen andere Risiken *(substitute risks or countervailing risks)* (Sunstein 2005; Nida-Rümelin 2012, 120). «Systemisches Denken ist also nur schwer mit dem Precautionary Principle verknüpfbar», so Nida-Rümelin u. a. (2012, 120). Die systemischen Risiken werden bei dem Vorsichtsprinzip – und bei der Wirtschafts- und Finanzethik in ihrer heutigen Variante – nicht berücksichtigt. Allerdings, genauso wie in der Medizin über die iatrogenen (von einem Arzt induzierten) Schäden diskutiert wird, wäre es angebracht, über «econogenic harm» (DeMartino 2014), einem von Ökonomen und Finanzleuten verursachten Unheil, zu sprechen.

Vor diesem Hintergrund wird die Diskrepanz zwischen zwei Ebenen der Argumentation noch einmal deutlich: Die ethischen Konzepte werden auf das individuelle Verhalten (von Personen und Firmen) angewandt, während die Frage nach der Verantwortung sich auf die Ebene des Systems bezieht. Die aktuelle Diskussion über «responsible innovation» (Owen u. a. 2013) illustriert diesen Punkt sehr gut: Innovationen (auch Finanzinnovationen) sind komplexe, kollektive und dynamische Phänomene. Über diese Innovationen und insbesondere über die systemischen Effekte ihres Einsatzes weiss man grundsätzlich ziemlich wenig, so dass man immer mit Überraschungen und unterdeterminierten Effekten rechnen muss. Der Einsatz der Innovationen auf der individuellen Ebene führt – durch die Einbindung in die noch unklaren Aggregationsmechanismen – zu einem bestimmten, eventuell unerwünschten Effekt auf der Ebene des Finanzsystems (z. B. Krise): «emergent, ecosystem-level behaviour is a product of uncertainty, complexity and distance» (Owen u. a. 2013).

Hiermit haben die ethischen Argumentationen ein weiteres Problem, das in der Diskrepanz zwischen der *proklamierten Verantwortung* der Beteiligten für die Ergebnisse ihres Handelns (z. B. die Bankenkrise) und der gleichzeitigen *Unmöglichkeit der individuellen Kontrolle* über diese Ergebnisse (Björnsson 2011, 181) besteht. Hierbei ist es wichtig zu bedenken, dass die unerwünschten Ereignisse nicht das Resultat eines absichtlichen (rationalen) Handelns sind. Die Beteiligten formen oft nicht einmal eine einheitliche soziale Gruppe, die bestimmte Ziele verfolgt; sie haben nicht unbedingt Kenntnis von einander (ibid.). Es handelt sich um Situationen, in denen die individuellen Handlungen auf eine bestimmte Art und Weise *zusammenspielen*, gleichzeitig aber *nicht gemeinsam intendiert* werden; es geht nicht um das Erreichen der im Voraus festgelegten Ziele innerhalb einer sozialen Gruppe, sondern um die nach einem bestimmten Mechanismus «verwobenen» unabhängigen individuellen Handlungen, die oft zu den unerwarteten und nicht intendierten, aber ihrer Natur nach kollektiven Folgen führen. Deswegen stolpert die ethische Debatte über die Bankenkrise, zum Beispiel, immer über den gleichen Stein:

> At the heart of the problem is a disconnect between moral categories, which apply to individual banks, enshrined in the notion of moral hazard, and public justifications for bank rescues, which centre on a collective problem: systemic risk. (Woll 2013, 11).

In der aktuellen ethischen Literatur werden diese Probleme unter dem Label *responsibility gap* (Owen u. a. 2013) oder *impossibility of business ethics* (Woermann 2013) besprochen. Es geht vor allem um die Diskrepanz zwischen dem – wie auch immer gearteten – *Determinismus*, der dem bestehenden Verständnis der Ökonomik, des Finanzsystems und den entsprechenden ethischen Konzepten immanent ist, und der *Unterbestimmtheit* ökonomischen Systeme und der Finanzmärkte (Unsicherheit II). Vor dem Hintergrund dieser Debatte sind wir eventuell in der Tat berechtigt, von der Unmöglichkeit der Wirtschaftsethik und der Finanzethik zu sprechen, vor allem, weil die dort geführte Verantwortungsdebatte der Komplexität der ökonomischen Welt nicht gerecht wird. Dieses Argument wird jetzt am Beispiel des Entscheidungsbegriffs weiter vertieft.

4. Probleme der Regelbefolgung

Vor dem Hintergrund der oben angeführten Kritik ist es schwierig, von der ethischen *Entscheidungsfindung (ethical decision-making)* zu sprechen (wie die Business Ethik es häufig tut), weil die Zurechnung der Entscheidungen auf Personen oder Gruppen bzw. die Zurechnung der Konsequenzen auf Entscheidungen in komplexen Systemen erschwert (oder gar unmöglich) ist. Im Folgenden sollen die Probleme einer regelgeleiteten Ethik noch einmal verdeutlicht werden.

Eine «echte» Entscheidung – eine Entscheidung, die in der Situation der radikalen Unterbestimmtheit und hiermit der Unentscheidbarkeit (Derrida 1991; Ortmann 2003; 2004) getroffen wird – unterwandert die ethischen Regeln, auf die diese Entscheidung sich beziehen soll: Eine «echte» Entscheidung kann keine Regelbefolgung sein. Hier sind wir wieder bei dem Widerspruch zwischen einerseits Normativität der Ethik und andererseits der radikalen Unsicherheit, die im Finanzsystem herrscht. Es stellt sich hiermit die Frage: Ist eine ethische Entscheidung überhaupt möglich? Macht es Sinn, von einer «ethischen Entscheidung» zu sprechen?

Wie schon erwähnt, versucht man häufig die ethischen Überlegungen in das traditionelle Modell der rationalen (wenn auch beschränkt rationalen) Entscheidungsfindung zu zwingen. Dabei wird Entscheidung als Wahl zwischen Alternativen und die Ethik als das Regelwerk, das diese Wahl leitet, verstanden. Diese Debatten setzen allerdings einen unterkomplexen Entscheidungsbegriff voraus. In der Literatur finden sich mittlerweile Vorschläge, von Entscheidung als Wahl abzusehen, um der Komplexität der Entscheidungssituation – und des Entscheidungsbegriffs – gerecht zu werden. Man schlägt vor, Entscheidung eher als «Bestimmung, Zuschreibung, Ernennung, Konstruktion» (Priddat 2002), als «change» (Pettigrew 1990) oder als «interpretation» (March 1988) zu konzipieren. Besonders wegweisend erscheint in diesem Zusammenhang der Aufsatz von Chia (1994), in dem die Kreation der Alternativen, der Regeln, überhaupt der «Welt» *im Moment der Entscheidung* untersucht wird. Entscheidung ist nach Chia ein Moment, in dem «ein Schnitt gemacht wird» (so ist auch der etymologische Ursprung des Wortes «Entscheiden») – ein Schnitt in der Situation, in der die Folgen des Entscheidens und des Handelns unterbestimmt sind (die Grundsituation der Ökonomie und der Finanzmärkte). Es geht um die Situation der prinzipiellen *Unentscheidbarkeit* (von Foerster 2003; 2008; Derrida 1991).

> Das Unentscheidbare ist nicht einfach das Schwanken oder die Spannung zwischen zwei Entscheidungen, es ist die Erfahrung dessen, was dem Berechenbaren, der Regel nicht zugeordnet werden kann, weil es ihnen fremd ist und ihnen gegenüber ungleichartig bleibt, was dennoch aber – dies ist eine Pflicht – der unmöglichen Entscheidung sich ausliefern und das Recht und die Regel berücksichtigen muss. Eine Entscheidung, die sich nicht der Prüfung des Unentscheidbaren unterziehen würde, wäre keine freie Entscheidung, sie wäre eine programmierbare Anwendung oder ein berechenbares Vorgehen. (Derrida 1991, 49)

Im Moment der Entscheidung werden die ethischen Regeln – alle Regeln – prinzipiell unterwandert: Der Augenblick der Entscheidung ist

> als solcher stets ein endlicher Augenblick der Dringlichkeit und der Überstürzung; zumindest wenn man voraussetzt, dass er nicht die Konsequenz oder die Wirkung dieses theoretischen oder historischen Wissens, dieses Nachdenkens oder dieser Überlegung sein kann – sein darf, und dass er immer eine *Unterbrechung* der juridisch-, *ethisch-* und politisch-kognitiven Überlegung, die ihm vorausgehen muss und vorausgehen soll, darstellt. Der Augenblick der Entscheidung ist, wie Kierkegaard schreibt, ein Wahn. Dies trifft vor allem auf den Augenblick der gerechten, angemessenen Entscheidung zu, die die Zeit zerreißen und den verschiedenen Dialektiken trotzen muss. Eine Wahn (ist's). Auch wenn man von der Hypothese ausgeht, dass die Zeit und die Überlegtheit, die Geduld des Wissens und die Meisterschaft unbegrenzt sind, ist die Entscheidung in ihrer Struktur endlich, so spät sie auch getroffen werden mag: *dringliche, überstürzte Entscheidung, in der Nacht des Nicht-Wissens und der Nicht-Regelung*. (Derrida 1991, 54).

Das ist der Moment, wenn die ethische Argumentation – auch wenn sie ihren Weg in die regelgeleitete Entscheidungsfindung gefunden hat – an Kraft und Bedeutung verliert und vielleicht sogar ganz in den Hintergrund und die Vergessenheit gerät. Die Unterbestimmtheit einer komplexen («echten») Entscheidungssituation schaltet jede Normativität – auch die Normativität der Ethik – aus. *Eine ethische Entscheidung kann es in diesem Sinne nicht geben.* Aus dieser Perspektive lässt sich argumentieren, dass die Entscheidungstheorie grundsätzlich kein brauchbarer Anknüpfungspunkt für ein ethisches Konzept ist.

5. «Der Weg in die Hölle ist mit guten Vorsätzen gepflastert»

Oft wird die deontologische Ethik (Pflichtenethik) als Alternative zu der konsequentialistischen Ethik betrachtet (Dobson 1997; Nida-Rümelin 2005).

Diese Tradition geht auf Immanuel Kant zurück und beruht auf den subjektiven – aber universalisierbaren – Prinzipien, die das individuelle Handeln steuern. Ich würde aber meinen, dass die oben angeführten Überlegungen zu konsequentialistischen Ethik auch die deontologischen Ethikkonzepte im Wesentlichen unterwandern, weil die letzten doch im Endeffekt auf die Befolgung der (wenn auch intrinsischen) *Regeln* setzen. Diese Regeln werden mithilfe der allgemeinen Maxime überprüft, einer «Goldenen Regel» – Was du nicht willst, das man dir tu, das füg' ich auch keinem anderen zu» (Nida-Rümelin 2005, 22). Das «complexity view» lehnt aber, wie oben argumentiert, die Ethik als Regelbefolgung prinzipiell ab.

Weiterhin lässt die deontologische Ethik die Ereignisse auf der Systemebene ausser Acht. Die Schwierigkeit der deontologischen Ethik, mit den systemischen Effekten umzugehen, wird oft anhand des Tyrannenmord-Paradoxes illustriert: Ein Mord soll nach der ethischen Maxime immer abgelehnt werden, obwohl er vielleicht mehrere Leben retten könnte, indem zum Beispiel durch den Mord an einem Diktator ein Massenmord verhindert werden würde oder ein alternatives politisches Regime, das das Allgemeinwohl erhöhen würde, eingeführt werden könnte.

Ausserdem könnte man – vom Standpunkt der «complexity view» – provokativ behaupten, dass Pflichten- bzw. Regelbefolgung genauso ein Desaster verursachen kann wie das unreflektierte (unethische) Verhalten: Es könnte sein, dass sogar wenn alle Akteure bestimmte Pflichten erfüllen (zum Beispiel, wenn Banker sich verantwortlich verhalten, z. B. richtige Produkte an richtige Kunden verkaufen), es trotzdem zu den Finanzkrisen kommen wird, vor allem wegen des Zusammenspiels der individuellen Handlungen, das wir nicht ganz verstehen. Auch positiv intendierte Handlungen können massive unbeabsichtigte negative Konsequenzen haben. Soziale Utopien liefern hier zahlreiche Beispiele: Wie Elias Canetti in seiner «Komödie der Eitelkeit» (1933/34) führen gute Absichten oft zu Diktatur, Desastern und Kollapsen, oder sprichwörtlich: «Der Weg in die Hölle ist mit guten Vorsätzen gepflastert». Weiterhin würde die zu starke Orientierung an Regeln nicht nur negative Entwicklungen, sondern auch Innovationen verhindern und somit zur Erstarrung des Systems führen.

6. Der schwere Stand der Finanzethik

Der Beitrag hat aufgezeigt, dass es Gründe dafür gibt, dass die Finanzethik noch nicht etabliert ist und als eine Subdisziplin eher vernachlässigt wird. Die

Finanzethik hat Schwierigkeiten, sich als ein professionelles Feld zu entwickeln, weil sie einerseits an die traditionellen Ethikkonzepte, andererseits an das etablierte Verständnis der Ökonomik und Finanzmärkte anknüpft. Der Beitrag hat gezeigt, dass die Finanzethik zwischen ihrem notwendig normativen Charakter und der Unterbestimmtheit des ökonomischen Handelns verstrickt bleibt. Die Normativität bedeutet, dass – implizit oder explizit – Verhaltensregeln formuliert werden; das Aufstellen der Regeln ist aber an das Verständnis geknüpft, wie das Wirtschaftssystem und die Finanzmärkte funktionieren. Gleichzeitig wurde gezeigt, dass dieses Verständnis heutzutage noch stark eingeschränkt ist, insbesondere wenn es um die Ereignisse auf der Makroebene geht: Finanzkrisen oder Wertpapierpreise sind keine mechanistischen Aggregationen der Aktivitäten auf der individuellen Ebene des Entscheidens; es geht um die positiven und negativen Feedbacks, Nachahmungen, exponentielle Entwicklungen und emergente Prozesse. Da diese Phänomene erst seit kurzem in den Wirtschaftswissenschaften und Finanzmarkttheorie ernst genommen werden, ist unser Wissen über sie ungenügend. Vor diesem Hintergrund ist die Zurechnung von Entscheidungen auf Personen oder Gruppen bzw. die Zurechnung der Konsequenzen auf Entscheidungen in komplexen Systemen – wie dem Finanzsystem – stark erschwert bzw. ganz unmöglich. Weiterhin müsste man damit leben, dass die Konsequenzen selbst ethisch korrekt angesehenen Handelns nie wirklich zu durchschauen sind und auf der Systemebene weiterhin ethisch fragwürdige Resultate produzieren. Auch spielen im Gegensatz zur Medizin an den Finanzmärkten kaum vorhersagbare Nachahmeffekte eine entscheidende Rolle dabei, systematische Risiken zu generieren. Allerdings wenn eine Finanzethik an die individuelle Entscheidungstheorie anschliesst, kann sie diese Makrophänomene und systemischen Effekte nicht berücksichtigen. Es öffnet sich eine «epistemische Lücke», die die Entwicklung einer Finanzethik als eine theoretische Disziplin erschwert.

In der Praxis der Märkte war die Reaktion auf diese «epistemische Lücke», die sich nach der Wirtschaftskrise 2008 offenbarte, eindeutig: mehr Regulierung. Die Regulierung drängte die Finanzethik aus den öffentlichen Debatten heraus. Es wurde stillschweigend angenommen, dass die Ereignisse auf der Makroebene der Finanzmärkte zu stark das globale Wirtschaftsleben beeinflussen, um ihre Entwicklung einer solch vagen Disziplin wie Finanzethik zu überlassen. Die Regulierung und die Finanzethik werden als perfekte Substitute betrachtet. In der Tat zeigt Macey (2013), dass die Allgegenwärtigkeit der Regulierung an den Finanzmärkten die Finanzfirmen davon abhält, sich um ihre Reputation, die als ein langfristig orientiertes ethisches Verhalten gegenüber ihrer Kunden verstanden werden kann, zu kümmern; mehr sogar, die Firmen können sich erlauben, ihre Reputation zu gefährden, ohne aus dem Markt zu «fliegen» (das von Macey diskutierte Beispiel ist das Verhalten von Morgan Stanley während des Facebook-IPO in 2012: Trotz dem drastischen Reputationsverlust bei einigen Kunden und am Markt geht es der Bank nach wie vor gut).

Sind aber die Finanzethik und die Finanzmarktregulierung perfekte Substitute? Ich würde behaupten, dass dies nicht eindeutig der Fall ist – genau wegen der Einstellung zum Thema «Nicht-Wissen». Während die Regulierer sich nicht erlauben können, ihr Nicht-Wissen zu thematisieren und einzugestehen, kann Ethik das unvollständige Wissen in komplexen Systemen zum Ausgangspunkt ihrer Überlegungen machen. In anderen Worten, die Finanzethik könnte als *ethics of ignorance* (Smith 1992) betrieben werden, wie dies bis jetzt in der Medizin der Fall war. Vor allem aber könnte *eine Ethik des Nicht-Wissens* an die aktuelle Ignoranzforschung in der Wissenschaftsphilosophie und -soziologie (Smithson 1989; McGoey 2012; Gross u. a. 2015; Wehling 2006; Wehling u. a. 2015) anschliessen. Das Ziel dieser Forschung ist, das (zu Unrecht vernachlässigte) Nicht-Wissen als einen zentralen Begriff der Geisteswissenschaften wieder zu *problematisieren*. Dies ist eine Art Gegenbewegung zu dem Projekt der «geistigen Gesundheit der Moderne» (Smithson 1989), der «Entzauberung der Welt» (Weber 1992/1917), einem Projekt nämlich, in dem alles für kalkulierbar und sagbar erklärt wurde. Dabei wurde das Nicht-Wissen eliminiert oder in die Begriffe übersetzt, die man «handhaben» kann (ein Beispiel sind die Wahrscheinlichkeiten als «Ersatz» für das Nicht-Wissen der Zukunft). Die Gesellschaft hat die Denkfiguren entwickelt, «mit denen [sie] die Unbeobachtbarkeit der Welt aushalten und Intransparenz produktiv werden lassen kann» (Luhmann 1992, 220). Eine solche Denkfigur ist Regulierung. Eine Gegenbewegung, die das Nicht-Wissen ins Zentrum der Überlegungen stellt, könnte von der Ethik ausgehen.
Für die Finanzethik würde das bedeuten, dass man von der Situation der radikalen Unsicherheit (Unsicherheit II) ausgeht, nämlich der Situation von *unawareness*. Dabei geht es nicht darum, dass alle Finanzmarktakteure nur im Dunkeln tappen und keine Ahnung von Nichts haben, sondern es geht um das Anerkennen der Unvollständigkeit ihres Wissens («epistemic insufficiency») – über die Zukunft, über die Marktmechanismen usw., das Anerkennen nämlich, dass es in der Tat nur lokale «pockets of predictabilty» und nur partielles zeitgebundenes Wissen geben kann. Vor diesem Hintergrund müsste man dann von der *Symmetrie des Nichtwissens* im Markt ausgehen, weil das

Wissen von allen Marktteilnehmern – der professionellen Investoren sowie der Laien, der Kunden und der Regulierer – unvollständig ist.

Dabei ist es wichtig, die bis jetzt *wissenschaftszentrierte* Debatte über das Nicht-Wissen in eine praxisorientierte zu überführen. In anderen Worten, man soll sich nicht darauf fokussieren, was *die Wissenschaft* (Ökonomik, Finanztheorie) wissen kann und wie man mit der unvermeidlichen wissenschaftlichen Ignoranz umgeht. Eher könnte man sich den Besonderheiten des *symmetrischen Nichtwissens* in jeder relevanten Beziehungskonstellation (z. B. Berater – Kunde, Broker – Anleger, Unternehmen – Ratingagentur) widmen, um ethisch über *die Methoden der Überbrückung des Nichtwissens* in der Praxis der Märkte zu urteilen. Zu solchen Methoden zählen zum Beispiel Vertrauen, Reputation aber auch Marketing und Verkaufsbemühungen, die helfen, eine Illusion von Wissen zu produzieren und den Kunden zum Kauf/Verkauf von einem Wertpapier zum Beispiel zu animieren. Die Regulierung kann nur den offensichtlichen Betrug in dieser Konstellation ausschliessen, nicht aber die notorische Herstellung der Wissensillusionen, die für das Funktionieren der Märkte notwendig sind (Svetlova 2016, i. E.) und durch Ethik thematisiert werden können. Vor diesem Hintergrund würde Finanzethik helfen, «die Kommunikation von Nicht-Wissen [in den Finanzmärkten] aushalten zu können» (Luhmann 1992, 176).

Eine Finanzethik als *Ethik des Nichtwissens* könnte sich zu einer Professionsethik entwickeln, die über Verhaltenskodizes (DeMartino 2013) und Regellisten hinausgeht. Einerseits würde sie sich mit den ungelösten Problemen der Ökonomie und Finanztheorie auseinandersetzen (z. B. mit dem in dem Beitrag diskutierten Aggregationsproblem) und sich in der engen Zusammenarbeit mit Wirtschaftswissenschaftlern und Finanzmarktakteuren weiter entwickeln. Andererseits aber würde sie von den lokalen *Nichtwissenskulturen* (Wehling u. a. 2015) ausgehen, das heisst, sich darauf fokussieren, wie das Nichtwissen in den konkreten Konstellationen auf dem Finanzmarkt «wahrgenommen, bearbeitet und (nach ‹innen› und ‹aussen›) kommuniziert wird» (Wehling u. a. 2015, 12). Auf diesem Wege könnte sich eine Finanzethik – trotz der Allgegenwärtigkeit der Regulierung – als eine wichtige Debatteninstanz auf den Finanzmärkten etablieren.

Literatur

Battiston, Stefano / Puliga, Michelangelo /Kaushik, Rahul / Tasca, Paolo / Caldarelli, Guido, DebtRank: Too central to fail? Financial networks, the FED and systemic risk, in: Scientific Reports 2/541 (2012), www.nature.com/articles/srep00541, letzter Zugriff am 30. Mai 2016.

Björnsson, Gunnar, Joint responsibility without individual control: Applying the explanation hypothesis, in: Vincent Nicole u. a. (Hg.), Moral responsibility, Berlin 2011, 181–199.

Boatright, John, Ethics in finance, in: John Boatright (Hg.), Finance ethics: Critical issues in theory and practice, Hoboken 2010, 3–19.

Chia, Robert, The Concept of Decision: A deconstructive analysis, in: Journal of Management Studies, Bd. 31, 1994, 781 – 806.

Colander, David / Holt, Ric / Rosser, Barkley, The changing face of mainstream economics. In: Review of Political Economy 16/4 (2004), 485–499.

Crane, Andrew / Matten, Dirk, Business ethics: managing corporate citizenship and sustainability in the age of globalization, 2. Ausg., Oxford 2007.

Danielsson, Jon / Shin, Hyun Song, Endogenous risk, 2002, www.ucd.ie/t4cms/danielsson.pdf, letzter Zugriff am 10. März 2013.

Danielsson, Jon / Shin, Hyun Song / Zigrand, Jean-Pierre., Risk appetite and endogenous risk, 2009, www.cemfi.es/ftp/pdf/papers/wshop/riskappetite.pdf, letzter Zugriff am 10. März 2013.

DeMartino, George, Epistemic aspects of economic practice and the need for professional economic ethics, in: Review of Social Economy 71/2 (2013), 166–186.

DeMartino, George, Econogenic harm, economists, and the tragedy of economics, 2014, http://blog.oup.com/2014/06/econogenic-harm-professional-economic-ethics/#sthash.u7lG3ZMU.dpuf, letzter Zugriff am 30. Mai 2016.

Derrida, Jacques, Gesetzeskraft: Der «mystische Grund der Autorität», Frankfurt a. M. 1991.

Dobson, John, Ethics in finance II, in: Financial Analysts Journal 53/1 (1997), 15–25.

The EEAG Report on the European economy, EEAG European Economic Advisory Group at CESifo, February 25th 2009, retrieved from ifo-Insitute website: www.cesifo-group.de/portal/page/portal/ifoHome/B-politik/70eeagreport/20PUBLEEAG2009/_publeeag2009?item_link=eeag_report_inhalt_2009.htm.

Esposito, Elena, Die Zukunft der Futures: Die Zeit des Geldes in Finanzwelt und Gesellschaft, Heidelberg 2010.

Esposito, Elena, Die Zukunft der Futures. Die Zeit des Geldes in der Finanzwelt und Gesellschaft, Heidelberg 2012.

von Foerster, Heinz, Understanding understanding: Essay On cibernetics and cognition, New York 2003.

von Foerster, Heinz, KibernEthik, Berlin 2008.

Frydman, Roman / Goldberg, Michael, Imperfect knowledge economics: Exchange rates and risk, Princeton 2007.

Grabner-Kräuter, Sonja, US-Amerikanische Business Ethics-Forschung – the story so far, in: Berschorner, Thomas et. al (Hg.), Wirtschafts- und Unternehmensethik. Rückblick – Ausblick – Perspektiven, München u. a. 2005, 141–179.

Gross, Matthias / McGoey, Linsey (Hg.), Routledge International Handbook of Ignorance Studies, London 2015.

Homann, Karl, Vorteile und Anreize: Zur Grundlegung einer Ethik der Zukunft, Tübingen 2002.

Homann, Karl / Gerecke, Uwe, Ethik der Globalisierung: Zur Rolle der multinationalen Unternehmen bei der Etablierung moralischer Standards, in: Kutschker, Michael (Hg.), Perspektiven der internationalen Wirtschaft, Wiesbaden 1999, 429–457.

Luhmann, Niklas, Beobachtungen der Moderne, Opladen 1992.

Macey, Jonathan, The death of corporate reputation: How integrity has been destroyed on Wall Street, New Jersey 2013.

March, James G., Decisions and organisations, Oxford 1988.

McGoey, Linsey, Strategic unknowns: Towards a sociology of ignorance, in: Economy & Society 41/1 (2012), 1–16.

Mitchell, Sandra, Komplexitäten. Warum wir erst jetzt anfangen, die Welt zu verstehen, Frankfurt a. M. 2008.

Morin, Edgar, Restricted complexity, general complexity, in: Gershenson, Carlos / Aerts, Diederik / Edmonds, Bruce (Hg.), Worldviews, science and us: Philosophy and complexity, Singapore 2007, 5–29.

Muniesa, Fabian / Lenglet, Marc, Responsible Innovation in Finance: Directions and Implications, in: Owen, Richard / Bessant, John / Heintz, Maggy (Hg.), Responsible innovation: Managing the responsible emergence of science and innovation in society, Chichester 2013.

Nida-Rümelin, Julian, Theoretische und angewandte Ethik: Paradigmen, Begründungen, Bereiche, in: Nida-Rümelin, Julian (Hg.), Angewandte Ethik: Die Bereichsethiken und ihre theoretische Fundierung, Stuttgart 2005, 2–87.

Nida-Rümelin, Julian / Rath, Benjamin / Schulenburg, Johann, Risikoethik, Berlin u. a. 2012.

Ortmann, Günther, Regel und Ausnahme: Paradoxien sozialer Ordnung, Frankfurt a. M. 2013.

Ortmann, Günther, Als Ob: Fiktionen und Organisationen, Wiesbaden 2004.

Owen, Richard / Stigloe, Jack / Macnaghten, Phil / Gorman, Mike / Fisher, Erik / Guston, Dave, A Framework for responsible innovation, in: Owen, Richard / Bessant, John / Heintz, Maggy (Hg.), Responsible innovation: Managing the responsible emergence of science and innovation in society, Chichester 2013.

Pettigrew, Andrew M., Studying Deciding: An exchange of views between Mintzberg and Waters, Pettigrew and Butler, in: Organization Studies 11 (1990), 1–16.

Priddat, Birger P., Theoriegeschichte der Wirtschaft, München 2002.

Schramm, Michael, Business metaphysics, in: Forum Wirtschaftsethik: online Zeitschrift des DNWE 1 (2014), 2–6.

Shackle, George Lennox Sharman, Expectations in economics. Cambridge 1949.

Sornette, Didier / Woodard, Ryan, Financial bubbles, real estate bubbles, derivative bubbles, and the financial and economic crisis, 2010, http://arxiv.org/abs/0905.0220.

Smith, Richard, The ethics of ignorance. In: Journal of Medical Ethics 18/3 (1992), 117–118, 134.

Smithson, Michael, Ignorance and uncertainty: Emerging paradigms. New York 1989.

Streeck, Wolfgang, The construction of a moral duty for the Greek people to repay their national debt, in: Fourcade, Marion / Steiner, Philippe / Streeck, Wolfgang / Woll, Cornelia, Moral categories in the financial crisis, Max Planck Sciences Po Center on coping with instability in market societies, discussion paper 13/1 (2013), 14–20.

Svetlova, Ekaterina, Value without valuation? An example of the cocos market, in: Critical perspectives on accounting, special issue on Critical Finance, 2016, i. E.

Svetlova, Ekaterina / van Elst, Henk, How is non-knowledge represented in economic theory?, in: Priddat, Birger / Kaballak, Alihan (Hg.), Ungewissheit als Herausforderung für die ökonomische Theorie: Nichtwissen, Ambivalenz und Entscheidung, Marburg 2013, 41–72.

Svetlova, Ekaterina / van Elst, Henk, Decision-theoretic approaches to non-knowledge in economics, in: Gross, Matthias / McGoey, Linsey (Hg.), Routledge International Handbook of Ignorance Studies, Routledge 2015, 349–360.

Sunstein, Cass, Laws of Fear: Beyond the precautionary principle, Cambridge 2005.

Taleb, Nassim, The Black Swan: The impact of the highly improbable. New York 2007.

Vitali, Stefania / Glattfelder, James B. / Battiston, Stefano, The network of global corporate control. PLoS ONE 6/10 (2011).

Weber, Max, Wissenschaft als Beruf (1917), in: Kaesler, Dirk (Hg.), Max Weber Schriften 1894–1922, Stuttgart 2002, 474–511.

Wehling, Peter, Im Schatten des Wissens? Perspektiven der Soziologie des Nichtwissens, Konstanz 2006.

Wehling, Peter / Böschen, Stefan, Nichtwissenskulturen und Nichtwissensdiskurse. Über den Umgang mit Nichtwissen in Wissenschaft und Öffentlichkeit, Baden-Baden 2015.

Woermann, Minka, On the (Im)Possibility of business ethics: Critical complexity, deconstruction, and implications for understanding the ethics of business, Amsterdam 2013.

Woermann, Minka / Cilliers, Paul, The ethics of complexity and complexity of ethics, in: South African Journal of Philosophy 31/2 (2012), 447–463.

Woll, Cornelia, The morality of recuing banks. In: Fourcade, Marion / Steiner, Philippe / Streeck, Wolfgang / Woll, Cornelia, Moral categories in the financial crisis, Max Planck Sciences Po Center on coping with instability in market societies, discussion paper 13/1 (2013), 10–13.

Wyman, Oliver, State of the financial services industry 2009, www.nubank.com/stories/200908_FinancialServicesIndustry/Financial ServicesIndustry.pdf, letzter Zugriff am 30. Mai 2016.

Patrick Kupper

Weltvernichtungsmaschinen:
Die Bombe, die ökologische Revolution
und die Transformation der Zukunft als Katastrophe

In ihrem Buch «Zukunft als Katastrophe» will die Literaturwissenschaftlerin Eva Horn «die seltsam zwiespältige, aber umso intensivere Beschäftigung mit kommenden Katastrophen als Symptom eines modernen Verhältnisses zur Zukunft [...] entziffern» (Horn 2014, 21). Hierfür untersucht sie unter anderem die historische Genese des modernen Katastrophendenkens, das sie in der Romantik beginnen lässt und für das sie im Kalten Krieg einen zweiten entscheidenden «Einsatzpunkt» sieht. Während die Romantik die Grundlagen eines genuin modernen, säkularen Zukunftsdenkens geschaffen habe, habe der Kalte Krieg mit der Atombombe die Selbstzerstörung der Menschheit als neuen Denkhorizont eröffnet. Der Einsatz der Atombombe wurde zu einer Handlungsoption mit irreversiblem Charakter, mit welcher der zeitgenössische Mensch stets rechnen musste. Laut Horn ist diese Drohung einer jähen Katastrophe in der jüngsten Gegenwart jedoch jener einer schleichenden Katastrophe gewichen, einer Katastrophe ohne Ereignis, für die der Klimawandel das paradigmatische Beispiel abgebe (Horn 2014, 33–34).

Eva Horns Analyse und Interpretation des modernen Katastrophendiskurses ist gehaltvoll und aufschlussreich. Jedoch tut sich in ihrem Narrativ zwischen der jähen und der schleichenden Katastrophe eine diskursive Lücke auf, die der vorliegende Beitrag benennen und bearbeiten möchte. Der Romantik und dem Kalten Krieg, den beiden Einsatzpunkten in Horns Genese des modernen Katastrophendenkens, wird ein dritter beigefügt: jener der «ökologischen Revolution» der Jahre um 1970 (Radkau 2011, 124–164). In dieser Revolution kam es, so lautet die These, zum Umsturz und zur Neugestaltung dreier für den Umgang mit der Zukunft relevanter Aspekte. Erstens vollzog sich in kürzester Zeit jener von Eva Horn festgestellte Übergang von der jähen zur schleichenden Katastrophe als dominantem Bedrohungsbild. Die diesbezüglich entscheidende Verschiebung betraf die Ursache der Katastrophe: Die Katastrophe des Kalten Krieges drohte durch den mutwilligen oder auch versehentlichen Einsatz der alleszerstörenden Waffenarsenale durch die Atommächte. Die ökologische Katastrophe hingegen drohte als

Konsequenz des alltäglichen modernen Wirtschaftens. Damit wurde die Möglichkeit denkbar, dass die Menschheit an den nicht intendierten Folgen ihres Strebens nach Wohlstand zugrunde gehen könnte, was im scharfen Gegensatz zur Vernichtungsvariante durch die Bombe stand, die schliesslich intentional zu eben diesem Zweck geschaffen worden war.

Zweitens lässt sich beobachten, wie gesellschaftliche Zukunftsdiskurse und -szenarien in den Jahren der ökologischen Revolution kippen, wie generell positive Ausblicke überwiegend negativen Ausblicken Platz machen. Das Atomzeitalter war ja nicht nur das Zeitalter der atomaren Bedrohung, sondern auch und insbesondere das Zeitalter der atomaren Verheissungen. Fortschritte in der Atomtechnologie sollten die Medizin revolutionieren, die Nahrungsmittelproduktion vervielfachen und saubere Energie in unbeschränkten Mengen zu unschlagbaren Preisen bereitstellen. Unzählige Projektionen schilderten, wie etwa die Mobilität der Zukunft zu Land, Wasser und Luft über eine automatisch gesteuerte, atomar angetriebene Fahrzeugflotte beschleunigt und erleichtert werden würde. «Wasn't the Future of Nuclear Energy Wonderful?» heisst der treffende Titel eines älteren, aber immer noch lesenswerten Aufsatzes, in dem Stephen L. Del Sesto die amerikanischen Atomenergieutopien der 1950er Jahre ausbreitet (Del Sesto, 1986; van Lente 2012). Verantwortlich für den Umschwung um 1970 war die Diagnose einer umfassenden Umweltproblematik, die selbst aber in einen tiefgreifenden gesellschaftlichen Krisendiskurs eingebunden war, der wiederum die Grundlagen der Moderne in Zweifel zog, den Glauben an Fortschritt und Wachstum, und der so den Boden für eine fundamentale Verunsicherung legte (Kupper 2003).

Hintergrund der verbreiteten Krisendiagnosen war die Erkenntnis – und dies ist der dritte Punkt – dass die vorangehenden Jahrzehnte des Booms schwerwiegende globale Probleme verursacht hatten. Für das exponentielle Wachstum des Ressourcenverbrauchs und der Umweltbelastung, aber auch der Weltbevölkerung in den Nachkriegsjahrzehnten hat der Berner Umwelthistoriker Christian Pfister den Begriff des «1950er Syndroms» geprägt. Im angloamerikanischen Raum fasst man denselben Tatbestand mit dem wertneutralen Ausdruck der «Great Acceleration», der «grossen Beschleunigung» (Pfister 1995; McNeill / Engelke 2013).[1] Diese Beschleunigung von Entwick-

---

[1] Vgl. International Geosphere-Biosphere Programme, Great Acceleration, www.igbp.net/globalchange/greatacceleration.4.1b8ae20512db692f2a680001630.html (Zugriff am 19. Juni 2018).

lungen in vielen Bereichen ist zwar eine wichtige Voraussetzung für die Krisen- und Katastrophendiskurse der 1970er Jahre. Es ist jedoch festzuhalten, dass die Beschleunigung für sich selbst gesehen keine hinreichende Begründung dieser Diskurse liefert. Vielmehr ist die Rede über Krisen und Katastrophen in einem Wissensdispositiv zu verorten, das sich parallel zur «Great Acceleration» entwickelte (vgl. Gugerli u. a. 2004). Die Wahrnehmung einer Beschleunigung des Laufs der Dinge spielte für die Ausgestaltung dieses Dispositivs durchaus eine Rolle, schöpfte sich aber insbesondere aus den Erfahrungen des Zweiten Weltkriegs und bezog sich massgeblich auf das Militärische. Die Übertragung und Transformation dieses Wissens vom Militärischen ins Zivile ist also der dritte Aspekt, der die Umgestaltung der Zukunftsverhältnisse im Zeichen der ökologischen Revolution prägte (vgl. Hamblin 2013).

Alle drei Punkte verweisen letztlich auf die frühen Jahrzehnte des Kalten Krieges, von denen sich die ökologische Revolution absetzte, von der sie sich zugleich aber auch nährte. Im Folgenden soll diese Bewegung des Absetzens, Aufgreifens und Neugestaltens an einem paradigmatischen Diskurs plausibel gemacht werden: jenem, der die Zerstörung der Menschheit aus eigenem Verschulden thematisiert. Hierbei wird auf zwei historische Szenen fokussiert: zuerst auf eine Szene aus der ersten Hälfte der 1960er Jahre, in der thematisiert wird, wie sich die Konstruktion einer militärischen Apparatur, welche die Welt selbstgesteuert vernichten könnte, auf die zukünftige Entwicklung der Menschheit auswirken würde. Die zweite Szene führt uns sodann in die beginnenden 1970er Jahre und zu dem historischen Moment, in dem die Möglichkeit schlagartig ins Bewusstsein der Weltöffentlichkeit drang, dass sich die Menschheit durch ihr alltägliches Wirtschaften ihrer eigenen Existenzgrundlage berauben könnte.

1. Szene 1: Pentagon War Room, Virginia, USA, ca. 1964

Der amerikanische Präsident hat seinen Krisenstab im *War Room* des Pentagons versammelt, die Lage ist mehr als ernst. Der Befehlshaber eines US-Fliegerstützpunkts hat seine Atom-Bomber zum Angriff auf die UdSSR losgeschickt. In wenigen Stunden werden sie ihre tödliche Fracht über sowjetischen Zielen abwerfen. Wenn sie niemand stoppt, werden sie Millionen Menschen den Tod bringen, ganze Landstriche verseuchen und mit Sicherheit einen nuklearen Gegenschlag der Sowjetunion auf die USA auslösen. Die Zeit für den Rückruf der Flieger ist nicht nur äusserst knapp, sondern steht vor allem vor einem technischen Hindernis: Die Piloten der Flieger sind nur über einen geheimen Code zu erreichen, der aber lediglich dem Befehlshaber des Stützpunkts bekannt ist. Dieser wiederum ist offensichtlich geistig hochgradig verwirrt, verweigert die Befehlsannahme und dirigiert unbeirrbar den atomaren Angriff von der Kommandozentrale seines Stützpunkts aus. Armeeeinheiten, die losgeschickt worden sind, um den Befehlshaber zu verhaften, stossen auf den erbitterten Widerstand der Stützpunktmannschaft, die glaubt, den Stützpunkt gegen in amerikanischen Uniformen getarnte, sowjetische Soldaten verteidigen zu müssen.

Die Lage spitzt sich zu. Im *War Room* plädiert der Kommandant der amerikanischen Luftstreitkräfte dafür, den Fliegern die restlichen US-Bomber nachzuschicken und die Kapazitäten der Sowjets zum Gegenschlag durch einen umfassenden Erstschlag so weit wie möglich einzudämmen. Der amerikanische Präsident entscheidet jedoch anders. Er möchte nicht als grösster Massenmörder in die Geschichte eingehen und beschliesst, die Sowjets zu kontaktieren. Der sowjetische Botschafter wird in den *War Room* bestellt und der Präsident telefoniert mit seinem sowjetischen Gegenüber, dem offensichtlich schwer betrunkenen Premierminister der UdSSR. Gemeinsam mit jenem hofft er den laufenden Angriff zu entschärfen, die sowjetische Führung von einem Gegenschlag abzubringen und so den Ausbruch eines umfassenden Nuklearkriegs zu verhindern. Doch diese Hoffnung zerschlägt sich rasch: Zur allgemeinen Bestürzung müssen der Präsident und sein Krisenstab nämlich erfahren, dass die Entscheidung über den Einsatz der sowjetischen Nuklearwaffen nicht mehr in den Händen der politischen Führung liegt, ja nicht einmal in menschlicher Zuständigkeit, sondern seit kurzem an eine Maschine delegiert ist, die auf einen atomaren Angriff hin automatisch einen Gegenschlag mit allen verfügbaren Mitteln auslöst. Menschliches Eingreifen haben die Konstrukteure der Maschine explizit ausgeschlossen. Es kommt, wie es kommen muss: Eines der US-Flugzeuge kann nicht zurückgerufen werden, findet seinen Weg durch die sowjetische Luftabwehr und löst mit dem Abwurf seiner Atombombe den alles vernichtenden atomaren Schlagabtausch aus.

Dieses Szenario eines Nuklearkriegs, ausgelöst von einem einzelnen paranoiden General und weitergetragen von den Mechanismen der nuklearen Abschreckung, erzählte Stanley Kubrick in seinem Film «Dr. Strangelove or: How I Learned to Stop Worrying and Love the Bomb» (Case 2014; Kirchmann 2016).[2] Die bissige Satire auf den Kalten Krieg kam 1964 in die Kinos.

---

2   www.imdb.com/title/tt0057012, zuletzt eingesehen am 19. Juni 2018.

Sie basierte auf der Romanvorlage «Red Alert» von Peter George, veröffentlicht 1958 unter dem Pseudonym Peter Bryant, der auch am Filmdrehbuch mitarbeitete. Der titelgebende Dr. Strangelove ist der wissenschaftliche Berater des Präsidenten, wobei Peter Sellars gleich beide Rollen verkörperte (und zusätzlich auch jene des unseligen Bomberpiloten, der sich unter Selbstaufopferung auf seiner Atombombe reitend auf die Sowjetunion stürzt). Darüber, wem die Figur von Dr. Strangelove nachempfunden worden ist, gibt es eine ausführliche Diskussion. Die heissesten Kandidaten sind John von Neumann, Mathematiker, Nuklearwissenschaftler und Verfechter der Doktrin der Mutual Assured Destruction (MAD) und der bedeutende amerikanische Nuklearstratege und Politikberater Henry Kissinger. Ins Spiel gebracht wurde aber auch Herman Kahn, ein langjähriger Mitarbeiter des kalifornischen Think Tanks Rand Corporation und zu jener Zeit ebenfalls bekannter Militär- und Nuklearstratege (Case 2014, 26–27; Ghamari-Tabrizi 2005, 41–42).[3]

Allerdings unterschieden sich die Filmfigur Dr. Strangelove und Herman Kahn nicht nur äusserlich markant, der eine hager und an den Rollstuhl gefesselt, der andere in allen Beziehungen raumeinnehmend, sondern auch bezüglich des biografischen Hintergrunds könnten die Differenzen kaum grösser sein: Dr. Strangelove ist deutscher Abstammung und hat eine NS-Vergangenheit. Herman Kahn stammte aus einer Familie jüdischer Einwanderer aus Osteuropa, die sich an der US-Ostküste niedergelassen hatten. Kahn rückte aus einem anderen Grund ins Feld der Kandidaten. Kubrick und sein Team hatten sich in der Vorbereitung des Films intensiv mit Kahns 1960 erschienenem Buch «On Thermonuclear War» (Kahn 1960) auseinandergesetzt. Nicht nur gestaltete Kubrick ganze Dialogpassagen nach dem Buch (Kahn soll von Kubrick deswegen Tantiemen gefordert haben), sondern Kubrick übernahm von Kahn auch die Idee der *Doomsday Machine*. In der entsprechenden Szene erweist Kubrick Kahn die Referenz, indem sich Dr. Strangelove in seinen Ausführungen zur Weltvernichtungsmaschine auf eine Studie der «Bland Corporation» beruft (Kaplan 2004; Ghamari-Tabrizi 2005, 275–276).[4]

---

3   https://en.wikipedia.org/wiki/Dr._Strangelove (Zugriff am 11. Juli 2016).
4   *Doomsday Machines* hatten in den folgenden Jahren und Jahrzehnten weitere Auftritte in Kino und Fernsehen: Sie war titelgebend für eine Episode der zweiten Staffel der Star Treck Serie 1967. Die Weltzerstörungsmaschine ist eine im Weltraum fliegende, Planeten vernichtende Maschine, die von Captain Kirk und seiner USS Enterprise unschädlich gemacht werden muss. Nach vollbrachter Tat weist Kirk auf die Ironie hin, dass sie mit einer Wasserstoffbombe, der *Doomsday Machine* des 20. Jahrhunderts, die *Doomsday Machine* des 23. Jahrhunderts zerstört hätten. https://en.wikipedia.org/wiki/The_Doomsday_

In «On Thermonuclear War» führte Kahn diese Maschine als eine in seinen eigenen Worten fast bis zur Karikatur idealisierte Apparatur ein, die ihm helfen soll, die spektakulärsten und bedrohlichsten Möglichkeiten der nuklearen Abschreckung hervorzuheben und so das strategische Denken zu erhellen. Seine imaginierte Erfindung beschrieb er wie folgt: «Assume that for, say, $10 billion we could build a device whose only function is to destroy all human life. The device is protected from enemy action (perhaps by being put thousands of feet underground) and then connected to a computer which is in turn connected, by a reliable communication system, to hundreds of sensory devices all over the United States. The computer would then be programmed so that if, say, five nuclear bombs exploded over the United States, the device would be triggered and the earth destroyed» (Kahn 1960, 145).[5] Kahn fuhr fort, die Vorzüge und Nachteile abzuwägen, die eine solche Maschine für eine Strategie der Abschreckung hätte, wobei er sechs Charakteristiken heranzog, die er für eine Abschreckungswaffe für wünschenswert hielt: 1. *Frightening* 2. *Inexorable* 3. *Persuasive* 4. *Cheap* 5. *Nonaccident prone* 6. *Controllable*. Bezüglich der ersten fünf Kriterien schneide die Doomesday Machine besser ab als jede andere bestehende oder vorgeschlagene Abschreckungswaffe. Diese Vorzüge würden jedoch durch das sechste Kriterium nicht nur zunichte gemacht, vielmehr seien die Probleme, welche die Kontrolle über eine solche Maschine und deren sicherer Betrieb stellten, nicht zufriedenstellend zu lösen (Kahn 1960, 146–148). Kahn lehnte daher die Konstruktion einer *Doomesday Machine* kategorisch ab und dieselbe Haltung liess Kubrick in seinem Film Dr. Strangelove einnehmen. In der Möglichkeit, dass eine solche Maschine in näherer Zukunft in den Bereich des Machbaren kommen könnte, sah Kahn eine zentrale Herausforderung der Rüstungskontrolle: «A *central problem of arms control* – perhaps the central problem – is to

---

Machine_(Star_Trek:_The_Original_Series) (Zugriff am 11. Juli 2016). Der Science Fiction Film «Colossus: The Forbin Project» von 1970 thematisiert die Machtübernahme in den USA und der UdSSR durch *Doomsday Machines* (Edwards 1996, 325–7), während im B-Movie «Doomsday Machine» von 1972 eine chinesische Maschine die Erde zerstört https://en.wikipedia.org/wiki/Doomsday_Machine_(film) (Zugriff am 11. Juli 2016). Im Film «War Games» von 1983 droht ein amerikanischer Supercomputer einen nuklearen Erstschlag gegen die Sowjetunion auszulösen https://en.wikipedia.org/wiki/WarGames (Zugriff am 11. Juli 2016).

5 Für weitere Formen der Abschreckung neben der totalen Abschreckung führt Kahn zugleich zwei weitere von der *Doomsday Machine* abgeleitete Apparaturen ein, die *Doomsday-in-a-Hurry Machine* und die *Homicide Pact Machine*, die uns hier aber nicht weiter beschäftigen müssen.

delay the day when Doomsday Machines or near equivalents become practical» (524).⁶

Die Weltvernichtungsmaschine war eine der Imaginationen, Überlegungen, Berechnungen und Planspiele, die Kahn in seinem 650-Seiten-Wälzer ausbreitete. Neben der Warnung vor einer solchen Möglichkeit und der Aufforderung, entsprechende Versuche durch die Verweigerung von Fördergeldern im Keim zu ersticken, diente ihm die Weltvernichtungsmaschine auch und insbesondere dazu, die Doktrin der *Mutual Assured Distruction* zu hinterfragen, indem er sie auf die Spitze trieb. Die Doktrin habe zur irrigen Überzeugung geführt, dass die Atombombe als «absolute Waffe» weiterführende strategische Überlegungen der Kriegführung überflüssig mache. Dem sei aber nicht so. Zwar sei in einem thermonuklear geführten Krieg mit massivsten Zerstörungen und zivilen Opfern in mehrstelliger Millionenhöhe sowie langfristigen radioaktiven Verseuchungen zu rechnen, deren konkretes Ausmass und deren Bewältigung hänge aber von den zivilen und militärischen Kriegsvorbereitungen sowie den konkreten politischen Entscheidungen und kriegerischen Handlungen ab. Atomkriege könnten nicht nur strategisch unterschiedlich geführt, sondern auch besser oder schlechter überlebt werden. Kahn fragte «Will the survivors envy the dead? » und seine provokante Antwort lautete: «Despite a widespread belief to the contrary, objective studies indicate that even though the amount of human tragedy would be greatly increased in the postwar world, the increase would not preclude normal and happy lives for the majority of survivors and their descendants» (Kahn 1960, 21). Frage und Antwort waren von einer mit «Tragic but distinguishable postwar states» überschriebenen Tabelle begleitet, in der die Zahl der Todesopfer in Millionen mit der Zahl der Jahre korreliert wurde, die es für die ökonomische Erholung brauchen werde (Kahn 1960, 20).

Um Unterschiede in der Atomkriegführung erkennen und sich entsprechend vorbereiten zu können, gelte es, so Kahn, Denkblockaden zu lösen und die Möglichkeiten atomarer Konfrontationen unvoreingenommen durchzuspielen und deren jeweilige Folgen nüchtern auszurechnen. Man müsse sich dazu zwingen beziehungsweise in die Lage versetzen, das Undenkbare zu denken, wie Kahn sein folgendes Buch von 1962 nannte, in denen er seinen Kritikern entgegentrat, die ihm insbesondere amoralisches Verhalten vorwarfen (Kahn 1962; Kupper 2018b).⁷

---

6 Kahn erwartete, dass die Entwicklung einer Weltvernichtungsmaschine in zehn bis zwanzig Jahren möglich werden würde.
7 Zur imaginären Dimension des Kalten Kriegs vgl. Eugster / Marti 2015.

Kahn intervenierte mit seinem Buch in vielleicht *den* Leitdiskurs der Nachkriegszeit, der auch die Epochenbezeichnung «Atomzeitalter» generierte. Breit und über den deutschen Sprachraum hinaus wurden Günther Anders Überlegungen rezipiert, die er in seinem Buch «Die Antiquiertheit des Menschen» von 1956 «über die Bombe und die Wurzeln unserer Apokalypse-Blindheit» anstellte (Anders 1956, 233–324). Anders reflektierte über «unser Dasein unter dem Zeichen der Bombe», die ein neues und zugleich letztes Zeitalter eingeleitet hat, in der die «Menschheit als ganze tötbar ist» (235, 243). Als Hauptwurzel der Apokalypse-Blindheit machte Anders ein anthropologisch bedingtes «Prometheisches Gefälle» aus, das eine grössere Ausweitbarkeit der Räume des Machens und Denkens gegenüber den Räumen des Vorstellens und Fühlens begründe (267–271). Wenn dem so sei und nicht alles verloren sein solle, dann bestehe, so Anders, «die heute entscheidende moralische Aufgabe in der Ausbildung der moralischen Phantasie, d. h. in dem Versuche, das ‹Gefälle› zu überwinden, die Kapazität und Elastizität unseres Vorstellens und Fühlens den Grössenmassen unserer eigenen Produkte und dem unabsehbaren Ausmass dessen, was wir anrichten können, anzumessen; uns also das Vorstellende und Fühlende mit uns als Machenden gleichzuschalten» (273).

Kahns Planspiele thermonuklearer Kriege lassen sich als Phantasien zur Überwindung der Anders'schen Apokalypse-Blindheit interpretieren, auch wenn er selbst natürlich die blinden Flecken des damaligen militärstrategischen Diskurses im Auge hatte. Um die entgrenzte Waffentechnologie unter Kontrolle zu behalten, deren Weiterentwicklung steuern und deren allfällige Anwendung und Abwehr vorbereiten zu können, sollte die Vorstellungskraft beflügelt werden. Bei allen imaginären Lockerungs- und Dehnungsübungen blieb sein Denken allerdings der geschlossenen Welt des Kalten Kriegs verhaftet, einer «Closed World», deren Konturierung Paul Edwards in seinem gleichnamigen Buch von 1996 eindrücklich nachgezeichnet hat. Es war eine strikt bipolar organisierte Welt, unterschieden in die Welt des Feindes, die es einzudämmen galt, und die eigene Welt, die es zu verteidigen galt. Diese beiden Welten waren von einer dritten Welt umspannt, der Welt als Ganzes, welche die Bühne für den heroischen Zweikampf der beiden Teilwelten abgab.

Technologien der globalen Modellierung, der Simulation und Berechnung mit dem letztendlichen Ziel der allumfassenden Steuerung und Beherrschung waren die entscheidenden Ingredienzien dieser Explorationen der «geschlossenen Welt». Edwards zählt auf: «Techniques drawn from engineering and mathematics for modeling aspects of the world as closed systems. Technologies, especially the computer, that make systems analysis and central control practical on a very large scale. Practices of mathematical and computer simulation of systems, such as manufacturing processes and nuclear strategy, in business, government, and the military. Experiences of grand-scale politics as rule-governed and manipulable, for example by means of the power of nuclear weapons or of Keynesian economic intervention. Fictions, fantasies, and ideologies, including such visions as global mastery through air power and nuclear weapons, global danger from an expansionist ‹evil empire›, and centralized, instantaneous, automated command and control. A language of systems, gaming, and abstract communication and information that relied on formalisms to the detriment of experiential and situated knowledge. This language involved a number of key metaphors, for example that war is a game and that command is control» (Edwards 1996, 15).

Auch Kahns Überlegungen durchbrachen nicht das Freund-und-Feind-Schema, die Polarität des Wir-und-Sie, sie führten aber vom Alles-oder-Nichts-Denken weg, von der ausschliesslichen Wahl zwischen Weltfrieden oder Weltvernichtung und sie eröffneten so eine Fülle alternativer Zukünfte. Kahn selbst begann in den 1960er Jahren in dem von ihm 1961 mitbegründeten und über viele Jahre geleiteten Think Tank «Hudson Institute» Konzepte zu entwickeln, um sogenannte «alternative futures» zu erkunden. Zum wichtigsten Instrument stieg das Szenario-Schreiben auf, mit dessen Hilfe er eine Reihe ausgewählter hypothetischer Zukünfte parallel imaginieren konnte. Die kanonisch gewordene Szenarien-Definition stammt aus dem Buch «The Year 2000» von Herman Kahn und seines Hudson-Institute-Kollegen Anthony J. Wiener: «Scenarios are hypothetical sequences of events constructed for the purpose of focusing attention on causal processes and decision-points. They answer two kinds of questions: (1) Precisely how might some hypothetical situation come about, step by step? and (2) What alternatives exist, for each actor, at each step, for preventing, diverting, or facilitating the process» (Kahn / Wiener 1967, 6).

Kahn und Wiener entwarfen Szenarien von Nuklearkriegen und anderen politisch generierten «Albträumen des 21. Jahrhunderts». Diese düsteren Szenarien waren aber lediglich die extremen (stets mitzudenkenden) Ausreisser in einem Gesamtbild, das von positiven Zukunftsszenarien geprägt war, von wirtschaftlichem, technisch-wissenschaftlichem und kulturellem Fortschritt im Rahmen des zu jener Zeit bereits von Daniel Bell prognostizierten und von den USA angeführten Übergangs zur post-industriellen Gesellschaft (Bell 1973; 1975; Leendertz 2012). An dieser interpretativen Stossrichtung hielt Kahn auch in seinen weiteren Beiträgen in den 1970er Jahren und bis zu seinem Tod 1983 fest (etwa Kahn 1977). Es ist eine Ironie der Geschichte, dass sein Denken in Szenarien den Weg wies, andere menschgemachte katastrophale Zukünfte in den Blick zu bekommen und der politischen Aushandlung zuzuführen (Kupper 2018b).

2. Szene 2: Smithonian Institute, Washington, D. C., USA, 2. März 1972

Acht Jahre sind seit Dr. Strangeloves fulminantem Auftritt auf den Leinwänden dieser Welt vergangen. Räumlich haben wir uns nur wenige Kilometer verschoben: vom *War Room* des Pentagons in den Hauptsitz des Smithonian Institute, gelegen an der Mall in Washington, D. C. Dorthin geladen hat an diesem Frühlingstag des Jahres 1972 der Club of Rome, ein vier Jahr zuvor in Rom gegründeter, zu jener Zeit aber noch wenig bekannter internationaler Gesprächszirkel, dem etwa 70 handverlesene Geschäftsmänner, Wissenschaftler und Verwaltungsexperten aus 25 vorwiegend westlichen Ländern angehören. Dem Publikum, in dem sich einige prominente amerikanische und internationale Politiker und Wirtschaftsvertreter sowie Medienleute befinden, wird an dem Anlass ein schmales, knapp 200 Seiten umfassendes Buch vorgestellt: «The Limits to Growth», erarbeitet im Auftrag des Club of Rome durch ein interdisziplinäres Team junger Wissenschaftler am renommierten Massachusetts Institute of Technology MIT (Meadows u. a. 1972a). Der Leiter der Forschungsgruppe, der amerikanische Ökonom Dennis Meadows, präsentiert die Ergebnisse der Studie, während der Präsident des Club of Rome, der italienische Manager Aurelio Pecchei, diese würdigt (Seefried 2015, 271).[8]

Die Präsentation am Smithonian Institute ist der Auftakt zu einer äusserst erfolgreichen, international aufgezogenen Buch- und Medienkampagne. Noch im selben Jahr wird die Studie in zwölf Sprachen übersetzt, unter anderem ins Französische, Spanische, Italienische und Japanische. Die deutschsprachige Ausgabe erscheint wenige Wochen nach dem englischen Original unter dem Titel «Die Grenzen des Wachstums», der Titel wird bald schon sprichwörtlich sein. 1973 verleiht der Deutsche Buchhandel dem Club of Rome für die «Grenzen des Wachstums» seinen Friedenspreis. Es folgen weitere Auflagen und Übersetzungen: Insgesamt erscheint das Buch in 37 Sprachen und wird geschätzte zwölf Millionen Mal verkauft (Streich 1997, 49).[9]

---

8   Ein Foto findet sich auf www.smithsonianmag.com/science-nature/is-it-too-late-for-sustainable-development-125411410 (Zugriff am 19. Juni 2018).
9   Es kursieren auch höhere und tiefere Verkaufszahlen.

Rückblickend wird die Studie gerne als Auslöser der ökologischen Revolution angeführt. Auch wenn dies eine verkürzte und vereinfachte Sicht auf die damaligen Vorgänge ist: die Publikation ist zweifellos ein Schlüsseldokument nicht nur jener Revolution, sondern auch jener Zeit (Kupper 2018a; Kupper / Seefried 2015).

Was enthielt dieses Buch, dass es in kürzester Zeit eine globale Diskussion lostrat? In erster Linie stiess die Leserin und der Leser in den «Grenzen des Wachstums» auf viele Diagramme und Tabellen, auf globale Statistiken und Modellbeschreibungen und auf die Ergebnisse von Computerberechnungen, die mithilfe dieser Statistiken und Modelle und einem Hochleistungsrechner am MIT angestellt worden waren. «Noch kaum je hat eine mathematische Formulierung gesellschaftlicher Zusammenhänge ein so grosses Aufsehen erregt wie das Welt-Modell des Club of Rome», hielt der Schweizer Ökonom Bruno S. Frey im August 1972 in der Neuen Zürcher Zeitung denn auch treffend fest (NZZ, Nr. 362, 6.8.1972).

Für ihr Weltmodell hatten die Autoren fünf makroökonomische Grössen als massgebende Parameter ausgewählt: Bevölkerung, Kapital, Nahrungsmittel, Rohstoffvorräte und Umweltverschmutzung (Meadows u. a. 1972b, 76f., zur Begründung vgl. a. a. O., 15). Die Wechselwirkungen zwischen diesen Parametern wurden im Buch in rückgekoppelten Regelkreisen beschrieben, wobei die Beziehung zwischen zwei Grössen entweder positiv, das heisst sich gegenseitig verstärkend, oder negativ sein konnte. In einem zweiten Schritt fütterten die Wissenschaftler das Modell mit quantitativen Daten aus aller Welt (Meadows u. a. 1972, 108).[10] In einem dritten abschliessenden Schritt liessen sie ihren Hochleistungs-Computer am MIT rechnen, wobei sie (und dies ist wichtig hervorzuheben) unter unterschiedlichen Basisannahmen mehrere Entwicklungen des Weltmodells bis zum Jahr 2100 rechnen liessen. Sie entwickelten also ganz im Kahn'schen Sinne Szenarien der Zukunft, auch wenn sie diesen Begriff nicht wählten, sondern von Durchläufen bzw. *Runs* sprachen.

Das Weltmodell der Grenzen des Wachstums basierte auf Arbeiten von Jay W. Forrester, Professor für Dynamisches Systemmanagement an der Sloan School of Management des MIT, Begründer der *System Dynamics*, eines kybernetisch angelegten Ansatzes zur Untersuchung komplexer Prozesse wie der Entwicklung von Industrien und Städten mithilfe computerunterstützter Simulationsmodelle (Forrester 1966; Forrester 1969), und Doktorvater von

---

10 Insgesamt bestand das Weltmodell aus 99 quantifizierten Variablen, die in «mehr als hundert prinzipiell gleichartigen Kausalketten» miteinander verknüpft wurden.

Dennis Meadows.[11] Forrester zeichnete sich auch dafür verantwortlich, dass der Club of Rome den Auftrag für die Studie ans MIT vergab. Selbst beteiligte sich Forrester nicht am Projekt, begleitete dieses jedoch eng. Auch entwarf er das sogenannte World2-Modell, auf dessen Grundlage er 1971 die Studie «World Dynamics» (Forrester 1971; Forrester 1972) publizierte und das zugleich dem Meadows-Team als Vorlage für deren World3-Modell diente.

Die Resultate, welche die rechnergestützten Simulationen im World3-Modell lieferten, waren erschreckend. Der sogenannte Standardlauf, der die Entwicklungstendenzen der vergangenen siebzig Jahre, also seit 1900, in die Zukunft fortschrieb, führte zu einem Zusammenbruch des globalen Systems «infolge Erschöpfung der Rohstoffvorräte». Dieser würde «mit Sicherheit noch vor dem Jahr 2100» eintreten (Meadows u. a. 1972b, 111–112). «Wenn die gegenwärtige Zunahme der Weltbevölkerung, der Industrialisierung, der Umweltverschmutzung, der Nahrungsmittelproduktion und der Ausbeutung von natürlichen Rohstoffen unverändert anhält, werden die absoluten Wachstumsgrenzen auf der Erde im Laufe der nächsten hundert Jahre erreicht. Mit grosser Wahrscheinlichkeit führt dies zu einem ziemlich raschen und nicht aufhaltbaren Absinken der Bevölkerungszahl und der industriellen Kapazität.» (Meadows u. a. 1972b, 17)

Höhere Rohstoffvorräte und technologische Massnahmen zur Bekämpfung der Umweltverschmutzung, Erhöhung der landwirtschaftlichen Produktivität und Senkung der Geburtenraten, die in einer Reihe weiterer Durchläufe im Computermodell durchgespielt wurden, konnten den zivilisatorischen Zusammenbruch lediglich aufschieben, aber nicht aufhalten. Daraus schlossen die Autoren: «Das Grundverhalten des Weltsystems ist das exponentielle Wachstum von Bevölkerungszahl und Kapital bis zum Zusammenbruch.» (Meadows u.a. 1972b, 129) Modell und Rechenmaschine enthüllten: Die zivilisatorische Entwicklung war auf Selbstzerstörung programmiert, das seit einigen Jahrzehnten herrschende Wirtschaftssystem war nichts anderes als eine Weltzerstörungsmaschine.

Die Kernaussage des Berichts war letztlich leicht verständlich: Fortdauerndes Wachstum in einem begrenzten System war unmöglich. Diese Botschaft transportierte die Studie in einprägsamen Sprachbildern, welche die vielen computergenerierten Diagramme begleiteten und die aus der Feder der einzigen Frau im Autorenteam stammten, der mit Dennis Meadows verheirateten Donella Meadows. So machte sie die

---

11 http://dspace.mit.edu/handle/1721.1/14131 (Zugriff am 11. Juli 2016).

Dynamik exponentiellen Wachstums mit der Metapher vom Lilienteich allgemeinverständlich: «Wie rasch exponentielles Wachstum gegen endgültige Grenzgrössen stösst, zeigt ein französischer Kinderreim: In einem Gartenteich wächst eine Lilie, die jeden Tag auf die doppelte Grösse wächst. Innerhalb von dreissig Tagen kann die Lilie den ganzen Teich bedecken und alles andere Leben in dem Wasser ersticken. Aber ehe sie nicht mindestens die Hälfte der Wasseroberfläche einnimmt, erscheint ihr Wachstum nicht beängstigend; es gibt ja noch genügend Platz, und niemand denkt daran, sie zurückzuschneiden, auch nicht am 29. Tag; noch ist ja die Hälfte des Teiches frei. Aber schon am nächsten Tag ist kein Wasser mehr zu sehen» (Meadows u. a. 1972b, 29).

Im Gegensatz zur Atombombe drohte nicht die plötzliche Vernichtung der Welt durch den Einsatz der hochgerüsteten Waffenarsenale, sondern ein Rennen ins Verderben durch die alltägliche Übernutzung der Lebensgrundlagen. Die Vernichtungsmaschine stand nicht zu ihrem tödlichen Einsatz bereit, nein, sie war am Laufen, und nicht nur dies, sie erhöhte zudem fortlaufend ihre Drehzahl, bis sie sich selbst zerstören würde. Noch war die Maschine bzw. der Systemverlauf zu stoppen, noch erscheine es, schrieben die Autoren, «möglich, die Wachstumstendenz zu ändern und einen ökologischen und wirtschaftlichen Gleichgewichtszustand herbeizuführen» (Meadows u. a. 1972b, 17). Dazu müsse aber rasch gehandelt werden, da die «kurzen Verdoppelungszeiten im System der Menschheit» bewirkten, dass die Wachstumsgrenzen sehr rasch erreicht würden. So erwarteten die Autoren, dass bereits vor dem Jahr 2001 «schwerwiegende Lebensmittelknappheit und Rohstoffmangel» eintreten würde und folgerten daraus, dass das Steuer umgehend herumgerissen und das Wachstum sofort beschränkt werden müsse. Jeder Tag, an dem nichts geschehe, treibe die Welt näher an ihre Grenzen (Meadows u. a. 1972b, 75; 152). «Gegenwärtig, für einen kurzen Zeitraum in der Geschichte, besitzt der Mensch die wirksamste Kombination aus Wissen, technischen Hilfsmitteln und Rohstoffquellen, alles, was physisch notwendig ist, um eine völlig neue Form der menschlichen Gemeinschaft zu schaffen, die für Generationen Bestand hätte. Was noch fehlt, sind ein realistisches, auf längere Zeit berechnetes Ziel, das den Menschen in den Gleichgewichtszustand führen kann, und der menschliche Wille, dieses Ziel zu erreichen. Ohne dieses Ziel vor Augen, fördern die kurzfristigen Wünsche und Bestrebungen das exponentielle Wachstum und treiben es gegen die irdischen Grenzen und in den Zusammenbruch.» (Meadows u. a. 1972b, 164) In seiner dem Bericht angehängten «kritischen Würdigung» forderte das Exekutivkomitee des Club of Rome, «neue Denkgewohnheiten zu entwickeln, die zu einer grundsätzlichen Änderung menschlichen Verhaltens und damit auch der Gesamtstruktur der gegenwärtigen Gesellschaft führten» (Meadows u. a. 1972b, 170).

3. Schluss

Das deutsche Magazin *Der Spiegel* unterzog die «Grenzen des Wachstums» einer ausführlichen, aber wenig schmeichelhaften Besprechung und schalt die Studie eine realitätsferne Weltuntergangs-Vision, das Produkt eines Computerspiels (Der Spiegel, Nr. 21, 15.5.1972). Unbewusst benannte *Der Spiegel* damit eine der konzeptionellen Kontinuitäten zu den strategischen Studien der vorangehenden Jahre und Jahrzehnte: die Simulation der Zukunft in einem Weltmodell. Weitere Kontinuitätslinien liessen sich etwa für Forschungsprogramme, wissenschaftliche Institute und Wissenschaftlerbiografien herausarbeiten, wie jener Hermann Kahns und Jay W. Forresters, von RAND und der Sloan School of Management oder der Entwicklung verschiedener Varianten der Systemanalyse (vgl. Hamblin 2013). Diesen Kontinuitäten sind aber starke Brüche gegenüberzustellen: So wich in den frühen 1970er Jahren das beherrschende Bedrohungsbild der 1950er und 1960er Jahre, dass eine jähe nukleare Katastrophe das Ende der Welt einläuten könnte, dem Bild einer schleichenden Weltzerstörung, deren Ursache nun nicht mehr in einer militärischen Konfrontation lag, sondern in der zivilen Entwicklung von Wirtschaft und Gesellschaft, in der allmählichen, aber beschleunigten Übernutzung der Lebensgrundlagen. Hatte die Bombe nach 1945 erstmals die Möglichkeit denkbar gemacht, dass sich die Menschheit als Ganzes selbst zerstören könnte, so beförderte die breite Thematisierung der Wachstumsgrenzen nach 1970 die Einsicht, dass sich die Menschheit aufgrund nicht intendierter Folgen menschlichen Wirtschaftens zugrunde richten könnte. Damit war ein Paradigmenwechsel verbunden, der sich vielleicht am deutlichsten in der Auflösung des Atomzeitalters und dem Anbrechen einer neuen, einer ökologischen Ära manifestierte (vgl. Höhler 2015; Radkau 2011).

In dieser Perspektive entpuppt sich der Übergang von den 1960er in die 1970er Jahre als eine Scharnierzeit der Moderne, in der die gesellschaftliche Beschäftigung mit der Zukunft eine neue Prägung erhielt. Sie wurde geformt durch die ökologische Revolution jener Jahre, die eine dreifache Verschiebung in den Zukunftsdiskursen bewirkte: Erstens machten generell positive Ausblicke überwiegend negativen Ausblicken Platz, zweitens liess das anhaltende Wachstum der Weltwirtschaft ein Erreichen und Überschiessen der begrenzten Ressourcen der Erde befürchten, das von globalen Krisen begleitet sein würde, wodurch wiederum, drittens, die schleichende die jähe Katastrophe als dominantes Bedrohungsbild ablöste. Für die Krisen- und Katastrophendiskurse ist diese Prägung seither leitend geblieben (vgl. Horn 2014). Die Katastrophe ist nicht mehr ein in der Zukunft drohendes Ereignis, sondern ein bedrohlicher Prozess, in dem in höchst paradoxer Weise die Zukunft in die Gegenwart hineinreicht. Computergestützte Modellrechnungen beschreiben den zukünftigen Verlauf des Klimawandels in Abhängigkeit des gegenwärtigen gesellschaftlichen Verhaltens und heutige Wetteranomalien verkünden uns die Klimakatastrophe der Zukunft.

Literatur

Anders, Günther, Die Antiquiertheit des Menschen. Über die Seele im Zeitalter der zweiten industriellen Revolution, München 1956.
Bell, Daniel, The coming of post-industrial society. A venture in social forecasting, New York 1973.
Bell, Daniel, Die nachindustrielle Gesellschaft, Frankfurt a. M. 1975.
Case, George, Calling Dr. Strangelove. The Anatomy and Influence of the Kubrick masterpiece, Jefferson 2014.
Del Sesto, Stephen L., Wasn't the future of nuclear energy wonderful?, in: Corn, Joseph J. (Hg.), Imaging tomorrow: History, technology and the American future, Cambridge Mass. 1986, 58–76.
Edwards, Paul N., The closed world. Computers and the politics of discourse in Cold War America, Cambridge Mass. 1996.
Eugster, David / Marti, Sibylle (Hg.), Das Imaginäre des Kalten Krieges. Beiträge zu einer Kulturgeschichte des Ost-West-Konfliktes in Europa, Essen 2015.
Forrester, Jay W., Industrial dynamics, Cambridge Mass. 1966.
Forrester, Jay W., Urban dynamics, Cambridge, Mass. 1969.
Forrester, Jay W., World dynamics, Cambridge, Mass. 1971.
Forrester, Jay W., Der teuflische Regelkreis. Das Globalmodell der Menschheitskrise, Stuttgart 1972.
Ghamari-Tabrizi, Sharon, The worlds of Herman Kahn. The intuitive science of thermonuclear war, Cambridge Mass. 2005.

Gugerli, David / Kupper, Patrick / Speich, Daniel, Rechne mit deinen Beständen. Dispositive des Wissens in der Informationsgesellschaft, in: Berthoud, Gérald / Kündig, Albert / Sitter-Liver, Beat (Hg.), Société d'information – récits et réalités, Freiburg 2004, 79–108.

Hamblin, Jacob Darwin, Arming mother nature. The birth of catastrophic environmentalism, Oxford 2013.

Höhler, Sabine, Spaceship Earth in the environmental age, 1960–1990, London 2015.

Horn, Eva, Zukunft als Katastrophe, Frankfurt a. M. 2014.

Kahn, Herman, On thermonuclear war, Princeton NJ 1960.

Kahn, Herman, Thinking about the unthinkable, New York 1962.

Kahn, Herman, Vor uns die guten Jahre. Ein realistisches Modell unserer Zukunft, Wien 1977.

Kahn, Herman / Wiener, Anthony J., The year 2000. A framework for speculation on the next thirty-three years, New York 1967.

Kirchmann, Kay, Stanley Kubrick. Das Schweigen der Bilder. 3., erw. Aufl., Bochum 2001.

Kupper, Patrick, Die «1970er Diagnose». Grundsätzliche Überlegungen zu einem Wendepunkt der Umweltgeschichte, in: Archiv für Sozialgeschichte 43, Umweltgeschichte und Umweltbewegungen, 2003, 325–348.

Kupper, Patrick, Dennis Meadows u. a. Die Grenzen des Wachstums (1972). In: Manfred Brocker (Hg.): Geschichte des politischen Denkens. Das 20. Jahrhundert. Berlin 2018a, 548-561.

Kupper, Patrick, «Weltuntergangs-Vision aus dem Computer». Zur Geschichte der Studie «Die Grenzen des Wachstums» von 1972, in: Uekötter, Frank / Hohensee, Jens (Hg.), Wird Kassandra heiser? Die Geschichte falscher Ökoalarme (HMRG, Historischen Mitteilungen im Auftrag der Ranke-Gesellschaft, Beihefte 57), Stuttgart 2004, 98–111.

Kupper, Patrick, Szenarien. Genese und Wirkung eines spätmodernen Verfahrens der Zukunftsbestimmung, in: Matern, Harald / Pfleiderer, Georg (Hg.), Die Krise der Zukunft I. Apokalyptische Diskurse und ihre gesellschaftlichen Bedingungen und Wirkungen, Zürich 2018b, im Druck.

Kupper, Patrick / Seefried, Elke, «A computer's vision of doomsday». On the history of the 1972 study The Limits to Growth. In: Frank Uekötter (Hg.), Exploring Apocalyptica. Coming to terms with environmental alarmism. Pittsburgh 2018, 49–74.

Leendertz, Ariane, Schlagwort, Prognostik oder Utopie? Daniel Bell über Wissen und Politik in der «postindustriellen Gesellschaft», in: Zeithistorische Forschungen 9/1 (2012), 161–167.

van Lente, Dick (Hg.), The nuclear age in popular media. A transnational history, 1945–1965. New York 2012.

McNeill, John R. / Engelke, Peter, Mensch und Umwelt im Zeitalter des Anthropozän, in: Iriye, Akira / Osterhammel, Jürgen (Hg.), Geschichte der Welt 1945 bis heute. Die globalisierte Welt, München 2013, 357–534.

Meadows, Dennis u. a., The limits to growth. A report for the Club of Rome's project on the predicament of mankind. New York 1972a.

Meadows, Dennis u. a., Die Grenzen des Wachstums. Bericht des Club of Rome zur Lage der Menschheit, Stuttgart 1972b.

Pfister, Christian (Hg.), Das 1950er Syndrom. Der Weg in die Konsumgesellschaft, Bern/Wien u. a. 1995.

Radkau, Joachim, Die Ära der Ökologie. Eine Weltgeschichte. München 2011.

Seefried, Elke, Zukünfte. Aufstieg und Krise der Zukunftsforschung; 1945–1980, Berlin u. a. 2015.

Streich, Jürgen, 30 Jahre Club of Rome. Anspruch, Kritik, Zukunft, Basel 1997.

Mario Kaiser

Moration: Zur Chronopolitik des Zögerns

2011 startete der Zigarettenkonzern Philip Morris eine Werbekampagne für Marlboro-Zigaretten. «Don't be a maybe» lautete der Werberuf an Jugendliche, der sich gut variieren liess: *a maybe never reached the top, a maybe never made history* oder aber *a maybe never enjoys the moment*. Zwei Jahre später forderten Gerichte den Konzern auf, die Kampagne einzustellen: Jugendlichen werde suggeriert, die Zigarette mache aus einem Zauderer (Maybe) einen Macher (Be).

Inzwischen aber hatte der Journalist Oliver Jeges die Werbekampagne zum Anlass genommen, die Generation *Maybe* in der Onlineausgabe der *Welt* auszurufen – mit Erfolg. Der Beitrag wurde nahezu 100'000-mal auf Facebook empfohlen und Jeges lieferte auch schon bald das Buch «Generation Maybe – Die Signatur einer Epoche» (Jeges 2014) nach. Da die Zeitdiagnose keinen Versuch erkennen lässt, dem Phänomen des Zögerns und Zauderns auf die Schliche zu kommen, sich anstatt dessen in einer Polemik gegen den Entscheidungsaufschub ergeht, fielen die Rezensionen in den Feuilletons auch wenig liebevoll aus. Vielleicht auch, weil das Buch in seiner Kritik zu sehr an den Werbeslogan erinnert: *Don't be a maybe.*

Deutlich wohlwollender hingegen wurde etwas früher das Buch «Über das Zaudern» von Joseph Vogl (2014 [2007]) aufgenommen. Darin breitet der Philosoph und Literaturwissenschaftler eine Kulturgeschichte des Zögerns und Zauderns aus, die ihre Quellen von der Antike bis in die Gegenwart auskostet. Die Absicht des umfangreichen Essays ist deutlich: Das Zaudern ist aus der pathologischen Ecke der Willensschwäche hervorzulocken, nicht zuletzt, um das Innehalten vor der Tat kognitiv zu adeln. An der Schwelle zwischen Handeln und Nichthandeln macht Vogl einen Zwischenraum der schöpferischen Potenz und Kontingenz aus – einen Raum, in dem alles infrage steht und gleichermassen möglich ist.

Das neurotisch anmutende Durchspielen aller Möglichkeiten, das im Zögern an die Oberfläche des Denkens tritt, ist zwar ein zentraler, nicht aber der einzige Akzent, den Vogl mit seinem Bändchen setzt. Gegen Ende des Essays macht sich die politische Dimension des Zauderns zunehmend bemerkbar. Einerseits verweist Vogl auf die Widerständigkeit des Zauderns, die sich «gegen die Unwiderruflichkeit von Urteilen, gegen die Endgültigkeit von Lösungen, gegen die Bestimmtheit von Konsequenzen und das Gewicht von Resultaten» wendet (Vogl 2014, 135). Andererseits, und wichtiger noch, bringt Vogl das Zaudern auch mit Blick auf die aktuelle politische Lage in Stellung, bietet es doch eine Alternative zu den vielen Politiken einer gesteigerten Schlagfertigkeit:

> Peilung, Adressierung und der fortgesetzte Suchlauf zur Identifikation des Feindes kennzeichnen den Ausnahmezustand und die Infrastruktur einer Weltinnenpolitik, die im Zeichen eines neuen Militarismus agiert – ein dauerhaftes Management fester und beweglicher, flüchtiger und verdeckter, harter oder weicher, zweifelhafter oder unbekannter Ziele, die wir allesamt sind. (Vogl 2014, 138)

Die Unterschiede zwischen Jeges «Generation Maybe» und Vogels engagierter Kulturgeschichte könnten grösser kaum sein: Eine zeitgeistige Glossierung des Zögerns hier, eine historisch profunde Durchdringung des Zauderns da; eine bisweilen platte Polemik gegen das Zögern hier, eine vorsichtige Ehrung des Nicht-Entscheiden-Wollens da. Ungeachtet all der Differenzen möchte ich beide Interventionen als zwei Zeugnisse *einer* Entwicklung lesen – einer Entwicklung, in der das Zögern und Zaudern dabei ist, seine politische Unschuld zu verlieren.

Ich behaupte, dass das Zögern inzwischen die Konturen einer spezifischen Chronopolitik angenommen hat, die sich den Vergleich mit anderen Chronopolitiken gefallen lassen kann. Denn obgleich das Zögern nach wie vor in eine politische Rationalität eingelassen ist, deren *raison d'être* in künftigen Notständen besteht, auf die in der Gegenwart wie im Ausnahmezustand reagiert wird, hebt sich das Zaudern von den inzwischen eingeübten Chronopolitiken in einer willkommenen Weise ab: Während seine Rivalen wie die Prävention und die Präemption Zeit vernichten, erschafft das Zögern sie. In der Gestalt von Zeit gibt das Zögern den Demokratien und ihren Meinungsbildungsprozessen eine notwendige Legitimationsressource zurück – ein Gut, das allein nur die Unmittelbarkeit von Reiz und Reaktion zu unterbrechen und dazwischen einen Raum des Möglichen anstelle des Notwendigen zu eröffnen vermag.

1. Eine Politik des Zögerns?

Ist das Zögern jemals politisch harmlos gewesen? Hat nicht etwa Shakespeare im Prinz Hamlet die Unschuldsvermutung bereits *ad absurdum* geführt? Die Geschichte aus dem nordischen Sagenkreis wäre dem Dramatiker kaum der Verdichtung wert gewesen, hätte Hamlet – ohne zu zögern – den Mord an seinem Vater gerächt. Anstatt dessen heckt der Prinz einen Plan aus, in dem die Schuldigen anhand eines Theaterstücks erfahren sollen, wie verwerflich ihre Handlungen gewesen sind – in der Hoffnung, sie mögen sich in Anschauung bzw. Reflexion ihrer Taten auf der Bühne zu Tode schämen. Hamlets durchdachte Strategie, den Schuldigen als Ersatz für die eigene Rache den Spiegel vorzuhalten, misslingt und endet letztlich im tragischen Tod vieler unschuldiger Personen.

Spricht sich hier keine Kritik an den politischen Folgen des Zögerns aus? Vielleicht. Vielmehr aber ist «Prinz Hamlet» ein Lobgesang auf das Denken, das sich nur dann, wenn es um Taten geht, als Zögern oder als Lethargie bemerkbar macht. Menschen wie Hamlet, so wird es Nietzsche später ausdrücken,

> haben erkannt, und es ekelt sie zu handeln. Denn ihre Handlung kann nichts am ewigen Wesen der Dinge ändern, sie empfinden es als lächerlich oder schmachvoll, daß ihnen zugemutet wird, die Welt, die aus den Fugen ist, wieder einzurichten. Die Erkenntnis tötet das Handeln, zum Handeln gehört das Umschleiertsein durch die Illusion – das ist die Hamletlehre [...] (Nietzsche 2014, 33)

Folgen wir Nietzsche, ist das Zögern reine, illusionslose Erkenntnis und damit weit entfernt von dem, was an Taten politisch geboten ist. Zögern mag zwar politische Folgen haben, ist aber selbst keine Politik, wenn schon ihre Negation. Gerade deshalb eignet sich Nietzsches Hamlet, um an ihm zwei Divergenzen abzulesen, die im Falle von Jeges und Vogls Interventionen für ein Politisch-Werden des Zögerns sprechen.

Erstens ist Jeges zuweilen polemische Diagnose der *Generation Maybe* nur verständlich, weil das Zaudern nicht mehr einem Individuum, sondern einer Gesellschaft oder Gemeinschaft angelastet wird. Nur dank der Verallgemeinerung und Vergemeinschaftung des Zögerns kann die *Generation Maybe* als wie auch immer fiktive Einheit politisch zur Verantwortung gezogen werden. Ohne diesen kommunitären Sinnhorizont hätten wir lediglich solitäre Zögerer und Zauderer, die wir vielleicht als Phlegmatiker oder Intellektuelle für ihr Naturell bemitleiden würden. Niemals aber hätten wir eine Generation, die wie bei Jeges für ihr Zögern und Zaudern einzustehen hat. Dass Zögern und Zaudern letztlich nicht mehr eine Frage einer unverfügbaren Disposition à la «ich bin eben so» ist, sondern zu einer Frage des Entscheidens und der Verantwortung avancieren konnte, darauf baut auch die Marlboro-Kampagne. ‹Zögern oder Handeln? Deine Entscheidung!›

Zweitens und viel deutlicher bricht der politische Aspekt des Zögerns bei Vogl durch. Das Zaudern wird von ihm explizit als politische Strategie konturiert, die in Konkurrenz zu anderen politischen Handlungsformen treten soll – Formen, die ihren Erfolg in einer gesteigerten Schlagfertigkeit suchen. Auf der Grundlage einer Würdigung des kognitiven und kreativen Potenzials des Zauderns skizziert Vogl, wenngleich schemenhaft, die Konturen einer Politik, die die konstante *preparedness* zum Gegenschlag mit einer ständigen Wachsamkeit zum Infrage-Stellen dessen beantwortet, worin der *casus belli* eigentlich bestehen könnte. Kurzum, dem Kalkül eines *ad arma* kann nur mit der Besonnenheit eines *ad dubios* begegnet werden.

So unterschiedlich die Interventionen Jeges und Vogls in das politisch bislang wenig verdächtige Zögern auch anmuten, offenbaren sie doch, gerade in ihrem Widerspruch, eine politische Dimension des Zögerns, die bei Hamlet noch im Tiefschlaf steckt. Dessen Zögern ist eine zutiefst moralische oder ethische Angelegenheit, die sich in ihrem Impetus zwar an politische Usurpatoren richtet, diese aber nicht politisch, sondern moralisch zur Verantwortung ziehen will. Hamlet klagt König Claudius, Bruder und Mörder seines Vaters, nicht wegen eines politischen Vergehens im Sinne schlechter Staatsführung oder Steuerhinterziehung an, vielmehr wegen seiner Verderbtheit, nicht nur den Bruder ermordet, sondern auch dessen Frau, Hamlets Mutter, verführt zu haben. Hamlets Zögern bleibt bis Nietzsche somit ein Lehrstück über die tragische Konfrontation von dreister Politik und allwissender Moral.

Jeges und Vogls Einlassungen weichen von dieser ethischen Achse ab, indem sie beide das Zögern und Zaudern zu einem politischen Gegenstand machen. Zu den Adressaten beider Kritiken gehören nicht mehr spezifische Individuen, sondern ganze Kollektive. Zögern und Zaudern stehen nicht mehr wie Hamlet ausserhalb des Politischen, vielmehr sind sie in diese Sphäre eingeschlossen worden. Doch worin besteht die Politizität des Zögerns? Was macht das Zögern und Zaudern am Anfang des 21. Jahrhunderts plötzlich politisch?

Das politische Moment des Zögerns macht sich in erster Linie in seinem *Zukunftsbezug* bemerkbar. Zwar hatte das Zögern immer schon einen Hang zum Aufschieben dessen, was auf das Zögern irgendwann mal zukommt, sprich: der Tod. Damit ist jedoch nur die existenziell-individuelle Zukunft umrissen, nicht aber die Zukunft als letztlich öffentlicher und fortwährend bedrohter Raum. Und auf diese Zukunft reagiert das Zögern als eine Politik in der Gegenwart: Es begegnet der Zukunft mit einem minutiösen «Gefahrensinn» und einer «Arithmetik, die vom Hundertsten ins Tausendste» (Vogl 2014, 108) kommt.

Das Zögern ist also eine Politik, die auf die Zukunft reagiert. Diese Eigenschaft teilt es mit einer Reihe anderer Chronopolitiken, die ihre Daseinsberechtigung ebenso wenig aus der Vergangenheit, ihren Traditionen, Narrativen oder Werten, sondern aus der Zukunft beziehen. Sie alle reagieren mit Entscheidungen heute schon auf Ereignisse, die noch nicht geschehen sind und in den meisten Fällen auch nicht geschehen sollen: Die nächste Finanzkrise, der nächste Terroranschlag, die Beschleunigung des Klimawandels oder künftige Epidemien. Besonders in den letzten beiden Jahrzehnten sind die politischen Forderungen fast explodiert, auf diese oder jene Krise aus der Zukunft möglichst rasch und, falls nötig, unter Umgehung zeitraubender konsultatorischer oder gar parlamentarischer Prozesse zu antworten.

2. Prävention, Präemption und Moration

Unter dem Schlagwort der *preparedness* finden sich inzwischen auch erste sozialwissenschaftliche Analysen, die sowohl eine Zunahme an Katastrophendiskursen als auch Veränderungen im politischen Umgang mit der Zukunft registrieren (Cooper 2008; Goede 2012; Opitz / Tellmann 2014). Im Zentrum dieser Untersuchungen steht zumeist die Chronopolitik der *Präemption* (Kaiser 2015b), für die der politische Wille kennzeichnend ist, angesichts einer künftigen Misere die Gegenwart drastisch zu verändern, zu reformieren, wenn nicht gar zu revolutionieren. Dieser Wunsch, die Gegenwart einer radikalen Kurskorrektur zu unterziehen, ist einer spezifischen Auffassung darüber geschuldet, wie die Gegenwart in die Zukunft mündet: Wenn nicht gehandelt wird, endet die Gegenwart, so die zugrunde liegende *idée fixe*, letztlich in einer Katastrophe. Es ist just diese Chronopolitik und die sie begleitende Epistemologie, die nicht nur an Joseph Vogls *Politiken der Schlagfertigkeit* erinnern, sondern in und nach den Nullerjahren ein politisches Klima der ständigen Alarmbereitschaft, wenn nicht des fortwährenden Ausnahmezustandes mitverantwortet haben.

> «In relation to terrorism, climate change and trans-species epidemics, acting in advance of the future is an integral, yet taken-for-granted, part of liberal-democratic life. [B]ombs are dropped, birds are tracked, and carbon is traded on the basis of what has not and may never happen: the future.» (Anderson 2010, 777).

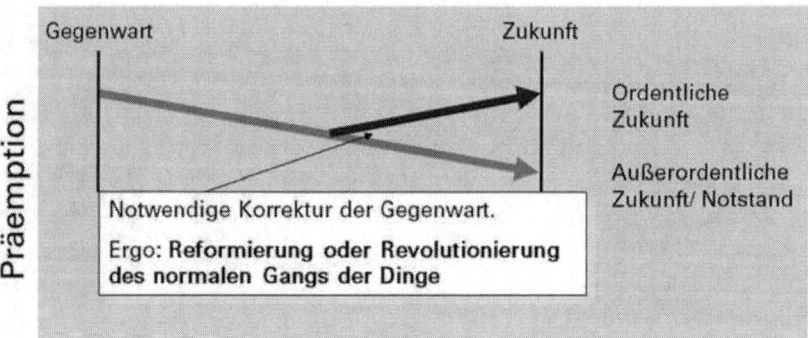

Abbildung 1: Präemption (grauer Pfeil: wenn nichts unternommen wird, endet die Gegenwart in der Katastrophe)

Älteren Datums hingegen ist die Chronopolitik der *Prävention*, die zwar wie jene der Präemption ebenfalls auf die Zukunft reagiert, doch hinsichtlich ihrer Mittel und ihres Modus, wie die Gegenwart zu kontrollieren sei, nahezu antagonistisch verfährt. Prävention will angesichts gefährlicher Zukünfte die Gegenwart nicht reformieren, sondern im Gegenteil: Sie will das Jetzt kanalisieren, normalisieren und konservieren. Diese Chronopolitik fusst auf dem Gedanken, wonach die Gegenwart nur dann in einer katastrophalen Zukunft ende, wenn das fragile Band zwischen Gegenwart und Zukunft durch einen Lapsus zerrissen wird. Wer präventiv denkt, will folglich andere davon abhalten, den ‹Rubikon zu überschreiten›, auf die ‹schiefe Ebene› zu geraten oder auf einer ‹slippery slope› auszurutschen.

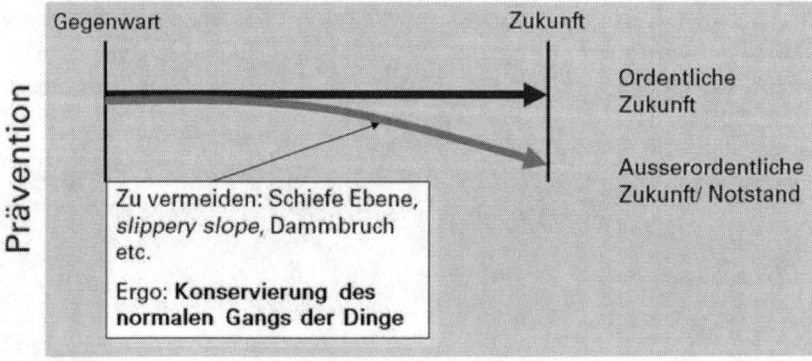

Abbildung 2: Prävention (grauer Pfeil: Nur wenn vom gewöhnlichen Pfad abgewichen wird, endet die Gegenwart in einer Katastrophe)

Zumindest mit Blick auf die Neuzeit müsste man eine Geschichte der Prävention etwa dort beginnen lassen, wo Michel Foucault (2006 [1977]) den Anfang der Biomacht ansetzt: Im 18. Jahrhundert, zu einem Zeitpunkt, an dem der Souverän allmählich aufhört, über den Tod seiner Untertanen zu gebieten, und anfängt, das gesunde Leben seiner Sprösslinge zu überwachen. Mit Blick auf das künftige Gedeihen ganzer Bevölkerungen kommt das individuelle Leben zunehmend unter einen Normalisierungs- und Konservierungsdruck. Allerdings gibt sich in dieser langen Tradition der Bevölkerungspflege die Prävention zunächst und vor allem als Sozial- oder, mit Foucault gesprochen: als Biopolitik zu erkennen. Als eigentliche Chronopolitik tritt sie deutlich später, erst in den Siebzigerjahren des vergangenen Jahrhunderts in Erscheinung. Erst hier finden sich Bezugnahmen zu der temporalen Abstraktion *Zukunft*. Als Seismograf für diesen Wandel lässt sich etwa die Technikkritik von Hans Jonas (vgl. hierzu Brocker in diesem Band) zitieren, die ihr gesamtes normatives Potenzial der Zukunft entnimmt. Technik wird also nicht für das zur Rechenschaft gezogen, was sie gegenwärtig *ist*, sondern für das, was sie sein *wird*. Und auf diese Zukunft der technischen Entwicklung gilt es heute schon eine politische Antwort zu finden. Jonas formuliert hierzu den ökologischen Imperativ, der die Chronopolitik der Prävention in fast kristalliner Weise zum Ausdruck bringt: Handle so, dass die Wirkungen deiner Handlung verträglich sind mit der Permanenz echten menschlichen Lebens auf Erden (Jonas 1979, 36).

Präventiv ist der Imperativ, da er noch damit rechnet, dass die Permanenz echten menschlichen Lebens sichergestellt ist, sofern sie sich nicht durch ein Überschreiten des Rubikons oder das Betreten einer *slippery slope* in ihr Gegenteil verkehrt. Wenngleich Jonas' Gebot das chronopolitische Räsonnement in seiner ganzen Dringlichkeit und Notwendigkeit vor Augen führt, sind wir aber immer noch Jahre von jener Alarmbereitschaft und Schlagfertigkeit entfernt, die für ein präemptives Reagieren auf künftige Notlagen charakteristisch sind und die nachhaltig zu einer Wahrnehmung der Gegenwart als Terrain der Reformierbarkeit, Intervenierbarkeit und Revidierbarkeit beigetragen haben.

Vielleicht betritt das Zögern gerade rechtzeitig noch diese chronopolitische Bühne, die *bis dato* von präventiven und zunehmend präemptiven Strategien bespielt worden ist. Denn obwohl das Zögern zutiefst von der Zukunft besessen ist und neurotisch, aber eben *nur* neurotisch auf sie reagiert, ist wahrscheinlich nur es in der Lage, die Logik des unmittelbar Bevorstehenden, des *imminent threat* zu suspendieren. Denn es paralysiert die Fasern, die vom entsprechenden Zukunftsreiz zur Gegenwartsentscheidung führen.

Hinter dieser motorischen Starre steckt keine dezisionistische Intention, wohl aber kreatives Kalkül. Das Zögern erklärt sich aus Hunderten, wenn nicht Tausenden von Gründen nicht dazu bereit, aus bestimmten Prämissen Schlüsse zu ziehen, die als Entscheidungen die Gegenwart verändern und als Folge hiervon noch verheerendere Zukünfte hereinbrechen lassen.

Im Gegensatz zu ihren Konkurrentinnen versucht eine Chronopolitik des Zögerns die Gegenwart nicht zu tangieren. Es reagiert auf katastrophale Zukünfte mit einer radikalen Absage an jede Dezision, an jede Entscheidung: Weder soll die Gegenwart wie im Fall der Prävention normalisiert und konserviert werden, noch soll sie revolutioniert und reformiert werden. Die Gegenwart, wie auch immer sie verfasst ist, soll bloss nicht durch eine Entscheidung angetastet werden. Denn wird sie verletzt – auch durch die kleinste Verordnung noch –, ereignet sich Zukunft als Effekt dieser Entscheidung. Mit anderen Worten: Das Zögern versucht, durch eine radikale Abstinenz gegenüber jeder Entscheidung die Gegenwart unendlich in die Länge zu ziehen, um ja nicht Zukunft über uns hereinbrechen zu lassen. Damit schenkt Zögern der Politik das kostbare Gut: *Zeit*.

Allerdings ist die gewonnene Zeit alles andere als leer und frei. Aufgrund der Zukunftsobsession des Zögerns ist sie eher als *rasender Stillstand* einzuschätzen, der aber dadurch, dass ‹es nicht weiter geht›, zwei Potenziale eröffnet, die in der Unmittelbarkeit der anderen Chronopolitiken notwendigerweise verschüttet gehen:

– Die erste Wahrscheinlichkeit besteht im Auffinden einer *Opposition gegen Oppositionen*. Damit ist eine nur durch Zeit zu gewinnende Distanzierung gegenüber Alternativen zu verstehen, die es angeblich zu entscheiden gilt. Das *experimentum crucis* ist hier die Frage von Carl Schmitt: *Christus oder Barabbas*. Gerade weil hier das Zögern zögern muss, beantwortet es die Frage in allen moralischen, ethischen und politischen Hinsichten korrekt, nämlich: gar nicht. Das Zögern delegitimiert gewissermassen die Frage als falsche Opposition, welche Gründe es auch immer dafür haben mag. Vielleicht bringt die enigmatische Formel *I would prefer not to* aus Herman Melvilles «Bartleby» die zögernde Verweigerung adäquat auf den Punkt. Denn die Aussage *Ich möchte lieber nicht* hat eine so freie und ungezwungene Referenz, dass sie sich nahezu auf jede Facette der Schmitt'schen Frage beziehen kann: ‹Nein, ich möchte die Frage lieber nicht beantworten›; ‹Nein, ich möchte mit der Frage lieber nichts zu tun haben›; ‹Nein, ich möchte lieber nicht derjenige sein, an den sich die Frage richtet›; ‹Nein, ich möchte lieber, dass die Frage gar nicht existiert›.

– Die zweite Möglichkeit besteht in der *Serendipität* des Zögerns. Da das Zögern die Linearität von künftiger Krise und gegenwärtiger Entscheidung zu unterbrechen und dazwischen einen Sinnraum zu öffnen vermag, der Suchbewegungen in jedwede Richtung erlaubt, erhöht sich die Wahrscheinlichkeit für überraschende Lösungen. Bedingung dafür aber ist eine zwar minutiöse, aber nicht handlungsanleitende Vorbereitung auf die Zukunft und all ihre Eventualitäten – eine Vorbereitung, die das epistemische Fundament bildet, mit dem nur Überraschungen als solche überhaupt erkannt werden können. *Der Zufall begünstigt den vorbereiteten Geist*, wie Louis Pasteur schon wusste.

Es wäre vermessen, diese beiden glücklichen Potenziale von einer Chronopolitik des Zögerns einzufordern. Letztlich können wir auf sie nur vertrauen und hoffen. Doch gilt das *tel quel* für die anderen Chronopolitiken, deren Entscheidungsausgang und besonders deren Auswirkungen auf die Gegenwart vor ihrer Inbetriebnahme mindestens so opak bleiben.

Um die politische Signifikanz des Zögerns zu präzisieren, bedarf es einer Unterscheidung zwischen einem individuellen Zögern, das zur *conditio humana* eines jeden Subjekt gehört, und einem politischen Zögern, das die *res publica* bereichern will. Letzteres ist auf den Namen *Moration,* in Anlehnung an das lateinische *morari* (säumen, zögern), zu taufen. Der Sinn dieser Differenzierung liegt in der Konturierung des Zögerns als distinkter Politik bzw. Chronopolitik, mit der das öffentliche Zaudern eine Gestalt erlangt, die es vom Nullpunkt politischen Handelns abhebt. Politik und Massenmedien üben sich fast täglich in der Gleichsetzung einer zögerlichen Haltung mit Entscheidungs- und Handlungsschwäche. Indem wir dem Zögern aber einen Namen geben, kann seiner Diffamierung als Residualkategorie der Politik ein akzentuierter Deliberationstypus entgegen gehalten werden.

Ganz nebenbei lässt sich so die Chronopolitik der Moration vom politischen Instrument des Moratoriums abgrenzen, das zwar einen verwandten Namen trägt, doch mit dem Zögern und Säumen nur wenig gemein hat. Denn Sinn und Zweck eines Moratoriums besteht im Stoppen oder Aussetzen einer Entwicklung, die bereits im Gange ist. Damit entscheidet ein Moratorium genauso wie die Prävention oder die Präemption über die Gegenwart, die es mit diesem Mittel der angeblichen Verzögerung ganz unter seine Kontrolle zu bringen sucht.[1]

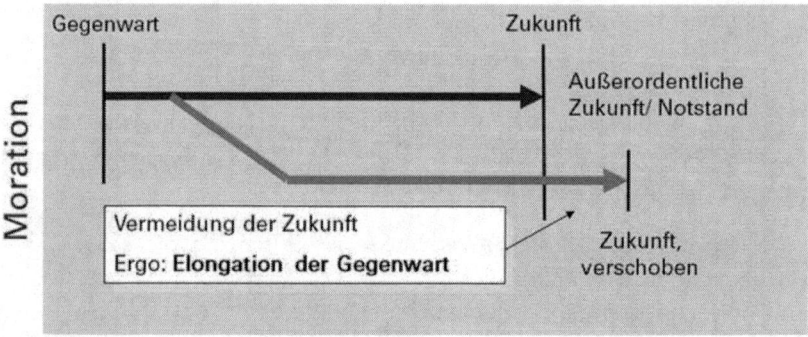

Abbildung 3: Moration (Die künftige Katastrophe wird nicht gelöst, sondern hinausgezögert)

Bevor das Zögern als Chronopolitik weiter vertieft und anhand eines kleinen Fallbeispiels aus dem Feld der Wissenschafts- und Technologiepolitik exemplifiziert werden soll, ist vorerst der Begriff der Chronopolitik zu entfalten. Zu diesem Zweck ist nochmals die Frage zu vergegenwärtigen, auf die alle Chronopolitiken unterschiedliche Antworten geben: *Wie sollen wir auf unliebsame Zukünfte in der Gegenwart reagieren?*

Die Frage, so gestellt, wartet mit der Zumutung auf, wonach künftige Katastrophen etwas *sind*, auf das wir reagieren können. Damit stellt sie die üblichen ontologischen Grundannahmen auf den Kopf. Denn normalerweise

---

[1] Ein Moratorium kann entsprechend aus präventiven oder präemptiven Gründen lanciert werden. Das wohl jüngste Beispiel für ein Moratorium ist die von der Deutschen Regierung 2011 getroffene Entscheidung, sämtliche Atomkraftwerke einer Sicherheitsprüfung zu unterziehen und die sieben ältesten Kraftwerke drei Monate lang stillzulegen. Anlass für diese als «Atom-Moratorium» bezeichnete Verfügung war die Fukushima-Katastrophe drei Tage zuvor. Auf den zweiten Blick erweist sich das Atom-Moratorium als präemptive Massnahme und gerade nicht als Exemplar einer Chronopolitik des Zögerns. Um es mit Vogl auszudrücken: Die von der Merkel-Regierung angeordnete Sicherheitsüberprüfung sowie Stilllegung von einzelnen Atommeilern reiht sich trotz der Moratoriums-Etikette ins Arsenal von Politiken der Schlagfertigkeit ein. Mehr noch: Merkels Entscheidung weist Eigenschaften auf, die typisch für Präemption sind. Erstens der Zeitdruck: ‹Wenn nicht möglichst rasch gehandelt wird, gibt es eine Katastrophe›. Zweitens die reformierende Absicht: ‹Wir müssen sofort die Gegenwart reformieren›. Drittens der Handlungscharakter: ‹Wir müssen proaktiv (und nicht etwa abwägend) vorgehen›.

gilt uns die Gegenwart als Hort der Wirklichkeit oder als *locus of reality* (Mead 1959) und die Zukunft als das Imaginäre, Fiktionale oder Extrapolierte – als das, was eben noch nicht wirklich ist. Die chronopolitische Frage invertiert diese Selbstverständlichkeit, indem sie unliebsame Zukünfte gewissermassen zu *future facts* härtet und die Gegenwart in einen flexiblen Ort der Intervention und der Kontingenz umdeutet.

Dennoch: Es gibt theoretische Optionen, mit denen sich die chronopolitische Frage zumindest als philosophisch legitime Frage stellen lässt. Vorwiegend sind es zwei Denkfiguren, die in ziemlich fundamentalen Differenzen zum Ausdruck kommen – Differenzen, die überdies eine fragwürdige Provenienz aufweisen. Zum einen ist das Theorem der politischen Differenz zu bemühen, das einen Unterschied zwischen der Politik und dem Politischen macht. Die Unterscheidung geht ausgerechnet auf Carl Schmitt, den Kronjuristen des Dritten Reiches zurück. Allerdings kommt sie derzeit auch bei Denkerinnen und Denkern wieder zum Einsatz, die sich in maximaler Distanz zu Schmitt wähnen. Zum anderen ist mithilfe einer Denkfigur von Martin Heidegger ein kategorischer Unterschied zwischen der Zukunft und der Gegenwart zu ziehen. Gegenwärtige Chronopolitiken lassen sich nur unzureichend verstehen, wenn die Zukunft weiterhin nur als Verlängerung oder Extrapolation der Gegenwart infrage kommt. Der Zukunft muss, wenn auch vorsichtig, ein eigenständiger und nicht nur aus der Gegenwart abgeleiteter Status zuerkannt werden. Mithilfe beider Differenzen lässt sich die chronopolitische Differenz gewinnen, die zwischen dem *Politischen der Zukunft* und den *Politiken der Gegenwart* unterscheidet. Chronopolitik ist folglich die Antwort auf die Frage, wie auf das Politische der Zukunft mit den Politiken der Gegenwart reagiert werden soll.

3. Die politische Differenz: Das Politische und die Politik

Seit geraumer Zeit wird auch im deutschsprachigen Raum wieder verstärkt über *das Politische* nachgedacht. Ein Kernanliegen dieses Denkens besteht in einer grundsätzlichen Kritik ganz mundaner Politiken wie Wirtschafts-, Gesellschafts- oder Gesundheitspolitik. Ihnen wird aber nicht etwa vorgehalten, sie seien sachlich unangemessen, sie basieren auf falschen Entscheidungsfindungsprozessen oder mangelndem Rückhalt in der Bevölkerung. Bei der Kritik geht es um mehr: Vermisst wird nicht weniger als ‹das Politische› an diesen Politiken.

Was ist damit gemeint? Chantal Mouffe (2007) etwa räumt in ihrem kurzen Traktat «Über das Politische» ein, die Politik sei von Ethik nicht mehr zu unterscheiden und lasse gerade darin politische Substanz vermissen. Rationale Konsensfindung und deliberatives Abwägen von Argumenten führe, so Mouffe, zu einer Politik, der es an Differenzen fehle. Das Politische finde erst wieder seinen angemessenen Platz, wenn sich Vertreter nicht mehr als zivilgesellschaftliche Partner, sondern als veritable Gegner gegenüberstünden. Ein paar Jahre früher haben Philippe Lacoue-Labarthe und Jean Luc Nancy ebenfalls einen Verlust des Politischen ausgemacht – und dies ausgerechnet zu einem Zeitpunkt, an dem den beiden Philosophen zufolge alles politisch geworden sei (Lacoue-Labarthe / Nancy 1997). Jedwede Problemlage, jedwede Unsicherheit werde als politisches Problem angesehen, das sich mithilfe von Management, Taktiken oder Sozialtechniken lösen lasse. Politische Fragen werden nicht als solche behandelt, sondern stets als Fragen nach den adäquaten ökonomischen, technologischen oder kulturellen Mitteln angesehen, mit denen das Problem gleichsam beseitigt werde. Politische Fragen seien keine lösbaren Probleme, so Lacoue-Labarthe und Nancy verkürzt zusammengefasst, sondern Fragen, die allererst gestellt werden müssen.

Als stille Patin für diese und ähnliche Diagnosen eines Verlustes des Politischen steht Hannah Arendt. In «Vita activa oder vom tätigen Leben» aus dem Jahr 1960 registriert sie bereits eine Entfremdung vom Politischen, da das Subjekt sich aufgrund der «radikalen Subjektivität seines Gefühlslebens» (Arendt 1981, 49) in endlose *innere*, statt *öffentliche* und damit politische Konflikte verstricke. Diese Verinnerlichung von grundsätzlich politischen Spannungen führe letztlich nicht nur zu einer politischen Vereinzelung des Subjekts, sondern auch zu einer Nivellierung aller Menschen und Klassen in einer Massengesellschaft, für die die Bürokratie die alles gleichermassen verwaltende Herrschaftsform geworden ist.

Fast alle rezenten Versuche, das Politische zu rehabilitieren, schliessen ausgerechnet an Carl Schmitts Unterscheidung zwischen der Politik und dem Politischen an. Auch Schmitt war 1932 daran gelegen, das Politische gegenüber allzu vergesellschafteten Formen von Politik in Schutz zu nehmen: «Das Politische muss deshalb in eigenen letzten Unterscheidungen liegen» (Schmitt 1979, 26) Bekanntlich ist es die Differenz von Freund und Feind, mit der Schmitt den Bereich des Politischen gegenüber der alltäglichen Politik auszugrenzen suchte.

Bereits in seiner «Politischen Theologie» von 1922 wandte sich Schmitt gegen einen politischen Liberalismus, der den Staat aus dem Recht und das Recht aus dem Rechtsgefühl oder dem Rechtsbewusstsein seiner Bürger ableitet. Denn diesem Rechtsbewusstsein entspreche nur ein vages Gefühl von Presse- und Redefreiheit – Freiheiten, die zu gerne in Anspruch genommen werden, um ein politisches Problem in Diskussionen zu vernichten, anstatt es mit einer Entscheidung zu lösen. Konfrontiert mit der Frage: *Christus oder Barabbas?* würde daher der Liberalismus «mit einem Vertagungsantrag oder der Einsetzung einer Untersuchungskommission [...] antworten» (Schmitt 2009, 66).

Die Vermeidung von Entscheidungen durch Diskussionen führt laut Schmitt zu einer Vernichtung des Politischen. Denn der Liberalismus muss sich die Frage gefallen lassen, ob sein *modus operandi* überhaupt noch in der Lage ist, sachlich adäquat auf die «Sachlichkeit des wirtschaftlichen Lebens» zu reagieren. Die Zweifel daran befördern eine Form der Techno- oder Soziokratie, in der es «nur noch organisatorisch-technische und ökonomisch-soziologische Aufgaben, aber keine politischen Probleme mehr geben [darf]» (Schmitt 2009, 68). Vor diesen Hintergrund versucht er bereits 1922, das Politische nicht mehr aus dem Staat bzw. der real existierenden Politik abzuleiten, sondern umgekehrt: In Anlehnung an Hobbes soll der Staat wieder von der Definition des Politischen bzw. von der politischen Entscheidung her gedacht, belebt und begründet werden. Zehn Jahre später spitzt sich dieses Anliegen im ersten Satz von Schmitts *Begriff des Politischen* zu: «Der Begriff des Staates setzt den Begriff des Politischen voraus» (Schmitt 1979, 20).

Fast ausnahmslos stimmen alle jüngeren Bestrebungen, das Politische neu zu denken, Schmitts Befund einer Vernichtung des Politischen durch das Soziale oder Technische zu. Trotz dieser diagnostischen Übereinkunft versuchen sie, sich theoretisch von der verhängnisvollen Denktradition Schmitts abzusetzen. Sie denken gleichsam *mit Schmitt gegen Schmitt* an. Konkret: Die Unterscheidung zwischen Politik und dem Politischen wird zwar übernommen, ohne aber das Politische in der Freund-Feind-Unterscheidung aufgehen zu lassen. Darüber hinaus wird die politische Differenz dynamisiert und temporalisiert. Was jeweils historisch dem Politischen und was den Politiken entspricht, das wird als variabel gedacht.

Folgt man Oliver Marchart (2007; 2010), verstehen sich die neuen Theorien des Politischen in Abgrenzung zu Schmitts Wesensbestimmung eben nicht mehr als essentialistische Versuche, das Politische ein für alle Mal zu fixieren und zu stabilisieren, sondern als dezidiert post-fundamentistische bzw. poststrukturalistische Ansätze, die Differenz zwischen Politik und dem Politischen zu historisieren. Am Beispiel von Chantal Mouffe lässt sich dieses Bemühen gut illustrieren: Aufgrund ihrer Kritik postpolitischer Verhältnisse, die die Politik auf Ethik oder Zivilgesellschaft reduzieren, möchte sie weiterhin an den Widerstreit zwischen Freund und Feind erinnern – unter der historischen Massgabe jedoch, dass er sich inzwischen von einem Antagonismus der Feindschaft in einen Agonismus der Gegnerschaft gewandelt hat (Mouffe 2007, 29ff.). Gerade für die Linke wünscht sie sich die differenzierte Konstruktion von Gegnern, die mit Argumenten bekämpft, nicht aber an Runden Tischen oder *good governance-events* auf Kosten des eigenen Profils pazifiziert werden.

Giorgio Agambens Auseinandersetzung mit Schmitt wiederum affirmiert dessen Diagnose – allerdings mit dem alles entscheidenden Zusatz, dass Schmitts Denken sich historisch inzwischen befreit habe: Der Ausnahmezustand (Agamben 2004), in dem das Politische sich von aller Rechtsordnung, von parlamentarischen Diskussionen und entschleunigender Verwaltungstätigkeit absetze, sei zur Regel geworden. Die Schaffung von Räumen wie in Guantanamo, in denen Gefangene ohne Rechte, wie sie in ihnen in Gefängnissen, nicht aber in Lagern zukommen, gehalten werden, ist für Agamben Indiz für die traurige Herrschaft des Politischen über die Politik und damit über das Recht. Freilich geht auch Agamben im Anschluss an Walter Benjamins achter These «Über den Begriff der Geschichte» davon aus, dass der Ausnahmezustand in einer spezifischen Tradition zur Regel geworden, nicht aber notwendigerweise immer schon die Regel gewesen ist (Agamben 2004, 102ff.).

Carls Schmitts Unterscheidung zwischen dem Politischen und der Politik leitet offensichtlich seit mehreren Jahren ein Denken des Politischen an, das Schmitt als Denker zu rehabilitieren, als Kronjuristen des Dritten Reiches hingegen mehr denn je zu diskreditieren sucht. Bewerkstelligt wird dieser Hochseilakt zumeist mit der Anerkennung der politischen Differenz einerseits, der Kritik der Differenz als einer elementaren, unveränderlichen und essenziellen Unterscheidung andererseits. Judith Butlers Formulierung von *contingent foundations* vermag wie kaum eine andere diesem ambivalenten Anliegen Ausdruck zu verleihen (Butler 1992): Eine Ontologie des Politischen ist willkommen, sofern sie als Differenz zwischen dem Politischen und Politiken verstanden und als historisches Geschehen gedacht wird. Abzulehnen hingegen ist eine Ontologie, wenn sie in einer letzten Unterscheidung oder einer letzten Tatsache wie in Schmitts Unterscheidung von Freund und Feind stabilisiert wird.

Konkret interessiert mich Schmitts politische Differenz aufgrund ihrer philosophischen Aufforderung, die Welt der politischen Erscheinungen bzw. die Welt der Politiken nach Mustern abzusuchen, die der immanent politischen Heterogenität, Komplexität und Varietät einen Anstrich von transzendenter Intelligibilität verleihen mögen. Anders ausgedrückt: Die Unterscheidung zwischen der Politik und dem Politischen erlaubt es, sich einerseits empirisch mit gegenwärtigen Formen von Politik auseinanderzusetzen, andererseits die theoretische Frage wachzuhalten, was diesen konkreten Politiken zugrunde liegt. Auf welches substanzielle Problem reagieren die jeweiligen Politiken? Welcher gemeinsame Fokus liegt ihnen zugrunde? Welchem übergreifenden Dispositiv verdanken sie sich? Die politische Differenz hält dazu an, sich im Dickicht der Politiken auch immer nach einem sie organisierenden Prinzip umzusehen.

Seit wenigen Jahrzehnten gibt es gute Gründe, nach dem Politischen nicht mehr nur in der sozialen Sphäre, in der die Freund-Feind-Unterscheidung oder der Klassenkampf sich einfinden, oder in der sachlichen Dimension, in der seit geraumer Zeit der Begriff des Lebens zur Grundlage von immer mehr Biopolitiken wird, Ausschau zu halten. Seitdem Paul Virilio erstmals den Begriff der Chronopolitik (1980; 1991, 120ff.) bemüht hat, um die Politik des Kalten Krieges als einen Kampf um die Ressource Zeit zu charakterisieren – einen Kampf, der jenen um den Raum bzw. das Territorium abgelöst hat, lohnen sich Nachfragen auch in der zeitlichen Dimension. Dies umso mehr, als in Virilios Diagnosen der stupende politische Druck noch nicht zur Sprache kommt, den derzeit die Zukunft auf die Gegenwart ausübt und hier die Politiken zu immer neuen Manövern veranlasst, auf künftige Katastrophen zu reagieren:

- Die Gesundheitspolitik, die auf Zukunftsszenarien einer übergewichtigen Bevölkerung heute schon präventiv reagiert.
- Die Bevölkerungspolitik, die angesichts eines überalterten Europa von morgen (Stichwort: Eurosklerose) jetzt schon Verjüngungsmassnahmen ergreift.
- Die Wirtschaftspolitik, die in ständiger Angst vor Blasen und Kollapsen unablässig auf die jüngsten Prognosen wie ein Schiff im Sturm reagiert.

So divers die Gegenstände der politischen Regulierung auch sein mögen, die Strategien, mit denen auf die Zukunft reagiert wird, sind endlich: Prävention, Präemption und Moration.

Die politische Differenz zwischen dem Politischen und der Politik macht es endlich möglich, den Begriff der Chronopolitik über seine zeitdiagnostische Anschaulichkeit hinaus mit Unterschieden anzureichern, die dem Begriff etwas mehr Kontur, wenn nicht Substanz geben. Dies gelingt, sobald wir die politische Differenz mit der zeitlichen Differenz von Zukunft und Gegenwart zusammenbringen: *Das Politische ist die Zukunft, auf das gegenwärtige Politiken reagieren.*

4. Die chronologische Differenz: Zukunft und Gegenwart

Die Zukunft als das Politische vorauszusetzen, auf das die Politiken der Gegenwart reagieren, ist, milde gesagt, voraussetzungsreich. Schliesslich verletzt die These einerseits das Kausalitätsgebot, wonach künftige Ereignisse keine Auswirkungen auf vergangene oder gegenwärtige Begebenheiten haben können.[2] Doch da wir unablässig auf künftige Katastrophen reagieren, stellen wir alle mit unseren Handlungen die kausale Asymmetrie zwischen Zukunft und Gegenwart fast tagtäglich auf den Kopf. Andererseits dreht die These die übliche Chronologie von Gegenwart und Zukunft um. Die Zukunft ist keine *Abstraktion*, *Extrapolation* oder *Elongation* der Gegenwart mehr, sondern eine spezifische Realität, die sich von der Gegenwart emanzipiert hat. Die Gegenwart ihrerseits ist ein Effekt unserer Vorbereitungen auf die Zukunft.

Trotz diesen Zumutungen macht es Sinn, die Zukunft als das Politische zu rahmen – auch zeitdiagnostisch. Mit einem kritischen Seitenblick auf ausgewählte Gegenwartsdiagnosen stellt sich wahrlich die Frage, ob diese weiterhin die ambivalenten Effekte einer Befreiung von den grossen Erzählungen der Vergangenheit iterieren und mit immer neuen Namen für gesellschaftliche Kontingenz belegen können (Multioptionalisierung, Neue Unübersichtlichkeit, Zweite Moderne usw.). Indizien wie ständig drohende Finanzkrisen, potenzielle Terrorbedrohungen oder die Ausbreitung von noch unbekannten Krankheitserregern nähren den Verdacht, dass die neuen *métarécits* uns tatsächlich nicht mehr über die Vergangenheit, wohl aber über die Zukunft erreichen. Sie sind die neuen Alternativlosigkeiten, auf die wir zeitnah, proaktiv, flexibel und kreativ zu reagieren haben.

Zugegeben, dies sind dramatisierende Bemerkungen, die primär nicht unsere Zeit angemessen auf den Punkt bringen, sondern den Bedarf nach Begriffen deutlich machen wollen, die in der Lage sind, die Zukunft *so* oder ähnlich zu denken. Viele sozialwissenschaftliche Ansätze versagen bei dieser Aufgabe, da sie zu sehr einem szientistischen Präsentismus verpflichtet sind, der die Zukunft auf gegenwärtige Entitäten reduziert. Der Zukunft ist es nur erlaubt zu existieren, wenn sie in gegenwärtigen (oder vergangenen) Vorstellungen, Bildern, Diskursen, Intentionen oder Kommunikationen verpackt auftaucht. In ständiger Sorge, sie könnten in eine pseudowissenschaftliche

---

2 Die Frage, ob eine *backward causation* überhaupt denkbar ist, gemäss welcher die Wirkung ihrer Ursache vorausläuft, ist erst in jüngerer Zeit gestellt und diskutiert worden. Wahrscheinlich war Michael Dummett der erste Philosoph, der über eine solche Möglichkeit nachgedacht (Dummett 1954) und sie zur Diskussion gestellt hat (Black 1956).

Futurologie abgleiten, lassen solche Analysen einzig die Gegenwart als *locus of reality* (Mead 1959) gelten. Doch damit eliminieren sie, wie Barbara Adam (2005) kritisch einwendet, gerade den Gegenstand, der den Analysen ihre *raison d'être* verleiht. Der Zukunft bleibt untersagt, als solche mit ihren spezifischen Qualitäten in Erscheinung zu treten: Ihre *Futurität* löst sich in Aktualität auf.

Orientiert man sich hingegen an einer Denkfigur, als deren Urheber Martin Heidegger zwar zählen darf, die aber später von Jacques Derrida oder Michel Foucault grundlegend überarbeitet worden ist, eröffnen sich jenseits von Futurologie und Präsentismus Denkbarkeiten, die der eigentümlichen Affordanz und normativen Kraft der Zukunft eher gerecht werden. Sie fordert aber dazu auf, das Kontinuum *von der Gegenwart in die Zukunft* zu suspendieren.

Mit der fraglichen Figur lässt sich eine *negative Essenz* der Zukunft denken, der ontisch gerade kein Ding entspricht, das sich irgendwie identifizieren und auffinden lässt. Ontologisch allerdings ist die Zukunft alles andere als abwesend. Sie mag zwar wie der Horizont, der sich beim Nähern immer weiter hinausschiebt, unauffindbar sein – und trotzdem spielt sie die Rolle eines Grundes oder Fundaments, das unseren Vorstellungen von und Plänen für die Zukunft allererst einen Sinn verleiht.

Heidegger selbst gelangte zu diesem paradox anmutenden Theorem infolge seiner Kritik an der abendländischen Metaphysik. Seit Platon habe diese versucht, das Sein als *ousía* oder Substanz zu denken, hierbei aber das Sein immer aus dem Seienden abgeleitet – und nicht aus sich selbst. Die Ideen Platons, die Kategorien Aristoteles, die Universalien der Scholastik oder die Transzendentalien Kants – sie alle sind Abstraktionen, Verallgemeinerungen oder Idealisierungen, die den alltäglichen Dingen abgewonnen werden. Das Sein, so der Vorwurf, war in der abendländischen Metaphysik immer schon auf das Seiende angewiesen, um existieren zu können. Das metaphysische Denken habe seit Platons Höhlengleichnis immer die gleiche Richtung eingeschlagen: *vom Seienden zum Sein.* Dadurch habe sie ein Sein verkannt, vergessen oder verpasst, das letztlich immer schon unhinterfragt da war: unser eigenes Dasein. Schon bald nach dieser Lehre aus «Sein und Zeit» (2001 [1927]) beginnt Heidegger, das Sein von der menschlichen Existenz zu entkoppeln. Nach seiner Freiburger Antrittsvorlesung «Was ist Metaphysik?» (1978 [1929]) geht er schrittweise[3] das Projekt an, die Verkennung des Seins

---

3 Dem eigentlichen Vorlesungstext folgen 1943 ein Nachwort, 1949 eine Einleitung. 1947 erscheint Heideggers *Brief über den Humanismus*, der besonders in Frankreich eine zweite

bzw. des Menschen in der Geschichte des Abendlandes ontologisch zu korrelieren bzw. zu essenzialisieren. Die These: Platon u. a. haben das Sein deshalb übersehen und vergessen, weil das Sein sich selbst aus der Geschichte gestohlen und eine Leere hinterlassen habe. In aller Kürze: «Mit dem Sein [bzw. dem Menschen] ist es nichts» (Heidegger 2003, 239 [1943]).

Unter der Massgabe, dass das Argumentationsnarrativ erhalten, die Rede von Sein und Seiendes ins Antiquariat gebracht wird, ist Heideggers These von der Seinsverlassenheit bzw. von der negativen Existenz u. a. in der französischen Auseinandersetzung mit dem Strukturalismus rezipiert worden. Derridas Lektüre von Claude Lévi-Strauss etwa bedient sich dieser Denkfigur, wenn sie einwendet, der Strukturalismus sei eben nicht, wie behauptet, imstande, anhand *endlicher* Regeln die Existenz *unendlich* vieler Mythen zu erklären. Denn dem Feld der Mythen fehle ein «Zentrum, das das Spiel der Substitutionen aufhält und begründet». Das Feld wird nicht durch etwas Transzendentales, etwa das Inzestverbot, stabilisiert und bis in die empirische Unendlichkeit hin kontrolliert. Die Unendlichkeit des Feldes beruht vielmehr auf einem *Mangel*, auf einer *Leerstelle* und einer *Abwesenheit*, die allererst das Spiel von unendlichen Substitutionen möglich machen:

> Wollte man sich des Wortes bedienen, [...] könnte man sagen, dass diese Bewegung des Spiels, die durch den Mangel, die Abwesenheit eines Zentrums oder eines Ursprungs möglich wird, die Bewegung der Supplementarität (*supplémentarité*) ist. Man kann das Zentrum nicht bestimmen und die Totalisierung nicht ausschöpfen, weil das Zeichen, welches das Zentrum ersetzt, es supplementiert, in seiner Abwesenheit seinen Platz hält [...] (Derrida 1994, 437)

Die Idee einer produktiven Abwesenheit oder einer fruchtbaren Leere, die uns fortwährend gefangen hält, den abwesenden Grund mit immer neuen Versuchen zu füllen und zu grundieren, lässt sich strukturanalog auf die Zukunft anwenden.[4] Die Zukunft markiert die «Abwesenheit des transzendentalen Signifikats» (Derrida 1994, 424). Sie ist der abwesende Grund für all unsere Bemühungen,

---

Welle der Heideggerrezeption u. a. bei Foucault, Derrida und Lyotard anstossen wird. Hierin formuliert Heidegger vor grösserem Publikum erstmals seine Abkehr von der Bewusstseinsphilosophie, die noch im ursprünglichen Vorlesungstext von *Was ist Metaphysik?* enthalten war. Die Einleitung zu diesem Text vollzieht die im *Brief* vorweggenommene Korrelation von Seinsvergessenheit und Seinsverlassenheit.

4   Ernesto Laclau und Chantal Mouffe hingegen verwenden das Argument, um eine produktive, gleichwohl abwesende Essenz des Sozialen zu konstatieren. In ihrer Diskurs- und Demokratietheorie begreifen sie Versuche, das Soziale *in toto* mit Begriffen wie *Gesellschaft*,

- sie einerseits mit immer neuen Methoden abzuschätzen und zu prognostizieren,
- auf sie andererseits mit immer neuen Taktiken und Strategien politisch zu reagieren.

Mehr noch als bei Derrida ist in Heideggers Version des Arguments ein Narrativ enthalten, das eine Verzeitlichung oder Historisierung dieser negativen Zukunft möglich macht. Bei Heidegger führte das Narrativ zu einer Temporalisierung der Metaphysik im Sinn einer Seinsgeschichte, bei Michel Foucault letztlich zu einer Geschichte der Macht.[5] Hier soll die *Historisierung des Seins* eine Historisierung der Zukunft zumindest inspirieren.

Eine derartig philosophisch deduzierte Geschichte kann und will nicht in Konkurrenz zu einer ernsthaften Geschichtsschreibung der Zukunft (vgl. Hölscher 1999) treten. Sie bleibt eine historische Skizze – ohne entsprechendes Kontingenzbewusstsein. Behauptet wird, dass zu einem frühen Zeitpunkt die Zukunft tatsächlich aus der Gegenwart mithilfe von Idealisierungen und Abstraktionen hervorgegangen ist. Sie haben den Erwartungshorizont (Koselleck 2006, 349–375) der Zukunft zwar immens ausgedehnt, ihn aber als Horizont der Gegenwart letztlich an das Hier und Jetzt immer noch zurückgebunden. Die Zukunft ist und bleibt vorerst eine Erweiterung, Überhöhung, Verlängerung oder Abstraktion der Gegenwart.

Wenigstens für viele Geschichtsphilosophien der Aufklärung scheint diese Behauptung zuzutreffen. Bei Kant etwa dehnt sich die Gegenwart in eine bessere Zukunft aus, an deren Ende die weltbürgerliche Gesellschaft steht. Im achten Satz seiner «Idee zu einer allgemeinen Geschichte in weltbürgerlicher Absicht» (Kant 1784) mündet die fortlaufende Aufklärung der Bürger notgedrungen in einem Staatsvertrag, der die bürgerliche Gesellschaft, die keimend bereits in der Gegenwart angelegt ist, entfristet. Ähnlich verlängert auch Hegel (1994 [1822ff.]) seine Geschichte von der Vergangenheit über die Gegenwart in die Zukunft, in der sich die göttliche, absolute

---

Gemeinschaft, *Bevölkerung* und anderen Termini für soziale Ganzheiten zu belegen, letztlich als hegemoniale Unternehmungen, die radikale «Offenheit des Sozialen» bzw. seine «negative Essenz» (Laclau / Mouffe 1991) zu verkennen. Obwohl alle solchen Bemühungen letztlich vergeblich sind, lädt diese Abwesenheit uns immer wieder dazu ein, das leere Zentrum zu signifizieren und zu besetzen.

5 Vgl. zu dieser Fortschreibung von Heideggers Seinsgeschichte in Foucaults Diskursanalyse: Peter Bürger (2000), Martin Saar (2003) oder den Sammelband zu diesem Thema von Milchman / Rosenberg (2003), darin besonders den Aufsatz von Hubert L. Dreyfus «Being and Power Revisited».

Vernunft gleichsam von selbst durchsetzen werde. Und schliesslich wird auch der Eintritt einer klassenlosen Gesellschaft nicht als plötzliches Ereignis, sondern als Ergebnis einer Gegenwart angesehen, in der diese Lösung als Überwindung des historischen Antagonismus des Klassenkampfes schon angelegt ist. In seiner Vorrede zur englischen Ausgabe des «Manifestes der Kommunistischen Partei» meint Engels noch, dass dieser geschichtsphilosophische Gedanke «berufen ist, für die Geschichtswissenschaft denselben Fortschritt zu begründen, den Darwins Theorie für die Naturwissenschaft begründet hat» (Engels 1962).

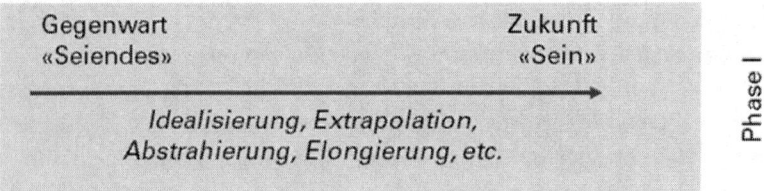

Abbildung 4: Die Zukunft von der Gegenwart aus gedacht.

Um Heideggers Narrativ weiter zu folgen, hiesse es nun zu zeigen, wie das durch Abstraktion, Extrapolation oder Idealisierung hergestellte Kontinuum von der Gegenwart in die Zukunft derartigen Schaden nimmt, dass die Zukunft sich von der Gegenwart löst und sich anschickt, als abwesender Grund oder negative Essenz temporale Kausalitäten zu verändern.

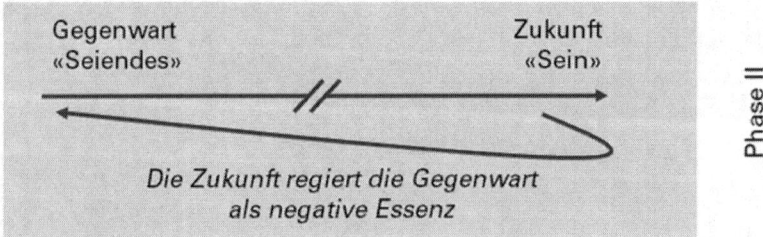

Abbildung 5: Die Zukunft bestimmt oder regiert die Gegenwart.

Nun, wer sich von einer derartigen Geschichtsbiegung im Namen eines philosophischen Arguments nicht schrecken lässt, und immer noch gewillt ist, die Geschichte der Zukunft im 20. Jahrhundert im Lichte der These einer negativen Essenz zu rekonstruieren, kommt dem Befund einer *Zukunftsverlassenheit* erstaunlich nahe:

Erstens verlängern die Dystopien die Gegenwart nicht mehr in eine Zukunft, in der die Menschen wie von selbst in einem glücklich machenden Staatsvertrag oder in einer klassenlosen Kaste ihren Platz finden. Im Gegenteil: Die Gegenwart endet in einer Zukunft, in der die Subjekte gegen ihren Willen gezwungen werden, sich dem grossen Zukunftsplan unterzuordnen – koste es ihre Zukunft bzw. ihr Leben. Die Zukunft als motivationale Ressource wird zunehmend prekär. Dafür spricht ausserdem, dass viele der Dystopien widerständige Menschen wie Winston Smith in «1984» zeichnen, deren Renitenz nicht nur eine politische, sondern auch eine chronologische ist: Ihre Sehnsüchte zielen nicht mehr in die Zukunft, sondern in die Vergangenheit. Ihre Nostalgien lesen sich wie die Vorboten einer *backward causation*.

Zweitens mehren sich seit den 1970er Jahren Diskurse, die eine Elongation der Gegenwart in die Zukunft dadurch begrenzen, dass sie letztere eben nicht mehr für unendlich verlängerbar und ausbeutbar halten. Der berühmte Bericht zuhanden des *Club of Rome* (Meadows u. a. 1972) sorgte auch deshalb für Aufregung, weil er nicht nur die Grenzen des Wachstums, sondern auch die Grenzen des Fortschritts, wenn nicht gar der Zukunft behauptete. Die Zukunft verlor ihren Charakter als unerschöpflicher Ressource, die den begrenzten kolonialen Raum der Erde in der Zeit mit unbegrenzten und noch unentdeckten Territorien ergänzte. Die «colonization of the future» (Hägerstrand 1988) erreichte zumindest in den Köpfen ein jähes Ende.

Drittens schliesslich hat eine Reihe von philosophisch gepflegten Semantiken der Zukunft schwer zugesetzt. Sie haben das grosse Projekt der Moderne in die Revision gebracht, in der die wohl prägnanteste Verbindung von Zeit und Politik in der Werkstatt der Dekonstruktion auseinander genommen wurde: die Utopien. Als eine Stimme unter vielen lässt sich hier Zygmunt Bauman zitieren, für den sich Utopien aufgrund ihrer Finalität und ihrer Territorialität erübrigen. Sie verlieren erstens aufgrund der Globalisierung ihren begrenzten Einsatzort, nämlich die *pólis*, der überschaubare Stadtstaat. Zweitens stehe ihre Finalität auf Kriegsfuss mit der Fluidität der Postmoderne: «die inzwischen altmodisch gewordenen Utopien [scheitern] am Mangel der Begeisterung für soziale Reformen [...]. Utopien schlagen eine Verbesserung der Gesellschaft vor, die alle anderen Verbesserungen zunichtemacht – das mag zwar einen gigantischen Sprung nach vorwärts bedeuten – einen Sprung, der nichtsdestotrotz den leichenhaften Duft von Stillstand [*stasis*] verströmt (Bauman 2003, 22).

Was bedeuten diese Zurechtweisungen und -stutzungen für den Begriff der Zukunft? In aller erster Linie dies: Die Zukunft lässt sich nur noch über das charakterisieren, was sie *nicht* ist.

1) Sie bietet nicht mehr allen Menschen einen Platz, an dem sie sich freiwillig einfinden. Wenn sie dazu gezwungen werden, reagieren sie darauf mit Nostalgie, einer chrono-logischen Subversion der Zukunft.
2) Die Zukunft ist begrenzt und nicht mehr unendlich ausdehn- und verlängerbar. Sie ist ein knappes Gut geworden.
3) Sie hat den Kontakt zu einer fluiden und kontingenten Gegenwart verloren.

Diese traurige Bilanz lässt sich mit Heidegger auf den Punkt bringen: Die Zukunft ist nicht mehr das Sein, das aus dem Seienden abstrahiert, katastrophiert oder idealisiert wird, sondern ein Sein, das inzwischen seine eigene originäre Existenzweise gefunden hat. Die Zukunft hat sich aus ihrer Abhängigkeit von der Gegenwart soweit emanzipiert, dass zwischen beiden nun eine Kluft herrscht. Sie ist zu einem *Ereignis* geworden, das man im Gegensatz zu früher nicht mehr technokratisch planen, aber auch nicht mehr mit dem Aufbau einer guten Gesellschaft herbeiführen kann. Vielmehr existiert die Zukunft als eine dem gesellschaftlichen Handeln und Planen weitgehend entzogene Negativität, die sich nicht verhindern oder steuern, sondern nur noch passiv abschätzen – oder aber: auf die sich mit verschiedenen Politiken in der Gegenwart *reagieren* lässt.

Wenn überhaupt mit etwas, dann ist die Zukunft mit einem Notstand zu vergleichen, auf den in der Gegenwart mit einem Bündel von Politiken reagiert wird, die nicht selten an ein Regieren im Ausnahmezustand erinnern. *Die Zukunft ist zu dem Politischen avanciert, auf das mit gegenwärtigen Politiken reagiert werden muss.*

5. Die Chronopolitik der Moration

Das Zögern stellt einen Grenzfall der Chronopolitik dar. Denn es reagiert auf die Katastrophen der Zukunft nicht mit Reaktion, sondern mit einem Aussetzen jeder Handlung und Entscheidung. Es nistet sich zwischen dem *Re-* und dem *agieren* ein und lotet aus der Mitte der Differenz von Zukunft und Gegenwart sämtliche Verbindungen und Unterbrüche aus, die diese beiden Räume miteinander verbindet und trennt. Die Moration ‹lebt› tatsächlich in dieser temporalen Spalte: Wenn Prävention oder Präemption über die Gegenwart entscheiden, aktualisieren sie diese und vernichten dabei zumindest vorübergehend das Problem, das sie an die Zukunft bindet. Diese beruhigende Rückkehr in die Gegenwart ist dem Zögern verwehrt. Im Durchkalkulieren aller Möglichkeiten und aller möglichen Effekte, die eine Entscheidung mit sich bringt, bleibt es im Raum zwischen Zukunft und Gegenwart gefangen. Es kann sich mit keiner Version der Gegenwart zufrieden geben und mit keiner daraus resultierenden Zukunft leben. Allerdings spielt dieser zwanghafte ‹Urlaub von der Gegenwart›[6] der Moration Potenziale zu, die den anderen Chronopolitiken infolge ihrer engen Kopplungen zwischen Zukunftsreiz und Gegenwartsreaktion entgehen. Das erste besteht, wie bereits erwähnt, in der Opposition gegen Oppositionen, das zweite in der Serendipität.

Es gibt eine Episode in der Geschichte der Regulierung der Nanotechnologie, die ansatzweise eine Ahnung der beiden Potenziale einer Chronopolitik der Moration zu vermitteln vermag. Die kurze Geschichte taugt aber nur am Rande dazu, die Sehnsucht nach einem politischen Zögern zu stillen. Sie belegt lediglich, was unter Serendipität und einer Opposition gegen Oppositionen zumindest empirisch verstanden werden könnte.

Nachdem zur Jahrtausendwende verschiedene Industrieländer milliardenschwere Investitionen in die Nanotechnologie angekündigt hatten, setzte sich schon bald ein umfangreiches Abschätzungsregime nicht nur mit der Frage, welche Folgen und Nebenfolgen diese Technologie haben könnte, sondern auch gleich mit dem Problem auseinander, wie den nichtintendierten Nebenfolgen heute schon begegnet werden könnte. Think Tanks, Rückversicherungen, nationale Institutionen der Technikfolgenabschätzung, akademische Diskurse der Angewandten Ethik sowie Nichtregierungsorganisationen erforschten akribisch die Zukunft der Nanotechnologie und kehrten von dort mit immer neuen Vorschlägen zurück, wie die Gegenwart so in Griff zu kriegen sei, damit Nanoroboter sich in Zukunft nicht unkontrolliert vermehren können, damit die Öffentlichkeit nicht gegen die Nanotechnologie Sturm laufe, oder damit ein ‹Nanodivide›, ein Auseinanderdriften von Ländern mit und ohne Nanotech, verhindert werden kann. Präventive und präemptive Empfehlungen machten die Gegenwart schon bald so unsicher, dass schon bald niemand mehr die einfache Frage beantworten konnte: Was ist eigentlich Nanotechnologie? (vgl. Kaiser 2015a, §1).

---

6 In Robert Musils *Mann ohne Eigenschaften*, das als *opus magnum* des Zögerns gelten darf, beschliesst der Protagonist Ulrich, für ein Jahr «Urlaub vom Leben» zu nehmen.

Etwas abseits des Gedrängels von technischen Zukünften und politischen Gegenwarten beauftragte 2003 die britische Regierung die altehrwürdige *Royal Society* sowie die *Royal Academy of Engineering,* eine unabhängige Studie zur Nanotechnologie und ihrer Risiken zu verfassen. Eine 14-köpfige Arbeitsgruppe sowie eine halb so grosse Truppe von Gutachtern organisierten daraufhin zig Workshops mit einschlägigen (Nano-)Forschenden, mit Vertretern der Zivilgesellschaft, mit Umweltexperten, mit der Industrie und Regulierungsbehörden. Mehr als 350 Personen und Organisationen steuerten der Arbeitsgruppe ihre Sichtweisen und Empfehlungen bei. Resultat dieser genauso extensiven wie intensiven Bemühungen war schliesslich ein Bericht von knapp 100 Seiten (Royal Society und Royal Academy of Engineering 2004), der, wie es sich für einen Bericht gehört, mit Dutzenden von Empfehlungen und Seiten für Seiten scholastisch wirkender Differenzierungen zum Gähnen aufforderte. Und dennoch gelang es dem Bericht, mit zwei zunächst unscheinbaren Differenzen den Diskurs über ‹Chancen und Risiken der Nanotechnologie› zu überraschen.

Erstens sucht man im Bericht das Wort ‹Nanotechnologie› vergebens. Der technologische Grosssingular ist dem Plural der ‹Nanotechnologie*n*› zum Opfer gefallen. Infolge dieser Diversifizierung *der* Nanotechnologie in verschiedene Forschungs- und Entwicklungsansätze auf der Nanometerskala und ihrer Pluralisierung zu Nanotechnologien ging dem Diskurs schon bald die exklusive Adresse verloren, die bislang Hoffnungen auf *the next industrial revolution* oder Befürchtungen um ein Verdautwerden der Menschheit im *grey goo* auf sich zu vereinen vermochte.[7] Aufs ‹Ganze› zielende Diskussionen über das Für und Wider der Nanotechnologie liefen schon bald ins Leere und mussten eher kleinräumigen Erwägungen Platz machen, die in dieser oder jener Entwicklung gewisse Risiken und Gefahren erblickten. Die Nanotechnologie war tot, es lebten die Nanotechnologien.

Zweitens wartete der Bericht mit einem gänzlich neuen Problemfeld auf, das auf der chronopolitischen Agenda bislang nicht zu finden war: EHS, ein Akronym für *environmental, health and safety aspects*. Bis zur ‹Entdeckung› dieser Problematik bewegte sich der Abschätzungs- und Regulierungsdiskurs zum einen entlang der seit der Romantik eingeübten Befürchtungen einer Selbstabschaffung der Menschheit durch ihre eigene Technik, zum anderen entlang

---

7   *Grey goo* ist der graue Schleim, der aus Myriaden von Nanorobotern besteht, die sich unkontrolliert vermehrt und dafür auch noch die Kohlestoffeinheiten (u. a. Menschen) verdaut haben. Das Szenario wurde in den 1980er Jahren erstmals von Eric Drexler, dem geistigen Vater einer sehr visionären Nanotechnologie formuliert (Drexler 1986).

den Problematisierungslinien, die die Gentechnologie der noch jungen Nanotechnologie vermacht hat. Man hoffte also darauf, auch die Nanotechnologie mithilfe des «Wohlfahrtsprogrammes für Ethiker» (Marshall 1996, 488) namens ELSI in Griff zu bekommen – mithilfe also einer Problematisierung der *e*thischen, *l*egalen und *s*ozialen *I*mplikationen. Mit der Hinwendung zu EHS änderte sich der anschliessende Diskurs aber merklich: Fortan sollte es nicht mehr um die fast transzendental anmutenden ethischen, legalen und sozialen Auswirkungen der Nanotechnologie mehr gehen, sondern um die ganz mundanen Effekte von Nanopartikeln: etwa, wenn sie im Körper zu kanzerogenen Klümpchen agglutinieren, wenn sie die Blut-Gehirn-Schranke überwinden, wenn sie unkontrolliert in die Umwelt entweichen und dort gefährliche Verbindungen mit anderen Molekülen eingehen, oder wenn sie via Sonnencremes oder Textilien in die Haut eindringen.

Da der Bericht der königlichen Akademien in der Folge auf gute Resonanz und Rezeption stiess (Rip / Amerom 2010) – wohl nicht zuletzt, da nahezu alle weltweit verfügbaren Experten ihre Meinung im Vorfeld einfliessen lassen konnten – gelang es ihm, den Diskurs über Folgen und Nebenfolgen der Nanotechnologie*n* nachhaltig zu verändern. Es ging nicht mehr um die Nanotechnologie, sondern um verschiedene Forschungs- und Entwicklungsansätze. Es ging nicht mehr um Nanoroboter und andere visionäre Erfindungen, die oftmals eins zu eins aus dem *Star Trek*-Universum (Raumschiff Enterprise) in die Welt des 21. Jahrhunderts übernommen wurden, sondern um Feinstäube, Deodorants und Textilien.

Wer von einer Chronopolitik der Moration mehr als nur ein paar verzögernde Workshops, ein paar neue Differenzierungen und einen langweiligen Bericht erwartet, muss sich von diesem empirischen Fall enttäuscht abwenden. *Zu Recht.* Denn der Bericht hat auf der einen Seite zwar neue Reflexionspotenziale erschlossen, wie die Risiken von *down to earth*-Nanotechnologien zu spezifizieren sind, doch zugleich all die Spekulationsräume vernichtet, die sich an eine visionäre Nanotechnologie knüpften und die wiederum die *Science-Fiction-Kultur* mit immer neuen Ideen zu versorgen wusste (Milburn 2002; Thurs 2007). Darüber hinaus hat der Bericht wie kaum ein anderes Dokument die Gegenwart verändert und unter seine Kontrolle gebracht. Und trotzdem: Mit einem gerüttelten Mass an Nachsicht lässt sich einerseits die Rede von Nanotechnologien im Plural als eine Opposition gegenüber der Opposition zwischen einem Für und Wider *der* Nanotechnologie interpretieren. Andererseits mag die Entdeckung von EHS als eine Serendipität, als eine glückliche Melange aus minutiöser Vorbereitung und Zufall gelesen werden.

Selbstverständlich erinnert das *divide et impera*, das der Bericht am Begriff der Nanotechnologie zur Anwendung gebracht und letzteren in viele Nanotechnologien mit ihren je eignen Risiken und Gefahren zerlegt hat, nur beschränkt an die ambitionierte Suche nach einer Opposition gegen Oppositionen, die wir uns von einer Chronopolitik der Zögerns versprechen. Dennoch spricht sich in und durch diese Differenzierung eine Verweigerung gegenüber der bisherigen Diskursachse aus, die lediglich zwischen *hopes and fears of nanotechnology* zu unterscheiden wusste. Indem der Bericht sich durch diese Opposition nicht hat anrufen und ansprechen lassen, hat er die Bahnen, die üblicherweise von der Zukunftssensorik zur Gegenwartsmotorik führen, umgeleitet und dazwischen ein Jahr voller Zeugenaussagen, Diskussionen, Dateien und Dokumenten geschaltet.

Eine Chronopolitik der Moration weicht von diesem Ergebnis in einer Hinsicht hab: Sie hat nicht, wie im Bericht geschehen, gegenüber einer falschen Opposition andere Differenzen oder bessere Oppositionen vorzuschlagen. Sie kann, darf und soll gegenüber fragwürdigen Alternativen eine oppositionelle Haltung einnehmen, deren Ausdruck allein darin besteht, zu widerstehen und nicht mittels besserer Alternativen auf die fraglichen Gegensätze einzutreten. Es gibt, mit anderen Worten, Fragen, die nicht beantwortet werden dürfen. Und zu diesen zählt als das Beispiel schlechthin jene von Carl Schmitt, die er dem politischen Liberalismus demonstrativ entgegen hielt: Christus oder Barabbas.

Über kaum eine andere Aussage in der Literatur des 19. und 20. Jahrhunderts ist von Seiten der Philosophie so viel geschrieben worden wie über das *I would prefer not to*, das Bartleby, der tragische Held aus Herman Melvilles gleichnamiger Erzählung immer dann von sich gibt, wenn er sich mit Vorschlägen von Seiten Dritter konfrontiert sieht. Konkret ist es der Icherzähler, ein älterer Rechtsanwalt, der Bartleby als Schreiber in seiner Kanzlei aufnimmt und ihm hin und wieder ein Angebot unterbreitet: Will Bartleby nicht noch etwas anderes machen als unermüdlich Verträge kopieren? Bartleby antwortet ihm: *I would prefer not to*. Ich möchte lieber nicht. Im Laufe der Zeit nimmt Bartleby immer weniger Arbeitsaufträge an, nistet sich aber immer mehr im Büro des Anwalts ein, bis er schliesslich ganz da lebt.

In jüngerer Zeit haben vor allem Gilles Deleuze (1994) und Giorgio Agamben (1998) sich der Formel *I would prefer not to* angenommen: Deleuze gelangt zum Befund, dass die freundliche Versagung eine Agrammatikalität zum Ausdruck bringt, die zwar wie eine Aussage anmutet, aber das, was sie mit *not to* ablehnt, letztlich so unbestimmt lässt, dass die gesamte Konstruktion weder als eine Ablehnung noch eine Zustimmung gelesen werden kann.

Die Formel eröffnet eine gigantische Unentscheidbarkeit zwischen dem, was erwünscht und dem, was unerwünscht ist. Diese Unentscheidbarkeit nimmt Agamben gar zum Anlass, ausgehend von Deleuze ein Denken der reinen Möglichkeit bzw. der reinen Kontingenz in Gang zu setzen, das die abendländische Metaphysik aufgrund ihrer Fixierung auf Notwendigkeit und Unmöglichkeit verunmöglicht hat – bis zu Bartlebys Formel. Wie dem auch sei, Bartlebys *Ich möchte lieber nicht* ist aufgrund seiner Unbestimmtheit tatsächlich in der Lage, die Geltung von Vorschlägen, Prämissen und Oppositionen zu annihilieren. *Christus oder Barabbas?* Wenn darauf das Zögern mit *I would prefer not to* reagiert, stellt es die Frage in fast allen Belangen infrage: ‹Nein, ich möchte die Frage lieber nicht beantworten›; ‹Nein, ich möchte mit der Frage lieber nichts zu tun haben›; ‹Nein, ich möchte lieber nicht derjenige sein, an den sich die Frage richtet›; ‹Nein, ich möchte lieber, dass die Frage gar nicht existiert›.

Der königliche Nanotechnologiebericht hat den Diskurs nicht nur mit seiner Opposition gegenüber den Chancen und Risiken *der* Nanotechnologie fruchtbar irritiert, sondern darüber hinaus mit dem Akronym EHS ein Feld von Bedenken erschlossen, dem bis ins Jahr 2004 kaum jemand Beachtung geschenkt hat. Zwar gab es zu diesem Zeitpunkt bereits einzelne Studien zur Toxizität von Nanopartikeln (vgl. Kurath / Maasen 2006), doch deren Existenz und Ergebnisse blieben unterhalb der Wahrnehmungsschwelle einer Diskussion, die sich um die grossen Fragen und Fernfolgen der Nanotechnologie weit mehr Gedanken machte. Erst die von der britischen Regierung beauftragte Arbeitsgruppe nahm diese toxikologischen Anomalien so ernst, dass sie daraus ein ganzes Feld der Problematisierung ableitete: *environmental, health and safety aspects*. Die Entdeckung dieses vorerst verborgenen Terrains von Problemen ist als Serendipität zu deuten – als *happy blend of wisdom and luck* (Merton / Barber 2004), die nur im Rahmen eines Zögerns möglich ist, das den Impuls, auf einen Zukunftsreiz hin sofort und unmittelbar zu handeln, zu unterdrücken weiss.

Das Wort Serendipität bzw. *serendipity* geniesst im englischen Sprachraum derzeit eine so hohe Popularität, dass selbst Filme[8] mit diesem Namen darauf hoffen dürfen, einige Zuschauer zu finden. Seine Verbreitung verdankt es keinem spezifischen Ereignis, sondern seiner Rolle als Trittbrettfahrerin anderer Begriffe, allen voran Innovation und Kreativität. Leicht extravagant fügt es diesen das Moment des Zufalls, der nicht gesuchten Entdeckung

---

8 So etwa der Liebesfilm *serendipity* aus dem Jahre 2001 mit Kate Beckinsale und John Cusack in den Hauptrollen.

hinzu – ein Moment, das aber nur in den Schoss bester Vorbereitung fällt: «Der Zufall begünstigt den vorbereiteten Geist». Dieses Bonmot von Louis Pasteur gibt nicht nur den Sinn von Serendipität passend wieder, sondern schleust jene ins Herz des Zögerns als Chronopolitik ein. Das permanente Vorbereitetsein auf die Zukunft, das sich schier zum Signum eines chronopolitischen Zeitalters erheben lässt, ist bei der Moration in Gestalt einer Zukunfts- und Folgenbesesssenheit noch deutlicher als bei Prävention und Präemption ausgeprägt.

Es lohnt an dieser Stelle, kurz die Entstehungsgeschichte des Terminus Serendipität wiederzugeben, führt sie doch anschaulich die aleatorische Kehrseite einer nahezu perfekten Vorbereitung auf die Zukunft vor Augen. Das Wort taucht erstmals in einem Brief aus dem Jahre 1754 auf, in dem Horace Walpole, Adliger, Schriftsteller und Gelehrter, von seiner Entdeckung eines verrückten persischen Märchens *The Three Princes of Serendip* berichtet: Von ihrem Vater, König von Serendip (heute: Sri Lanka), auf eine Erfahrungs- und Reifungsreise geschickt, begegnen die drei Prinzen einem Kameltreiber, dem eines seiner Tiere abhandengekommen ist. Die Prinzen sind in der Lage, das Kamel exakt zu beschreiben, obwohl sie es nicht gesehen haben. Es sei auf dem einen Auge blind, ihm fehle ein Zahn, es hinke und trage auf der einen Seite Butter, auf der anderen Seite Honig.

Der Kameltreiber beschuldigt die drei Prinzen des Diebstals und bringt sie zu seinem Herrscher. Ihm nun berichten die Thronfolger, welche Schlüsse sie aus den Spuren gezogen haben, die sie auf ihrer Reise entdeckt haben. Auf der einen Seite der Strasse fanden sie abgegrastes Gras, das grüner als jenes der anderen Seite war. Daraus folgerten sie, dass das Kamel auf dem einen Auge blind sein müsse. Weiter des Weges fanden sie einen Büschel gekauten Grases von der Grösse eines Kamelzahnes. Daraus schlossen sie auf einen verlorenen Zahn. Die Tritte zeigten darüber hinaus nur drei Kamelfüsse mit festem Stand. Ausserdem fanden sie Ameisen, die bekanntlich Honig lieben, nur auf der einen Seite der Strasse, auf der anderen hingegen Fliegen, die Butter bevorzugen. Die drei Prinzen entkommen schliesslich dem Tod, weil kurz nach dem Verhör ein Reisender die Kunde von einem so geschilderten Kamel überbringt, das irgendwo in der Wüste umherirre. Die Serendipität dieser Geschichte besteht einerseits in den zufällig gefundenen Zeichen, andererseits im Scharfsinn der drei Prinzen, aus den Zeichen die Hypothese eines blinden, lahmen und zahnlosen Kamels abzuleiten.

In den 1940er Jahren stolpert Robert Merton im *Oxford English Dictionary* über das Wort, ohne es gesucht zu haben. Er entdeckt dabei ebenfalls die Geschichte der drei Prinzen und überführt die Serendipität schon bald in seinen aktiven Wortschatz – in der Hoffnung, sie bringe ihn bei zwei wissenschaftlichen Problemen weiter (Merton / Barber 2004: Nachwort). Nach seiner Promotion beschäftigte sich Merton vor allem theoretisch motiviert mit der Frage, warum zielgerichtetes Handeln häufig mit nicht-intendierten Folgen einhergehe. Anlass dafür war der in der Doktorarbeit untersuchte Puritanismus des 17. Jahrhunderts in England, der paradoxerweise das Zeitalter der wissenschaftlichen Revolution einläutete. Die zweite Problemstellung bestand in der wissenschaftssoziologischen Frage, wie die Wissenschaft zu ihren Entdeckungen kommt. Hier passte die Serendipität perfekt ins Bild, da sie eine unentscheidbare Ambiguität mit sich führt: Was ist auf die Seite der langjährigen Arbeit, der minutiösen Vorbereitung und des skrupulösen Scharfsinns zu schlagen – und was auf die Seite des Glücks? Für die empirische Sozialforschung formulierte Merton das Konzept des Serendipitätsmusters bzw. des *serendipity pattern*, das auf der Beobachtung eines *unanticipated, anomalous and strategic datum* beruht. Wenn diese drei Bedingungen erfüllt sind, ist die Chance für eine Entdeckung gegeben: wenn also erstens das Phänomen vor dem Hintergrund bisherigen Wissens unerwartet auftritt, wenn es zweitens überraschend genug ist, um weitere Nachforschungen zu motivieren, und wenn es drittens strategisch verfasst ist, d. h. wenn es so implikationsreich ist, damit aus ihm Schlüsse auf eine allgemeinere Theorie gezogen werden können.

Das Serendipitätsmuster Mertons weist einige Gemeinsamkeiten zum einen mit Thomas Kuhns Anomalien auf, die am Anfang eines neuen wissenschaftlichen Paradigmas stehen (Kuhn 1997, §6), zum anderen mit der Schlussform der Abduktion, die Charles Sanders Peirce im Anschluss an Aristoteles wieder in die wissenschaftstheoretische Diskussion einführte. Während die Schlussregeln der Induktion und Deduktion eine bereits existierende Hypothese lediglich verifizieren oder falsifizieren führt die Abduktion eine neue Idee ein: «Abduction is the process of forming an explanatory hypothesis. It is the only logical operation which introduces any new idea [...].» (Peirce 1974, V:5.172).[9]

Zu Beginn einer jeden Abduktion steht eine überraschende und unerwartete Tatsache, die nicht im Lichte bekannter Theorien erklärt werden kann. Die Überraschung verschwindet erst, wenn es gelingt, eine Hypothese oder Theorie zu erfinden, die die ursprüngliche Anomalie zu einem selbstverständlichen Phänomen macht.

9 «Die Abduktion ist der Vorgang, in dem eine erklärende Hypothese gebildet wird. Es ist das einzige logische Verfahren, das irgendeine neue Idee einführt [...].»

Die im Nanobericht geglückte Entdeckung der *environmental, health, and safety aspects* erfüllt in vielen Hinsichten die Kriterien, die Merton für das Serendipitätsmuster und Peirce für die Schlussform der Abduktion spezifiziert haben. Die königliche Arbeitsgruppe hat die wenigen toxikologischen Studien mitsamt ihren Ergebnissen als unerwartete und anomale Phänomene zur Kenntnis genommen, die im Lichte der bisherigen Problematisierungsweisen der Nanotechnologie bislang noch keine adäquate Deutung erfahren haben. Aus diesen toxikologischen Indizien und Spuren hat der Bericht schliesslich einen ganzen Deutungshorizont abgeleitet und formiert, innerhalb dessen die Anomalien sich fortan wie selbstverständlich präsentieren sollten: Vielleicht mögen die Nanotechnologien mit ihren Nanorobotern der Menschheit dereinst arg zusetzen – ganz bestimmt aber bergen Nanopartikel toxikologische Risiken, die es möglichst bald zu erforschen und regulieren gilt.

Mit Blick auf die Serendipität wird von einer Chronopolitik der Moration kaum mehr als von diesem Fallbeispiel erwartet: Abduktion. Sie ist die einzige Schlussform, die zwischen Reiz und Reaktion, zwischen einer zukünftigen Krise und einer Entscheidung über die Gegenwart etwas dazwischen schaltet, das die gewöhnlichen Schlussregeln, die eine einzelne Beobachtung mit einer folgenreichen Handlung verbinden, ausser Kraft setzt. Allerdings vermag nur eine skrupulöse Vorbereitung auf die Zukunft, die im Zögern schier an eine Zukunftsobsession grenzt, den nötigen Boden bereiten, der kleine Abweichungen und Anomalien so zum Blühen bringt, damit sie als Überraschungen sichtbar und für neue Hypothesen fruchtbar werden.

6. Schlussbemerkung

Warum zögert Prinz Hamlet nur? Es wäre doch so einfach gewesen: Er hätte lediglich zur Tat schreiten und im Namen seines Vaters Rache an Claudius nehmen müssen – eines Vaters übrigens, der noch als Untoter seinen Sohn um Vergeltung bittet. Anstatt dessen wendet sich Hamlet gegen diesen letzten Willen und ersinnt dieses absurde Theaterstück, das die Sündigen zur Kenntlichkeit entstellen soll.

Möglicherweise ist es tatsächlich der von Nietzsche erwähnte Ekel darüber, nur das vollziehen zu müssen, was beinahe aus Gründen der Kausalität geboten ist, der Hamlet ins Stocken und ins Zweifeln bringt. Warum muss ich, Prinz von Dänemark, dem immer gleichen Gesetz so die Hand reichen, dass Tat an Tat, Folge an Ursache, Strafe an Verbrechen sich nahtlos aneinander reihen? Kann ich nur durch einen ewigen Schlaf diesem Schicksal entgehen? Wer aber ertrüge dann «Des Mächtigen Druck, des Stolzen Mißhandlungen, Verschmähter Liebe Pein, des Rechtes Aufschub?»

Im Graubereich zwischen Leben und Tod kommt das Zögern zur Welt und mit ihm eine Erfindung, die in die grausame Kausalität der Fügung eine Störung einschleust: Zeit. Sie ist, das gilt für Hamlet genauso wie für unser chronopolitisches Zeitalter, keine Freizeit, die von Ablenkung und Ausschweifung zeugt. Im Gegenteil: Sie ist bis zum Bersten mit der obsessiven Frage gefüllt, was zu tun sei. Dieser bis an die Grenze beschleunigten Hemmung sind aber zwei Potenziale zu verdanken, die Hamlet grosszügig ausschöpft. Einerseits umgeht Hamlet das Schicksal mit einem Theaterstück, das seine Zuschauer über sie selbst aufklären und zu einem Innehalten ihres Denkens und Handelns anhalten soll. Damit setzt Hamlet andererseits, wenigstens *for the time being*, all die Entscheidungsprämissen ausser Kraft, die ihn ohne die Inszenierung von Reflexion im Bühnenspiel zum Handeln ohne Aufschub zwingen würden.

Mit diesen beiden Momenten der Serendipität zum einen, der Opposition gegen schicksalsvorgegebene Handlungsalternativen zum anderen sind die beiden Möglichkeiten eines Zögerns benannt, die dieses nicht nur als moralische wie noch bei Hamlet, sondern möglicherweise auch als politische Strategie qualifizieren – eine Strategie, die angesichts von immer neuen künftigen Notständen, auf die wir fast deduktiv mit Prävention und Präemption zu reagieren gelernt haben, etwas mehr Zeit lässt.

Literatur

Adam, Barbara, Futures in the making: Contemporary practices and sociological challenges, Philadelphia 2005, www.cf.ac.uk/socsi/futures/conf_ba_asa230905.pdf.
Agamben, Giorgio, Bartleby oder die Kontingenz, gefolgt von: Die absolute Immanenz, Berlin 1998.
Agamben, Giorgio, Ausnahmezustand, Frankfurt a. M. 2004.
Anderson, Ben, Preemption, precaution, preparedness: Anticipatory action and future geographies, in: Progress in Human Geography 34/6 (2010), 777–98.
Arendt, Hannah, Vita Activa oder Vom tätigen Leben, München 1981.
Bauman, Zygmunt, Utopia with no topos, in: History of the Human Sciences 16/1 (2013), 11–25.

Black, Max, Why cannot an effect precede its cause, in: Analysis 16 (1956), 49–58.
Bürger, Peter, Ursprung des postmodernen Denkens, Weilerswist 2000.
Butler, Judith, Contigent foundations: Feminism and the question of ‹postmodernism›, in: Butler, Judith / Scott, J. W. (Hg.), Feminists theorize the political, New York/London 1992, 3–21.
Cooper, Melinda, Life as surplus: Biotechnology and capitalism in the neoliberal era, Seattle 2008, http://public.eblib.com/choice/publicfullrecord.aspx?p=3444266.
Deleuze, Gilles, Bartleby oder die Formel, Berlin 1994.
Derrida, Jacques, Die Schrift und die Differenz, Frankfurt a. M. 1994.
Drexler, Eric K., Engines of creation: The coming era of nanotechnology, London 1986.
Dummett, Michael, Can an effect precede its cause?, in: Proceedings of the Aristotelian Society 28 (Supplementary Volumes), 1994, 27–44.
Engels, Friedrich, Vorrrede zur englischen Ausgabe von 1888 des Manifestes der kommunistischen Partei, in: Marx, Karl / Engels, Friedrich (Hg.), Werke (digitalisiert auf zeno.org), Bd. 21, Berlin 1962, www.zeno.org/Philosophie/M/Marx,+Karl/Manifest+der+kommunistischen+Partei/Vorworte/Engels%3A+Vorrede+zur+englischen+Ausgabe+von+1888.
Foucault, Michel, Der Wille zum Wissen. Sexualität und Wahrheit I, Frankfurt a. M. 2006.
de Goede, Marieke, Speculative security: The politics of pursuing terrorist monies, Minneapolis 2012, http://site.ebrary.com/id/10555683.
Hägerstrand, Torsten, Time and culture, in: Kirsch, Guy / Nijkamp, Peter / Zimmermann, Klaus (Hg.), The formulation of time preferences in a multidisciplinary perspective: their consequences for individual behaviour and collective decision-making, Aldershot 1988, 33–42.
Hegel, Georg Wilhelm Friedrich, Vorlesungen über die Philosophie der Weltgeschichte, Bd. 1, Die Vernunft in der Geschichte, Hamburg 1994.
Heidegger, Martin, Was ist Metaphysik?, in: Wegmarken, Frankfurt a. M. 1978.
Heidegger, Martin, Sein und Zeit, 18. Aufl., Tübingen 2001.
Heidegger, Martin, Nietzsches Wort ‹Gott ist tot›, in: Heidegger, Martin, Holzwege (1935–1946), Frankfurt a. M. 2003, 193–247.
Hölscher, Lucian, Die Entdeckung der Zukunft, Frankfurt a. M. 1999.
Jeges, Oliver, Generation Maybe: die Signatur einer Epoche, Berlin 2014.
Jonas, Hans, Das Prinzip Verantwortung: Versuch einer Ethik für die technologische Zivilisation, Frankfurt a. M. 1979.

Kaiser, Mario, Über Folgen: Technische Zukunft und politische Gegenwart, Weilerswist 2015a.

Kaiser, Mario, Reactions to the future: The chronopolitics of prevention and preemption, in: NanoEthics 9/2 (2015b), 165–77.

Kant, Immanuel, Idee zu einer allgemeinen Geschichte in weltbürgerlicher Absicht, Berlinische Monatszeitschrift, 1784, 385–411.

Koselleck, Reinhart, Vergangene Zukunft: Zur Semantik geschichtlicher Zeiten, 6. Aufl., Frankfurt a. M. 2006.

Kuhn, Thomas S., Die Struktur wissenschaftlicher Revolutionen. 2. revidierte und um das Postskriptum von 1969 ergänzte Aufl. [14. Nachdruck], Frankfurt a. M. 1997.

Kurath, Monika / Maasen, Sabine, Toxicology as a nanoscience?– Disciplinary identities reconsidered, in: Particle and Fibre Toxicology 3/1 (2006), 6.

Laclau, Ernesto / Mouffe, Chantal, Hegemonie und radikale Demokratie, Wien 1991.

Lacoue-Labarthe, Philippe / Nancy, Jean-Luc, Retreating the political, London/New York 1997.

Marchart, Oliver, Post-foundational political thought: political difference in Nancy, Lefort, Badiou and Laclau. Edinburgh 2007.

Marchart, Oliver, Die politische Differenz: zum Denken des Politischen bei Nancy, Lefort, Badiou, Laclau und Agamben, Berlin 2010.

Marshall, Eliot, The genome program's conscience, in: Science, New Series, 274/5287 (1996), 488–90.

Mead, George Herbert, The philosophy of the present, La Salle, IL 1959.

Meadows, Donella / Meadows, Dennis / Randers, Joergen / Behrens, William W., The limits to growth: A report for the Club of Rome's project on the predicament of mankind, New York 1972.

Merton, Robert King / Barber, Elinor G., The travels and adventures of serendipity: A study in sociological semantics and the sociology of science, Princeton 2004, http://public.eblib.com/choice/publicfullrecord.aspx?p=804872.

Milburn, Colin Nazhone, Nanotechnology in the age of posthuman engineering: Science fiction as science, in: Configurations 10/2 (2002), 261–95.

Milchman, Alan / Rosenberg, Alan (Hg.), Foucault and Heidegger: Critical encounters, Minneapolis, MN 2003.

Mouffe, Chantal, Über das Politische: Wider die kosmopolitische Illusion, Frankfurt 2007.

Nietzsche, Friedrich, Die Geburt der Tragödie oder Griechentum und Pessimismus, Berlin 2014.

Opitz, Sven / Tellmann, Ute, Future emergencies: Temporal politics in law and economy. Theory, culture & society, Dezember 2014, 263276414560416. doi:10.1177/0263276414560416.

Peirce, Charles Sanders, Collected papers of Charles Sanders Peirce, Bd. V, Cambridge 1974.

Rip, Arie / van Amerom, Marloes, Emerging de facto agendas surrounding nanotechnology: Two cases full of contingencies, Lockouts, and Lock-Ins, in: Kaiser, Mario / Kurath, Monika / Maasen, Sabine / Rehmann-Sutter, Christoph, Governing future technologies: Nanotechnology and the rise of an assessment regime, Dordrecht 2010.

Royal Society / Royal Academy of Engineering, nanoscience and nanotechnologies: Opportunities and uncertainties, London 2004, www.nanotec.org.uk/.

Saar, Martin, Heidegger und Michel Foucault: Prägung ohne Zentrum, in: Thomä, Dieter, Heidegger Handbuch. Leben – Werk – Wirkung, Stuttgart 2003, 434–40.

Schmitt, Carl, Der Begriff des Politischen. Text von 1932 mit einem Vorwort und drei Corollarien von Carl Schmitt, Berlin 1979.

Schmitt, Carl, Politische Theologie I: Vier Kapitel zur Lehre der Souveränität, Berlin 2009.

Thurs, Daniel Patrick, Tiny tech, transcendent tech: Nanotechnology, science fiction, and the limits of modern science talk, in: Science Communication 29/1 (2007), 65–95.

Virilio, Paul, Geschwindigkeit und Politik. Ein Essay zur Dromologie, Berlin 1980.

Virilio, Paul, The lost dimension, New York 1991.

Vogl, Joseph, Über das Zaudern, Zürich u. a. 2014.

Felix Hafner

Verantwortung für die Zukunft in der Schweizer Bundesverfassung

1. «Verantwortung gegenüber den künftigen Generationen» in der Präambel der Bundesverfassung

Wer nach einer expliziten Erwähnung der Formel «Verantwortung für die Zukunft» in der Schweizer Bundesverfassung sucht, wird rasch fündig. Der Begriff «Verantwortung» wird im Zusammenhang mit der Zukunft, d. h. derjenigen «gegenüber den künftigen Generationen», an prominenter Stelle nämlich in der Präambel, also bereits im ersten Abschnitt der Bundesverfassung (Bundesverfassung der Schweizerischen Eidgenossenschaft vom 18. April 1999 [BV, SR 101]), erwähnt. Die Präambel, die dem nachfolgenden Verfassungstext vorangeht, beginnt zunächst mit einer *invocatio dei*, d. h. mit einer Anrufung Gottes, auf die eine sogenannte *narratio* folgt, ein, wie der Name sagt, erzählender Text, der mit einer legitimierenden Intention in die Verfassung als solche einführt. In diesem narrativen Abschnitt der Präambel wird ausdrücklich auf die Verantwortung gegenüber den künftigen Generationen hingewiesen. Die Präambel lautet wie folgt:

> Im Namen Gottes des Allmächtigen!
> *Das Schweizervolk und die Kantone,*
> in der Verantwortung gegenüber der Schöpfung,
> im Bestreben, den Bund zu erneuern, um Freiheit und Demokratie, Unabhängigkeit und Frieden in Solidarität und Offenheit gegenüber der Welt zu stärken,
> im Willen, in gegenseitiger Rücksichtnahme und Achtung ihre Vielfalt in der Einheit zu leben,
> im Bewusstsein der gemeinsamen Errungenschaften und der Verantwortung gegenüber den künftigen Generationen,
> gewiss, dass frei nur ist, wer seine Freiheit gebraucht, und dass die Stärke des Volkes sich misst am Wohl der Schwachen,
> *geben sich folgende Verfassung:*

2. Symbolischer Gehalt des Verantwortungsbegriffs

Was den in der Präambel in den beiden Formeln «Verantwortung gegenüber der Schöpfung» und «Verantwortung gegenüber den künftigen Generationen» verwendeten Verantwortungsbegriff anbelangt, so kann einer systematisch-kontextuellen Auslegung entnommen werden, dass ihm kein normativer Charakter im rechtlichen Sinn zukommt. Diese mangelnde rechtliche Normativität rührt vor allem daher, dass im Präambeltext keine nähere Auskunft darüber gegeben wird, wie die Verantwortung gegenüber den künftigen Generationen wahrgenommen werden soll. Insbesondere fehlen Angaben darüber, welche Verantwortungsgegenstände konkret im Vordergrund stehen, wer genau die Verantwortungsadressatinnen und -adressaten unter «den künftigen Generationen» sind und wem unter den Verfassungsgebern, d. h. im «Schweizervolk» und in den «Kantonen», die Verantwortungsträgerschaft zugewiesen ist.

Diese Offenheit lässt eine unbestimmte Vielzahl von Interpretationsmöglichkeiten zu. Dabei ist zu beachten, dass die Verfassung infolge der ihr zugrunde liegenden liberalen Grundausrichtung tendenziell individualistisch konzipiert ist.[1] Auffällig dafür ist der in der Verfassung enthaltene Grundrechtskatalog, der vor allem die Individualrechte gegenüber staatlichen Prärogativen schützt und sowohl die Meinungs- als auch die Glaubens- und Gewissensfreiheit sowie die Weltanschauungsfreiheit einschliesst. Bezogen auf die Formel «Verantwortung gegenüber den künftigen Generationen» bedeutet dies, dass sie vor allem auch im Lichte der Grundrechte auszulegen ist (siehe dazu und zum Folgenden Hafner 2016, 169f.). Wer im Rechtsstaat lebt, kann und darf sich darunter vorstellen, was er oder sie will. Der freiheitliche Rechtsstaat bezweckt, so ein Zitat aus einem Entscheid des deutschen Bundesverfassungsgerichts, eine «Heimstatt aller Staatsbürger» (BVerfGE 19, 206) zu sein, die sämtlichen Menschen unabhängig von ihren politischen Überzeugungen, Hoffnungen und Utopien offen steht. Der Rechtsstaat hat mit anderen Worten sowohl in weltanschaulich-politischer als auch in religiöser und ethischer Hinsicht neutral zu sein. Was unter Verantwortung gegenüber den künftigen Generationen zu verstehen ist, erschliesst sich somit primär individuell und subjektiv. Dementsprechend reduziert sich die Verantwortung zu einer gegenüber sich selbst, d. h. gegenüber dem, was die Einzelnen nach ihren eigenen Vorstellungen darunter verstehen. Erst wenn diese

---

1 Die Verfassung orientiert sich somit am Konzept des «normativen Individualismus» (siehe dazu von der Pfordten 2011, 305 ff.).

Vorstellungen im Rahmen des demokratischen Rechtssetzungsprozesses zu rechtlich verankerten Staatsaufgaben verdichtet werden, zeigt sich zum einen, dass sich der Staat überhaupt als Verantwortungsträger erweist und zum anderen, welche Verantwortungsgegenstände und -adressaten unter dem Titel «Verantwortung gegenüber den künftigen Generationen» konkret von seiner Verantwortungsträgerschaft erfasst werden.

Lässt sich daher der in der Präambel und an anderen Verfassungsstellen verwendete Verantwortungsbegriff[2] nicht von vornherein auf bestimmte politische, weltanschauliche oder religiöse Verantwortungsgegenstände fixieren, so kann er immerhin als symbolischer Ausdruck dafür verstanden werden, dass die Verfassung als Ganze dem Prinzip «Verantwortung» verpflichtet ist. Sowohl der Verantwortungsbegriff als auch die Formel «Verantwortung gegenüber den künftigen Generationen» insgesamt ist damit – wie die *invocatio dei* und die Formel «in Verantwortung gegenüber der Schöpfung» – jenen Aussagen der Bundesverfassung zuzuordnen, die ihr und dem auf ihr beruhenden Staatswesen Sinn und Legitimation vermitteln. Funktional betrachtet kommen solche Aussagen dem religiösen Feld sehr nahe, wenn sie diesem nicht sogar ganz zugewiesen werden können. Zwar versteht sich die Verfassung nicht als ein religiöser Offenbarungstext und noch weniger als ein von Gott gegebener «Heilsplan»[3]. Sie ist vielmehr durch und durch Menschenwerk. In Anwendung funktionaler Religionsdefinitionen können aber solche Sinn und Legitimation vermittelnde Aussagen durchaus auch religiös oder – bezugnehmend auf Jean-Jacques Rousseaus Konzeption der *religion civile* (Rousseau 1762, livre IV, chapitre VIII) ausgedrückt – zivilreligiös gedeutet werden.

3. Legitimierende Kraft der Verantwortung für die Zukunft in der ersten Bundesverfassung von 1848

Die legitimierende Kraft der Formel «Verantwortung gegenüber den künftigen Generationen» lässt sich vor allem daran erkennen, dass sie in der Prä-

---

2 Er findet sich in der Verfassung auch in Art. 6 und 41 Abs. 1 BV im Zusammenhang mit der Verantwortung, die Einzelne für sich und die Gesellschaft wahrnehmen.
3 Siehe dazu das deutsche Bundesverfassungsgericht, das festgehalten hat, «dass das Grundgesetz den Staat nicht als den Hüter eines Heilsplans versteht» (BVerfGE 42, 312).

ambel gleichwertig dem historischen Bewusstsein der gemeinsamen Errungenschaften gegenüber gestellt wird[4]. Dieses Junktim von zukunftsgerichteter Verantwortung und vergangenheitsorientierter Erinnerungskultur ist unter anderem vor dem Hintergrund der Tatsache zu sehen, dass die geltende Bundesverfassung von 1999/2000 auf die erste in der Schweiz geltende Bundesverfassung von 1848 zurückgeht, in der die Verantwortung für die Zukunft – wenngleich nicht explizit formuliert – von Anfang an eingeschrieben war. Die Bundesverfassung von 1848 wurde im Hinblick auf die Einführung rechtsstaatlich-demokratischer Verhältnisse in der Schweiz geschaffen. Sie kann daher auch als Plan oder als Programm gedeutet werden, womit aufgezeigt werden sollte, wie der von ihr neu konstituierte Bundesstaat auszugestalten war, welche Staatsziele er anzustreben hatte und wie er das ihr eingeschriebene Programm der Verantwortung für die Zukunft verwirklichen sollte (siehe dazu und zum Folgenden Hafner 2015, 235 ff., insb. 240–269).

Die Bundesverfassung von 1848 besass ein erhebliches Legitimationsdefizit. Ihr ging der Sonderbundskrieg, d. h. ein Bürgerkrieg zwischen den liberalen und konservativen Kräften in der Schweiz, voraus. Das Hauptanliegen der aus diesem Konflikt als Sieger hervorgegangenen Liberalen lag in der Gründung eines verfassungsmässig konstituierten Bundesstaates. Die Bundesverfassung von 1848 beruhte demnach nicht auf dem Konsens aller Kantone. Sie war vielmehr ein Produkt der militärischen Sieger des Sonderbundskriegs. Die Organisation der Eidgenossenschaft gründete vor der Schaffung des Bundesstaates auf dem Bundesvertrag von 1815, der weder eine Auflösungs- noch eine Kündigungsklausel enthielt. Er hätte somit nur im Konsens aller daran beteiligter Kantone aufgelöst werden können. Die Legitimation des Wechsels vom Bundesvertrag zur Bundesverfassung, d. h. vom Staatenbund zum Bundesstaat, muss deshalb rückblickend als prekär bezeichnet werden, zumal die Verfassung nicht aufgrund einer gesamtschweizerischen Volksabstimmung, sondern nach teilweise demokratisch bedenklichen Abstimmungen in den einzelnen Kantonen von der Tagsatzung – dem einzigen

---

4 So schreibt etwa Bernhard Ehrenzeller im St. Galler Kommentar zur Bundesverfassung, dass der «Verantwortung gegenüber den künftigen Generationen [...] das Bewusstsein der gemeinsamen Errungenschaften gleichwertig gegenübergestellt worden» sei. Dieser Absatz» habe «dadurch an Gehalt gewonnen, weil er gut aufzeigt, dass grosse politische Entscheide, welche die Zukunft des Landes tatsächlich zu gestalten vermögen, notwendigerweise aus dessen Geschichte und Tradition herauswachsen müssen» (Ehrenzeller 2014, Kommentar zur Präambel, Rz. 26, 62; so auch Belser 2015, Kommentar zur Präambel, Rz. 35, 43).

Bundesorgan des Bundesvertrags – als mehrheitlich angenommen erklärt wurde. Dieses Vorgehen war im Bundesvertrag nicht vorgesehen und erwies sich somit letztlich als illegaler Akt mit revolutionärem Charakter. Das zur Begründung dieses Vorgangs gelegentlich vorgebrachte Argument, dass sich die Eidgenossenschaft seit jeher als Bund organisiert habe und sich die Einführung des Bundesstaates daher nur als Aktualisierung eines potenziell normativ wirkenden Bundesgedankens erweise, vermag die Ablösung des vom Konsens beherrschten Vertrags durch die nach Mehrheitsprinzip funktionierende Verfassung weder zu legalisieren noch zu legitimieren. Dieses Bundes-Narrativ entbehrt einer rechtshistorischen Grundlage.

Mit ihrem illegalen Vorgehen nahmen die Verfassungsgeber ein hohes Risiko auf sich. Hätten sie es nicht geschafft, die mit dem Verfassungsstaat angestrebten Ziele zu erreichen, wäre das Unternehmen gescheitert, und die unterlegenen Konservativen hätten von der Geschichte Recht erhalten. Diese setzten sich auch aus Kirchenvertretern sowohl katholischer als auch protestantischer Provenienz zusammen, die – wie namentlich etwa Jeremias Gotthelf – im neuen Verfassungsstaat einen Abfall vom christlichen Staat in die Gottlosigkeit sahen (siehe dazu Hafner 2015, 259 mit weiteren Hinweisen). Die sich dagegen am Vernunftnaturrecht Kants und Rousseaus orientierenden liberalen Verfassungsgeber mussten somit den Beweis erbringen, dass die mit der Bundesverfassung bezweckten rechtstaatlich-demokratischen sowie wirtschaftlichen und sozialen Ziele nach der Errichtung des Bundesstaats tatsächlich zu einer Verbesserung der Lebensqualität der nun neu in einem Verfassungsstaat lebenden Menschen führten. Sie standen mit anderen Worten in der Verantwortung, dass die neue Verfassungsordnung nicht in einem desaströsen «Backlash» endete, sondern sich Bundesverfassung und Bundesstaat vielmehr künftig auch tatsächlich bewähren würden.

4. Verantwortung für die Zukunft im Zweckartikel der Bundesverfassung von 1848

Was die Verfassungsgeber mit der Schaffung des Bundesstaates im Einzelnen bezweckten, kann auf höchster Abstraktionsebene Art. 2 der Bundesverfassung von 1848, dem sogenannten Zweckartikel, entnommen werden. Er lautete wie folgt:

> Der Bund hat zum Zweck: Behauptung der Unabhängigkeit des Vaterlandes gegen aussen, Handhabung von Ruhe und Ordnung im Innern, Schutz der Freiheit und der Rechte der Eidgenossen und Beförderung ihrer gemeinsamen Wohlfahrt.

Vor dem Hintergrund der Verantwortung für die Zukunft stellt sich ex post die Frage, ob sich die im Zweckartikel angeführten Programmpunkte auch tatsächlich verwirklicht haben, ob die Verfassungsgeber mit der Schaffung des verfassungsmässig konstituierten Bundesstaates insofern verantwortungsvoll gehandelt haben. Betrachtet man die Entwicklung der wichtigsten Elemente des Zweckartikels, so lässt sich dies aus heutiger Sicht wohl kaum bezweifeln, zumal die Verfassung – wenngleich sie seither zwei Mal totalrevidiert wurde – in ihren Grundzügen bis heute Bestand hat. Wesentliche Elemente des Staatszwecks wurden verwirklicht (siehe dazu und zum Folgenden Hafner 2015, 257ff.).

So wurde dem im Zweckartikel erwähnten Schutz «der Freiheit und der Rechte der Eidgenossen» durch einen Ausbau der Grundrechte, d. h. der Freiheitsrechte und des Rechtsgleichheitsgebots, entsprochen, auch wenn die Bundesverfassung von 1848 anders als die geltende noch keinen umfassenden Grundrechtskatalog enthielt.

Zu den im Zweckartikel erwähnten Rechten der Eidgenossen können auch die Volksrechte gezählt werden. Wie angedeutet, beruhte die Verfassung von 1848 nicht auf einem auf gesamtschweizerischer Ebene durchgeführten Volksentscheid. Sie wurde nicht nach Massgabe des in ihr geregelten Revisionsmodus des obligatorischen Referendums angenommen und in Kraft gesetzt. Dieser Modus hätte ein doppeltes Mehr, d. h. eine Mehrheit der Schweizer Stimmberechtigten, die sich an der Abstimmung beteiligt haben, sowie zugleich eine Mehrheit zustimmender Kantone erfordert. Die Bundesverfassung von 1848 konnte sich also nicht auf das gleiche Mass an Legitimation durch das Volk stützen wie ihre späteren Total- und Partialrevisionen. Die Regelung in der Bundesverfassung brachte damit hinsichtlich der Volksrechte einen bedeutenden Fortschritt gegenüber ihrer eigenen, 1848 durch das Volk nur mangelhaft erfolgten Legitimation.

Die im Zweckartikel erwähnte Beförderung der gemeinsamen Wohlfahrt, die dem neuen Bundesstaat aufgab, auch für das materielle Wohl seiner Bürger zu sorgen, erwies sich schliesslich als wesentlichster Punkt des von den Verfassungsgebern vertretenen Programms. Diese waren sich durchaus bewusst, dass eine erfolgreiche Hebung des Wohlstands der Bürger das wichtigste Element war, um sie zur Anerkennung des neuen Verfassungsstaates zu bewegen und ihm dadurch die nötige Legitimation für die Zukunft zu vermitteln.

Gemessen an heutigen rechts- und sozialstaatlichen Standards darf man wohl feststellen, dass die Verfassungsgeber von 1848 mit der Einführung der Verfassung und Schaffung des Bundesstaates ihrer Verantwortung für die

Zukunft nachgekommen waren. Die neue verfassungsrechtliche Ordnung hielt, was sie versprochen hatte. In Anbetracht der geschichtlichen Entwicklung kann den Verfassungsgebern gleichsam *Décharge* erteilt werden. Durch die Bewährung ihrer Zwecke und Ziele vermochte die bezogen auf den Bundesvertrag illegal und revolutionär eingeführte Verfassung von 1848 ihre zunächst prekäre Legitimation zu festigen und zu verstetigen.

5. Verantwortung für die Zukunft im Zweckartikel der geltenden Bundesverfassung

Es mag deshalb nicht verwundern, dass im St. Galler Kommentar zur geltenden Bundesverfassung von 1999/2000, die aus einer Totalrevision von jener aus dem Jahr 1874 hervorgegangen ist, festgestellt wird, dass die Zweckartikel der Bundesverfassungen vor allem von «*historischem Wert*» (Ehrenzeller 2014, Kommentar zu Art. 2 BV, Rz. 7, 76) seien. Die verfassungsmässig konstituierte und bundesstaatlich organisierte Schweiz bedürfe – so der Autor der Kommentierung des Zweckartikels, Bernhard Ehrenzeller – heute keiner Rechtfertigung mehr (Ehrenzeller 2014, Kommentar zu Art. 2 BV, Rz. 4, 76.).

Diese Aussage ist freilich zu hinterfragen. Die Schweiz ist mit der dauerhaften Errichtung des verfassungsmässig konstituierten Bundesstaates keineswegs ans Ende ihrer Geschichte angelangt. Auch und gerade der gegenwärtige Verfassungsstaat bedarf weiterhin gleichsam als zivilreligiöse Grundierung legitimierender und sinnstiftender Zielsetzungen, wie sie etwa im neu formulierten Zweckartikel der Bundesverfassung von 1999/2000 – es handelt sich noch immer um Art. 2 (siehe zur Geschichte von Art. 2 der Bundesverfassung Monnier 1998, 415 ff.) – festgehalten sind. Art. 2 der Bundesverfassung lautet wie folgt:

> [1]Die Schweizerische Eidgenossenschaft schützt die Freiheit und die Rechte des Volkes und wahrt die Unabhängigkeit und die Sicherheit des Landes.
> [2]Sie fördert die gemeinsame Wohlfahrt, die nachhaltige Entwicklung, den inneren Zusammenhalt und die kulturelle Vielfalt des Landes.
> [3]Sie sorgt für eine möglichst grosse Chancengleichheit unter den Bürgerinnen und Bürgern.
> [4]Sie setzt sich ein für die dauerhafte Erhaltung der natürlichen Lebensgrundlagen und für eine friedliche und gerechte internationale Ordnung.

Man mag Ehrenzeller insofern beipflichten, dass dieser Artikel nicht mehr – wie sein Vorläufer in der Verfassung von 1848 – als Rechtfertigung für die

Eidgenossenschaft als neu gegründetes Staatswesen verstanden werden kann. Der Zweckartikel gibt aber gleichwohl weiterhin programmatisch Auskunft darüber, welche Gemeinwohlziele die Schweiz nunmehr unter der geltenden Bundesverfassung anzustreben hat.

Auffällig ist dabei, dass die Staatszwecke gegenüber den Verfassungen von 1848 und 1874, um sechs neue erweitert wurden, nämlich um die Förderung der nachhaltigen Entwicklung, des inneren Zusammenhalts, der kulturellen Vielfalt, der möglichst grossen Chancengleichheit, der natürlichen Lebensgrundlagen sowie der friedlichen und gerechten internationalen Ordnung. Hervorzuheben ist vor allem der Zweck der Förderung der nachhaltigen Entwicklung, kann er doch in einen unmittelbaren Bezug zu der in der Präambel enthaltenen Formel der Verantwortung gegenüber den künftigen Generationen gesetzt werden. Dabei teilt der Nachhaltigkeitsbegriff die Unbestimmtheit der Formel «Verantwortung gegenüber den künftigen Generationen». Die Verfassungsordnung vermag auch bezüglich der Nachhaltigkeit nicht genügend bestimmt vorzugeben, was wem auf welche Weise dauerhaft erhalten bleiben soll. Wenn also an anderer Stelle in der Bundesverfassung, nämlich in ihrem Art. 73, die Nachhaltigkeit dergestalt näher umschrieben wird, dass «Bund und Kantone [...] ein auf Dauer ausgewogenes Verhältnis der Natur und ihrer Erneuerungsfähigkeit einerseits und ihrer Beanspruchung durch den Menschen anderseits» anzustreben haben, so kann dies nur als allgemeine, erheblich symbolgeladene Maxime für das staatliche Handeln insgesamt begriffen werden. Es ist Aufgabe der gestützt auf Art. 73 der Bundesverfassung erfolgenden Rechtssetzung, das Nachhaltigkeitsprinzip, das nicht nur ökologische, sondern auch soziale und wirtschaftliche Dimensionen einschliesst und deshalb auch mit auszutarierenden Zielkonflikten verbunden sein kann, näher zu bestimmen und zu konkretisieren (Vallender 2014, Kommentar zu Art. 73 BV, insb. Rz. 29 ff., 1493 ff.; so auch Griffel 2015, Kommentar zu Art. 73 BV, Rz. 13, 1249).

6. Verantwortung für die Zukunft in der Rechtsetzung

Die im Zweckartikel verwendeten Sätze und Begriffe bewegen sich denn auch auf einem sehr hohen Abstraktionsniveau. Sie sind wegen ihrer inhaltlichen Offenheit ungeeignet, dem Staat unmittelbar als rechtliche Direktiven für sein Handeln zu dienen. Damit er tätig werden und einer Staatsaufgabe nachgehen darf, benötigt er – entsprechend auch den Anforderungen des Legalitätsprinzips – eine hinreichend bestimmte Rechtsgrundlage, sei es in einem Gesetz oder sei es in der Verfassung selbst. Es liegt somit an der Gesetz- oder Verfassungsgebung, die im Zweckartikel anvisierten Gemeinwohlziele zu konkretisieren und sie in operationale Staatsaufgaben zu transformieren. Insofern realisiert sich die in der Verfassung angelegte Verantwortung für die Zukunft in erster Linie in der dem Zweckartikel zeitlich nachgeordneten Rechtssetzung.

Idealerweise erweisen sich die im Recht verankerten Staatsaufgaben somit als Verwirklichung und Konkretisierung der im Zweckartikel festgehaltenen Staatszwecke und Gemeinwohlziele. Im schweizerischen Rechtssetzungsverfahren übernimmt allerdings bekanntlich das Volk eine zentrale Rolle. So hat es auf Bundesebene bei Bundesgesetzen die Möglichkeit, gegen Gesetzesvorlagen das Referendum zu ergreifen. Bei Partial- oder Totalrevisionen der Bundesverfassung, die auch vom Volk initiiert werden können, ist darüber hinaus seine obligatorische Mitwirkung vorgesehen, weil jede Änderung der Bundesverfassung – wie hiervor bereits erwähnt – der Mehrheit aller stimmenden Schweizerinnen und Schweizer sowie des Ständemehrs, für dessen Ermittlung wiederum die jeweilige Mehrheit der stimmenden Kantonsangehörigen massgeblich ist, bedarf.

7. Verantwortung der Stimmbürgerinnen und Stimmbürger für die Zukunft

Die Deutungsmacht darüber, welche Aufgaben der Staat wahrnehmen soll, kommt demnach im Wesentlichen dem Stimmvolk zu (siehe dazu und zum Folgenden Hafner 2016, 175 und insb. 183f.). Es kann sich dabei auch über die im Zweckartikel formulierten Ziele hinwegsetzen, zumal – jedenfalls auf innerstaatlicher Ebene – keine über der Verfassung stehende Gerichtsinstanz existiert, die feststellen könnte, welche Staatsaufgaben «verantwortungslos» an den Staatszwecken und an den darin enthaltenen Gemeinwohlzielen vorbei in ein Bundesgesetz oder in die Bundesverfassung aufgenommen wurden. Auf der Ebene des Bundesstaates besitzt somit grundsätzlich die Mehrheit der stimmenden Schweizerinnen und Schweizer das Interpretationsmonopol und daher die Verantwortung, wie die in der Bundesverfassung festgehaltenen Staatszwecke und Gemeinwohlziele auszulegen sind und welchen Verantwortungsgegenständen der Staat in Gestalt von Staatsaufgaben nachzugehen hat.

8. Fazit

Im Sinne eines Fazits kann festgehalten werden, dass die Verfassungsgeber von 1848 den in der Bundesverfassung enthaltenen und die Wege zum Fortschritt aufzeigenden Plan richtig gezeichnet hatten. Der von ihnen geschaffene Bundesstaat konnte die im Zweckartikel der Verfassung anvisierten Gemeinwohlziele grösstenteils verwirklichen. Nicht zuletzt deshalb fanden Verfassung und Bundesstaat schliesslich auch Anerkennung und Akzeptanz bei der konservativen Minderheit, die den neuen Verfassungsstaat zunächst abgelehnt und bekämpft hatte.

Zum Programm der Verfassungsgeber von 1848 zählte namentlich auch die Einführung der Volksrechte, d. h. vor allem des Rechts des Volkes, bei der Verfassungsgebung direkt mitwirken zu können. Damit haben die Verfassungsgeber von 1848 die zunächst nur in der Verfassung angelegte Verantwortung für die Zukunft an die einzelnen Stimmbürgerinnen und Stimmbürger delegiert, in der Erwartung, dass diesen die allenfalls mehrheitsbildende und damit zukunftsgestaltende Kraft ihrer Stimme bewusst ist.

Fortan waren es – und sind es noch heute – nicht mehr primär Verfassung und Bundesstaat, die bei den Schweizern und Schweizerinnen Akzeptanz und Legitimation suchen und auch gewinnen müssen, sondern die Entscheide der Mehrheit des stimmenden Schweizervolkes, die sich bei den jeweils unterlegenen Minderheiten zu bewähren haben; bei Minderheiten freilich, die darauf hoffen können, in künftigen Abstimmungen wieder zu Mehrheiten zu werden.

Literatur

Belser, Eva Maria, Kommentar zur Präambel, in: Waldmann, Bernhard u. a. (Hg.), Basler Kommentar: Bundesverfassung, Basel 2015.

Ehrenzeller, Bernhard, Kommentar zur Präambel, in: Ehrenzeller, Bernhard u. a. (Hg.), Die schweizerische Bundesverfassung: St. Galler Kommentar, Zürich u. a. ^{3}2014.

Ehrenzeller, Bernhard, Kommentar zu Art. 2 BV, in: Ehrenzeller, Bernhard u. a. (Hg.), Die schweizerische Bundesverfassung: St. Galler Kommentar, Zürich u. a. ^{3}2014.

Griffel, Alain, Kommentar zu BV Art. 73, in: Waldmann, Bernhard u. a. (Hg.), Basler Kommentar: Bundesverfassung, Basel 2015.

Hafner, Felix, Die Bundesverfassung von 1848 – Topographie des gelobten Landes?, in: Hermann, Adrian / Mohn, Jürgen (Hg.), Orte der europäischen Religionsgeschichte, Würzburg 2015, 235ff.

Hafner, Felix, Verfassung – Grund und Grenze staatlicher Verantwortung, in: Breitenstein, Urs (Hg.), Verantwortung – Freiheit und Grenzen, Vierte interdisziplinäre Aeneas-Silvius-Ringvorlesung: Grenzen der Verantwortung, Basel 2016, 157ff.

Monnier, Victor, Les origines de l'article 2 de la constitution fédérale de 1848, in: ZSR 117/1998 II, 415 ff.

Rousseau, Jean-Jacques, Du contrat social ou Principes du Droit Politique, première édition, livre IV, chapitre VIII, première édition, Amsterdam 1762.

Vallender, Klaus A., Kommentar zu BV Art. 73, in: Ehrenzeller, Bernhard u. a. (Hg.), Die schweizerische Bundesverfassung: St. Galler Kommentar, Zürich u. a. ^{3}2014.

Von der Pfordten, Dietmar, Rechtsethik, München ^{2}2011.

Manfred Brocker

Gibt es eine Pflicht, die Menschheit zu erhalten?
Rechtliche, ethische und politisch-institutionelle Antworten
auf eine existenzielle Frage

In seinem kürzlich erschienenen Buch «Zehn Milliarden» zeichnet Stephen Emmott, Experte auf dem Gebiet der rechnergestützten naturwissenschaftlichen Prognostik, ein schwarzes Bild von der Zukunft der Menschheit und des Planeten Erde (Emmott 2013). Es gehe, kurz gesagt, zu Ende mit beiden.
Die CO_2-Konzentration in der Atmosphäre werde in den nächsten Jahrzehnten weltweit stark ansteigen und damit die Erde weiter aufheizen. Zwischen 1900 und 2012 seien etwa 2,6 Milliarden Autos produziert worden. Bis 2050 werden es vermutlich vier Milliarden weitere sein (92, 107). Einerseits werde sich der Bedarf an Nahrungsmitteln bis 2050 mehr als verdoppeln, andererseits würden die zur Produktion von Mineraldünger erforderlichen Phosphatvorräte in wenigen Jahrzehnten zu Neige gehen (52, 136). Der Kohleverbrauch werde bis 2030 um weitere 20 % steigen und damit die Erderwärmung verschärfen, der Wasserverbrauch im Jahr 2025 zehnmal höher sein als zu Beginn des 20. Jahrhunderts (76–77, 88–89), was weitere Dürren hervorrufen werde: «Am Ende dieses Jahrhunderts wird es in weiten Teilen unseres Planeten kein brauchbares Wasser mehr geben.» (138) Die Folgen: Ökosystemfunktionen werden ausfallen (67), Hungersnöte ausbrechen (128–130), die Polkappen schmelzen und weite Teile der Küstenregionen der Welt überfluten. «Grosse Teile Afrikas werden auf Dauer zu Katastrophengebieten werden. Das Amazonasgebiet wird sich womöglich in eine Strauchlandschaft oder gar eine Wüste verwandeln. Und die gesamte Landwirtschaft wird in einem nie dagewesenen Ausmass bedroht sein.» (149) Am Ende, so Emmott, stehe das Überleben der Spezies Mensch auf dem Spiel.
Vieles von dem, was Emmott schreibt, ist heute Gemeingut: Wir verbrauchen zu viel Wasser, zu viel fossile Energie, zu viel Atmosphäre, zu viel Boden. Die Meere sind überfischt, die Böden ausgelaugt, die Umweltverschmutzung gefährdet den Bestand zahlreicher Arten. Die steigende Nahrungsmittelproduktion beschleunigt den Klimawandel und gefährdet damit sich selbst.

Die Fakten sind bekannt, die Prognosen umstritten. Die Eintrittswahrscheinlichkeit dieser Prognosen hängt am individuellen wie politischen Handeln der gegenwärtigen Generationen. Lässt sich die Katastrophe verhindern? Was ist zu tun?

Im Folgenden sollen die rechtliche, die ethische und die politische Dimension der Krise näher ins Auge gefasst werden. Stephen Emmott tut dies nicht, die vielleicht grösste Schwäche seines Buches. Doch haben viele Wissenschaftler, Philosophen und Juristen der Gegenwart die hier zentralen Fragen erörtert. Formuliert werden sie etwa wie folgt: Welche Verantwortung haben die gegenwärtig Lebenden gegenüber zukünftigen Generationen? Sind wir verpflichtet, unseren Urenkeln und Ur-Urenkeln eine intakte Umwelt zu hinterlassen und wenn ja, wer unter den heute Lebenden soll die Kosten dafür tragen? Alle Menschen zu gleichen Teilen? Nur die Bewohner der Industriestaaten, weil vor allem sie die Annehmlichkeiten der wirtschaftlichen Entwicklung geniessen, deren ökologische Folgen die gesamte Welt zu tragen hat? Oder alle Staaten der Welt gemeinsam, gewichtet etwa nach ihrer Wirtschaftskraft?

Gelegentlich werden hierauf aber auch Rückfragen gestellt, etwa ob und inwieweit das Prämieren der Zukunft zulasten der Gegenwart moralisch überhaupt zu rechtfertigen ist: Warum sollen wir Heutige uns einschränken, wo wir die zukünftigen Menschen, denen gegenüber wir verpflichtet sein sollen, doch nicht einmal kennen (oder genau wissen können, dass es sie geben wird)? Was *konkret* schulden wir den Zukünftigen, vorausgesetzt wir schulden ihnen etwas? Wenn es z. B. Widerstand gegen ein Gesetz gibt, das die Gesellschaft «zukunftsfest» machen soll, gegen ein Gesetz also, das den Heutigen Kosten auferlegt, seinen Nutzen aber erst bei zukünftigen Generationen entfaltet: Darf man diesen Widerstand brechen? Darf zum Schutz der Interessen noch ungeborener Zukünftiger Zwang gegenüber den heute Lebenden ausgeübt werden?

1. «Generationengerechtigkeit» und Zukunftsverantwortung

Die Frage nach «Generationengerechtigkeit» und Zukunftsverantwortung hat man im Modus des «*Rechte*-Diskurses»[1] anzugehen versucht: Haben zukünftige Generationen bzw. zukünftig lebende Individuen im strikten Sinne

---

1 Vgl. aus der inzwischen reichen Literatur z. B. Feinberg 1980; Baier 1981; Elliot 1989; Unnerstall 1999; Bruhl 2002; Steigleder 2006; Tremmel 2006, 198–203; Gosseries 2008; Weston 2012; Meyer 2015; Brännmark 2016.

Rechte gegen uns, weil unsere heutigen Handlungen ihre Lebensmöglichkeiten morgen affizieren, ja prägen, dann sind wir zu bestimmten Handlungen oder Unterlassungen verpflichtet. Wenn sie ein Recht auf Leben, körperliche Unversehrtheit und persönliche Entfaltung haben, dann dürften wir keinen Atommüll hinterlassen, die Atmosphäre nicht aufheizen, erschöpfbare Ressourcen nicht restlos verbrauchen, die langfristige Lebensmittelproduktion nicht gefährden usw., weil dies ihre Rechte verletzte.

Aber der «Rechte-Diskurs» mit Blick auf zukünftige Generationen hat erkennbare Schwächen, auf die schon mehrfach hingewiesen worden ist:

So können wir niemandem Schaden zufügen, der noch nicht geboren oder gezeugt ist. Ein Schaden physischer, ökonomischer oder emotionaler Art kann hier durch unsere Handlungen gar nicht entstehen.

Es fehlt in der Relation «Heutige–Zukünftige» die Reziprozität: Die Pflichten lägen alleine bei uns, die Rechte alleine bei jenen; denn Zukünftige können nichts für uns tun.

Die Zukünftigen könnten ihre Rechte, wenn sie welche hätten, nicht ausüben und uns gegenüber nicht geltend machen (Steiner 1983, 154–155). Denn sie können weder klagen, noch durch Sanktionen Rechtskonformität erzwingen – wie auch wir ihnen gegenüber nichts durchzusetzen vermögen. Aber selbst wenn wir konzedierten, dass sie Rechte haben, wüssten wir nicht, *wie* sie sie uns gegenüber ausüben würden (sie könnten ja *wollen*, dass es uns besser geht als ihnen; vgl. Steiner 1983, 156). Wir können nicht, auch nicht im weitesten Sinne, miteinander kommunizieren. Allenfalls eine «advokatorische Vertretung» zukünftiger Generationen wäre denkbar (und ist öfter gefordert worden).[2] Doch ist dies eine blosse *Fiktion* (die gelegentlich ins Spiel gebracht wird, um *Heutigen* neue Machtquellen zu erschliessen).

Rechte haben setzt mithin Existenz voraus (Beckerman / Pasek 2001, 14–20). Ungeborene Zukünftige haben – mangels Existenz – kein Recht gegen uns, insbesondere kein Recht auf ihr Dasein. Dies wäre die Voraussetzung für alle weiteren Rechte. Es gibt jedoch keinen rechtsethisch begründbaren *Reproduktionszwang* für die heute Lebenden aufgrund eines Anspruchs ungeborener Zukünftiger gegen uns auf Geboren-Werden.

Fehlende Identität: Wir kennen die Zukünftigen nicht; sie haben kein Gesicht, keinen Namen, keine Herkunft (Macklin 1981, 151–152). Es entsteht zudem das Parfit- (oder «Future Individual»-) Paradox (Parfit 1976; Parfit

---

2 Etwa von Göpel / Arhelger, die einen «Europäischen Bürgervertreter» oder «Hüter der künftigen Generationen» vorschlagen, «mit explizitem Mandat zur Verteidigung der Rechte zukünftiger Generationen» (Göpel / Arhelger 2011, 4, 8–9).

1984, 351–379): Wir *verändern* die zukünftigen Generationen durch unsere (ökoethischen) Handlungen heute, die ohne diese ganz *andere* sein könnten. Wenn eine zukünftige Person A eine gegenwärtige Person B zu einer Handlung X (oder die Unterlassung von Y) verpflichten könnte, um ihre eigenen Lebensmöglichkeiten in der Zukunft zu verbessern, so wäre nicht auszuschliessen, dass gerade durch diese Handlung X (oder die Unterlassung von Y) die Person A gar nicht mehr geboren wird, weil X (oder die Unterlassung von Y) die Ereignisfolge veränderte. Hätte aber Person A nicht mehr Interesse an ihrer Existenz als an einer Verbesserung ihrer Lebensumstände (D'Amato 1990, 192–194)?

Und schliesslich: In welchen zeitlichen Dimensionen sollen wir denken bei den «Rechten *zukünftiger* Generationen»? Sehr langfristig muss die Spezies-Zugehörigkeit der Zukünftigen zumindest als ungewiss betrachtet werden. Schon Darwin selbst bemerkte, dass «keine heute lebende Art ihr Bild unverändert an eine ferne Zukunft weitergeben wird» (zit. Rees 2003, 194). Aufgrund der Evolution durch zufällige genetische Rekombination und Mutation sowie dem regelmässigen Aussterben von Arten sind sehr ferne «Generationen» möglicherweise gar nicht mehr als «Menschen» zu bezeichnen. Können aber ethische Pflichten gegenüber einer anderen Spezies bestehen? Kann eine andere Spezies Rechtsansprüche gegen uns haben?[3]

Dieser Weg führt offenbar nicht weiter. Haben wir demnach keine *Pflichten* mit Blick auf zukünftige Generationen?

2. Eine Pflicht gegenüber dem Kollektivsubjekt Menschheit?

Der deutsch-jüdische Philosoph Hans Jonas hat in seinem 1979 erschienenen Buch «Das Prinzip Verantwortung» (Jonas 1979, 31982) einen anderen Weg der Begründung beschritten, warum wir Heutige tatsächlich doch für die Zukunft der Menschheit verantwortlich seien. Nach seiner Auffassung gibt es keine Pflicht gegenüber einzelnen Zukünftigen (etwa ihr Dasein zu gewährleisten). Die gesuchte und notwendige «neue Zukunftsethik» liege, so Hans Jonas, ausserhalb des «Recht-Pflicht»-Feldes, weil es – wie er richtigerweise feststellt – keine Reziprozität mit einzelnen Zukünftigen geben kann, da sie ja noch nicht existierten. Aber es gebe, so Jonas, eine Pflicht gegenüber der

---

[3] Einzelne Philosophen haben diese Frage mit Blick auf (empfindungsfähige) Tiere bejaht, vgl. beispielhaft etwa Feinberg 1980; Donaldson / Kymlicka 2013. Mit Blick auf Posthumane (oder Chimären) wurde sie bislang nicht diskutiert. Eine positive Antwort scheint mir im einen wie im anderen Fall zweifelhaft zu sein.

Menschheit als Ganzer, eine Pflicht, die Menschheit zu erhalten. Dies sei in der Form eines kategorischen Imperativs zu denken, als «eine unbedingte Pflicht der Menschheit zum Dasein» (80). Oder kürzer formuliert: Menschheit solle sein (90).

Hans Jonas argumentiert wie folgt: Die veränderte Natur menschlichen Handelns heute mache eine Änderung der Ethik erforderlich (15). Früher war die Natur kein Gegenstand menschlicher Verantwortung (21). Alle traditionelle Ethik war anthropozentrisch (22). Die Zeitperspektive war kurz (23). Es gab einen Nahkreis des Handelns, der den «Präsenzcharakter aller bisherigen Ethik» ausmachte (42). Durch die moderne Technik jedoch entstünde eine neue Dimension der Verantwortung, die sich auf die gesamte Biosphäre erstrecke. Grund hierfür sei die neue, technisch potenzierte Macht des Menschen über die Natur und das neuartige Phänomen der kumulativen und irreversiblen Fern- und Nebenwirkungen seiner Handlungen: Durch die Summierung einzelner – für sich selbst zunächst weitgehend schadloser oder unbedenklicher – Handlungen entstünden (unbeabsichtigt und zum Teil unkontrollierbar) Folgen, die die globale Umwelt bedrohten und die Lebensgrundlagen gefährdeten. Das menschliche Wissen sei diesem Phänomen nicht mehr gewachsen. Es entstehe eine «Kluft zwischen Kraft des Vorherwissens und Macht des Tuns» (28). Diese in der Technikgeschichte der Menschheit neuartige Diskrepanz erfordere eine neue Ethik der Zukunfts- oder Fernverantwortung (175), die an die Stelle der überkommenen Nah- oder Gegenwartsethik treten beziehungsweise diese ergänzen müsse (vgl. Werner 2003, 42–44).

An dieser Stelle nun formuliert Hans Jonas – in scheinbarem Anschluss an Immanuel Kant – den schon angesprochenen «kategorischen Imperativ» der neuen Zukunftsethik, den er den «ontologischen Imperativ» nennt, weil er im *Sein* selbst gründe (was sogleich den Unterschied zu Kant markiert): «Handle so, dass die Wirkungen deiner Handlung verträglich sind mit der Permanenz echten menschlichen Lebens auf Erden. [...] Gefährde nicht die Bedingungen für den indefiniten Fortbestand der Menschheit.» (Jonas ³1982, 36) An anderer Stelle hat Jonas den Imperativ leicht variiert wie folgt zum Ausdruck gebracht: «Handle so, dass die Folgen deines Tuns mit einem künftigen menschenwürdigen Dasein vereinbar sind, d. h. mit dem Anspruch der Menschheit, auf unbeschränkte Zeit zu überleben.» (Jonas 1984, 83)

Die Formulierungen zeigen, dass es Jonas nicht nur um das physische Überleben der Gattung geht («Fortbestand der Menschheit»), sondern auch um die Qualität dieses Lebens («echtes menschliches Leben», «menschenwürdiges Dasein»): Das Dasein und *So-Sein* der Menschheit zu erhalten ist für ihn demnach eine kategorisch gebotene moralische Pflicht.

Hieraus leiten sich nach Jonas Forderungen ab, die das individuelle wie kollektive Leben fortan bestimmen müssten: Ausgehend von einer «Heuristik der Furcht» (Jonas ³1982, 8, 64–65) müsse jeder vor einer Handlung so viel Wissen als möglich über die denkbaren Konsequenzen und «Fernwirkungen» seines Tuns sammeln (28), müsse der schlechten Prognose stets Vorrang vor der guten eingeräumt werden, sei «der Unheilsprophezeiung mehr Gehör zu geben [...] als der Heilsprophezeiung (70) – im Rahmen einer «vergleichende[n] Futurologie» (63). Zugleich müssten wir das dem Vorgestellten angemessene Gefühl der Furcht aufbieten und uns vom gedachten «Unheil kommender Geschlechter affizieren» lassen (65). Das «Gebot der Bedächtigkeit» und der Selbstbeschränkung müsse gegen das «aufs Ganze Gehen» der modernen Technologie in Anschlag gebracht werden (71), «Behutsamkeit» zum Kern unseres alltäglichen Tuns werden (82).[4] Denn niemals dürfe die Existenz oder das Wesen des Menschen im Ganzen zum Einsatz in der Wette des Handelns gemacht werden (81), so formuliert er den Kern seiner Wissenschafts-, Technik- und Kulturkritik. Es bedürfe einer «Ethik der Erhaltung, der Bewahrung, der Verhütung und nicht des Fortschritts» (249). Jonas kokettiert in diesem Zusammenhang sogar mit (Öko-)Diktatur und Sozialismus[5] als überlegenen Formen der politischen Hegung technologischer Hybris und übertriebenen Konsums (259–270) gegenüber den marktwirtschaftlich organisierten liberalen Demokratien[6] etwa der Schweiz, Deutschlands oder der USA – ohne freilich je genau zu sagen, wie denn nun «Verantwortung» heute konkret und im Einzelfall übernommen werden

---

4   An anderer Stelle spricht Jonas davon, dass wir nicht nur «Mässigung im Konsum» üben und die «Tugend der Enthaltsamkeit» pflegen, sondern von der «Zügelung der Genussgier zur Zügelung unseres [technischen, M. B.] Könnens und unserer Leistungsfähigkeit übergehen» müssten. Er fordert eine «Verzichtpolitik», die Bereitschaft zur «Bescheidung» (Jonas 1984, 84–86).

5   Einem «sehr ernüchterte[n] Sozialismus» freilich, ohne die «eschatologische Hoffnungsperspektive des Marxismus», der selbst die technologische Hybris der Menschheit befeuert habe. Ein solcher Sozialismus wäre «wahrscheinlich die beste Voraussetzung, um die Technologie wieder etwas bescheiden in den Dienst der menschlichen Gegenwart und Zukunft zu stellen». Hans Jonas, Interview mit U. Martens, in: Süddeutsche Zeitung 31, 1981; hier zitiert nach Obermeier 1981, 438 Fn 15.

6   Dass die Demokratie zumindest «zeitweilig, sagen wir mal, suspendiert» werden müsste, wiederholt Hans Jonas 1994 im Gespräch mit Eike Gebhardt (Jonas 1994, 211).

müsse, was also im Bereich der modernen Technologien, wissenschaftlichen Experimente und Grossprojekte im Einzelnen zu tun sei.⁷

Lassen wir das Problem der Pragmatik für den Moment hintangestellt und setzen uns zunächst mit dem Begründungsgerüst der Jonas'schen Verantwortungsethik auseinander:

Der neue kategorische Imperativ besage, so Jonas, dass wir nicht das Recht haben, das Nichtsein künftiger Generationen wegen des Seins der jetzigen zu wählen oder auch nur zu wagen. Warum wir dieses Recht nicht haben, sondern im Gegenteil eine Verpflichtung gegenüber dem haben, was noch gar nicht ist und «an sich» auch nicht zu sein braucht, jedenfalls als nicht existent keinen *Anspruch* auf Existenz hat, sei «theoretisch gar nicht leicht und» – so ergänzt er bezeichnenderweise – «vielleicht ohne Religion überhaupt nicht zu begründen. [...] Es ist die Frage, ob wir ohne die Wiederherstellung der Kategorie des Heiligen, die am gründlichsten durch die wissenschaftliche Aufklärung zerstört wurde, eine Ethik haben können, die die extremen Kräfte zügeln kann, die wir heute besitzen.» (36, 57)⁸ An anderer Stelle hat er diese Auffassung wiederholt: «Es bleibt für mich sehr fraglich, ob dieses Vorhaben bündig, und ohne letztendlich auf irgendein Relikt des Glaubens zurückzugreifen, überhaupt möglich ist.» (Jonas 1984, 83) Damit bekundet Jonas recht deutlich, dass er eine *philosophische* Argumentation in dieser Frage nicht für ausreichend oder zwingend genug hält, um Überzeugungen und Verhaltensweisen nachhaltig zu verändern – was einen performativen Widerspruch in seinem eigenen (philosophischen) Tun konstituiert. Ganz zu schweigen von der Frage, wie religiöse Grundlagen, von denen Jonas selbst annimmt, dass sie weitgehend verschwunden sind, dies leisten können sollen (Jonas 1984, 76, 80; vgl. Oelmüller 1988, 349–350).

Die traditionelle Ethik jedenfalls, so fährt Jonas in «Das Prinzip Verantwortung» fort, könne nicht begründen, warum das gegenwärtige Glück nicht mit dem Unglück oder der Nicht-Existenz zukünftiger Generationen erkauft werden dürfe und dass «die Reihe [...] weitergehen soll» (Jonas ³1982, 35).

---

7 Selbst in seinem 1985 erschienenen Buch «Zur Praxis des Prinzips Verantwortung» erläutert er dies nur in Ansätzen (Jonas 1985).
8 Erforderlich für die Begründung einer «Ethik der Fernverantwortung» sei, so erklärt Jonas in seinem Buch, ein theoretisch begründetes ethisches Prinzip *oder* ein «wohldurchdachter Glaube» (Jonas ³1982, 61, 67). Entsprechend finden sich dort wiederkehrend Verweise auf die (jüdisch-christliche) Religion. Für Jean-Claude Wolf führt dies zu einem «undurchsichtigen Nebeneinander von theologischer und philosophischer Argumentation» (Wolf 1992, 216; vgl. 221, 232). Vgl. auch Gethmann-Siefert 1993, 188–200.

Hierfür bedürfe es einer andersartigen Begründung als sie etwa Kant zu liefern verstand, und für die Jonas die Trias «Zweck – Wert – Pflicht» ins Feld führt. Er liefert in diesem Zusammenhang kein wirklich neues Begründungsgerüst, sondern greift auf Traditionsbestände zurück, deren Fundamente Jahrhunderte vor Kant in der Antike und dem Mittelalter gelegt worden sind.

Für Jonas besteht wie für die antike und mittelalterliche Philosophie ein enger Zusammenhang zwischen dem «Sein» und dem «Sollen» (92–100) – womit er sich gegen Hume, Kant und weite Teile der Philosophie seit der Aufklärungszeit richtet (Schäfer 1986, 10; Schmidt 2007, 552–553). Seine Auffassung mit Blick auf die hier vorliegende Frage («Gibt es eine Pflicht, die Menschheit zu erhalten?») ist kurz gesagt die folgende: Weil die Menschheit ist, ist sie wert zu sein. Die Existenz der Menschheit darf nicht als kontingentes Faktum der Natur, als zufälliges Resultat evolutionärer Entwicklungsprozesse angesehen werden, sondern sei eine Wertsetzung der Natur. Dass dieser Satz nicht einfach und mit den Mitteln der modernen Philosophie vielleicht gar nicht zu begründen ist, weiss Jonas selbst. Entsprechend macht er Anleihen bei der vorkantischen Metaphysik, um ein Warum für das ‹Sollen des Seins› zu finden. Warum, so lautet ja die Grundfrage der Metaphysik bzw. Ontologie, ist etwas, und nicht nichts? Jonas zitiert sie und formuliert sie um: Warum *soll* «überhaupt etwas im Vorrang zum Nichts sein»? Diese Frage leite auf die grundsätzliche Frage des Wertes – «Ist es wert, zu sein?» (Jonas ³1982, 99) – und eröffne die Perspektive für eine Theorie von Wert überhaupt.

Jonas versucht sich an einer Wiederbelebung und Rehabilitierung der alten, letztlich auf Aristoteles zurückgehenden Idee der immanenten Zweckmässigkeit (Teleologie), um die moderne Vorstellung von einer wertneutralen Natur zu überwinden. Die moderne Naturwissenschaft hat den Begriff der Teleologie weitgehend aufgegeben und betrachtet die Arten als kontingentes Produkt der Evolution, das einzelne Lebewesen als Resultat von Umwelteinflüssen und Genen. Jonas hält die Aussagen der modernen Genetik und Evolutionsbiologie zwar nicht für gänzlich falsch, aber für nicht ausreichend, und fügt hinzu: «Wir wollen – letztlich um der Ethik willen – den *ontologischen Sitz* von Zweck überhaupt von dem in der Subjektspitze Offenbaren zu dem in der Seinsbreite Verborgenen erweitern» (138). Es sei einfach nicht wahr, dass ein teleologisches Seinsverständnis der modernen Naturerklärung widerspreche. Und er ergänzt, dass «Zweck überhaupt in der Natur beheimatet» sei und «dass mit der Hervorbringung des Lebens die Natur wenigstens *einen* bestimmten Zweck kundgibt, eben das Leben selbst» (142–143).

Jonas spricht von der «Überlegenheit von Zweck an sich über Zwecklosigkeit» und ergänzt: «In jedem Zweck erklärt sich das Sein für sich selbst und gegen das Nichts.» (155)[9] Evolutionsbiologen würden hier nüchterner formulieren, dass das Leben nur eine Möglichkeit der Natur sei, die der Zufall verwirklicht hat. Jonas hält dem entgegen: «Dass es dem Sein um etwas geht, also mindestens um sich selbst, ist das erste, was wir aus der Anwesenheit von Zwecken in ihm über es lernen können.» (156) Jonas' Zukunftsethik formuliert (nach eigenem Verständnis) nichts anderes als ein im Sein der Natur selbst begründetes Sollen. Sie sei eine Ethik des «Findens», nicht des «Erfindens» (Wolf 1992, 222), die das Sollen, anders als Kant, «jenseits des Wertsubjektivismus im Sein» selbst verankern will (Jonas ³1982, 8). Der «Ruf», so Jonas, komme von aussen, nicht – wie bei Kant – aus der (reinen praktischen) Vernunft (164, 168–171).

Dass die Natur Werte hege, weil sie Zwecke hege (150), zeige, so Jonas, dass es keine Wertneutralität, sondern eine intrinsische Werthaftigkeit des Lebens an sich gebe. Und dieser «Wertentscheidung» der Natur müssten wir beipflichten. Jonas vertritt einen moralischen Realismus, für den es objektive Werterkenntnis gibt. Axiologie ist bei ihm Teil der Ontologie. Danach gibt es Werte und Zwecke in der Natur, die uns unmittelbar verpflichten. Wir entdecken uns, so Jonas an anderer Stelle, «unter eine Seinsverpflichtung gestellt, als Mandatar sozusagen eines Wollens der Natur» (Jonas 1985, 85).

Jonas ergänzt seine naturalistische Argumentation durch intuitionistische Elemente (Werner 2003, 46–48): Der Säugling dient ihm als Beispiel für die Selbstbejahung des Seins (Jonas ³1982, 234–242). Der Anblick eines hilflosen Babys reiche aus, um unmittelbar die Erkenntnis einer Pflicht zur Sorge und Hege ihm gegenüber zu vermitteln. «Ich meine wirklich strikt, dass hier das Sein eines einfach ontisch Daseienden ein Sollen für Andere immanent und ersichtlich beinhaltet […]. Sieh hin und Du weisst.» (235–236) Weil das Leben des Säuglings wertvoll ist und ich die Macht habe, ihn zu schützen und zu erhalten, stehe ich unter der Verpflichtung, für seinen Schutz und seine Erhaltung zu sorgen, die Verantwortung für ihn zu übernehmen. Das Beispiel des Neugeborenen ist für Jonas ein «ontisches Paradigma», die Koinzidenz von Sein und Wert.

---

9   Erbrich erläutert (1983, 670): «In der Zielstrebigkeit als solcher, im Zweck-Haben überhaupt, bejaht sich das Sein und erklärt seine Differenz zum Nichts. Das Zweck-Haben-Können und die darin sich zeigende Selbstbejahung aller Wirklichkeit ist der Grundwert aller Werte.»

Jonas' Argumentation erscheint in vielerlei Hinsicht problematisch, was im Folgenden zumindest an einigen Punkten aufgezeigt werden soll:

- Beginnen wir mit dem Beispiel des Säuglings, der paradigmatisch zeige, dass wir uns immer schon «vom Sein ansprechen» liessen. Erstens aber unterliegt das «Verantwortungsgefühl», das er unmittelbar auslösen soll, kultureller Überformung und war etwa in Sparta nicht verbreitet (vgl. ähnlich Werner 1994, 315). Zweitens stellt sich die Frage, warum es überhaupt der natürliche Pflegeinstinkt sein soll, der uns sittlich verpflichtet, und nicht etwa der Respekt vor dem Recht des Stärkeren, der Rivalitätskampf, der ebenso «natürlich» ist (vgl. Wolf 1992, 221)? Und drittens: Selbst angenommen, Säuglinge könnten uns auf die genannte Art «ansprechen». Die noch ungeborenen Zukünftigen können es nicht. Sie können nicht auf diese Weise an unser Verantwortungsgefühl appellieren. Aber gerade um sie geht es Jonas. Das angeblich «elementare ‹Soll› im ‹Ist› des Neugeborenen» (Jonas ³1982, 234) existiert hier nicht.
- Wenn es aufgrund von Enthaltsamkeit (die auch für Jonas durch das sexuelle Selbstbestimmungsrecht der Menschen moralisch gedeckt ist) keine Babys mehr gäbe, gäbe es dann auch den ontologischen Imperativ nicht mehr? Jonas kommt mit seiner Argumentation sehr nah an eine Pflicht zur Fortpflanzung (und ein Verbot der Selbsttötung), auch wenn er sie im Einzelfall bestreitet (80, 86, 238). Denn nur durch Fortpflanzung lässt sich der Erhalt der Menschheit gewährleisten. Wer kinderlos leben möchte, setzt die Fortexistenz der Spezies aufs Spiel, jedenfalls dann, wenn zu viele Heutige diesen Wunsch hegen. Ein solches Verhalten wäre, nach Jonas, unmoralisch, ein Verstoss gegen die Pflicht, die Existenz der Gattung nicht zu gefährden.
- Jonas ontologische Begründung, dass alles was ist, wert ist zu sein, führt zu einer unqualifizierten Biophilie. Das, worauf sich Verantwortung sinngemäss bezieht, sei, so Jonas, «aktuelles oder potenzielles Leben [...] und zuallererst [aber nicht nur, M. B.] menschliches» (189). Heisst das denn nicht, dass alles Gewordene in seinem Dasein erhalten werden muss, weil es *ist*? Wo ist hier die Grenze zu ziehen, wenn eine solche überhaupt gezogen werden kann? Bei Insekten? Bei Bakterien? Bei Krebszellen? Wenn die Hervorbringungen der Natur einem «Wollen», einer «Wertentscheidung» derselben gleichkommen, heisst dies dann nicht, dass *alles* Leben – bis zur Amöbe – geschützt werden muss? Ist das Pflücken von Blumen dann nicht genauso pflichtwidrig wie das Verhungern-Lassen von Kin-

dern? Müssen wir gegen Tiger vorgehen, die Lämmer fressen oder Menschen? Ja müssen wir dann nicht auch Landschaften schützen, weil sie die Natur, das Sein, hervorgebracht hat? Schliesslich heisst es bei Jonas doch: «Im wahrhaft menschlichen Blickpunkt bleibt der Natur ihre Eigenwürde, die der Willkür unserer Macht entgegensteht. Als von ihr hervorgebracht schulden wir dem verwandten Ganzen ihrer Hervorbringungen eine Treue, wovon die zu unserem eigenen Sein nur die höchste Spitze ist. Diese aber, recht verstanden, befasst alles [!] andere unter sich» (245–246; vgl. Kettner 1990, 431–432).

– Jonas begeht den bekannten naturalistischen Fehlschluss, dass aus dem Sein ein Sollen folge (Hastedt 1991, 170–171; Kuhlmann 1994, 282; Krawietz 1995, 194).[10] Aus deskriptiven Sätzen lassen sich jedoch keine präskriptiven Sätze, keine Prinzipien, Normen oder Werte ableiten. Von einer Beschreibung des Zustands der Welt lässt sich nicht auf ethische Gebote schliessen. Die Natur, das «Sein», ist nach modernem Wissenschaftsverständnis wertfreie Faktizität und nur empirisch erfassbar. Ethische Werte und Gebote, die man aus dem «Sein» herauszulesen meint, sind ihm zuvor vom jeweiligen Philosophen selbst untergeschoben worden. Es handelt sich insofern um blosse (empirisch nicht überprüfbare) Behauptungen.

– Jonas operiert, wenn er von der Natur spricht, mit Metaphern und Begriffen, die aus dem Bereich der menschlichen Praxis entnommen sind. Die Jonas'sche Teleologie setzt Zwecke *der* Natur an, als wolle sie etwas oder als handelte sie. Das aber ist ein Anthropomorphismus.

– Die Vorstellung von einer «Idee des Menschen», die eine solche sei, dass sie «die Anwesenheit ihrer Verkörperungen in der Welt fordert» (Jonas ³1982, 91), setzt metaphysische Voraussetzungen, die vielen Heutigen unter postmetaphysischen Vorzeichen schwer haltbar erscheinen. Können wir «der Menschheit» gegenüber tatsächlich verantwortlich sein? Sind denn «Menschheit» wie «Natur» nicht blosse Hypostasen im kantischen

---

10 Gethmann-Siefert verteidigt Jonas gegen diesen Vorwurf des «naturalistischen Fehlschlusses» – unter Hinweis auf dessen von vornherein «onto-theologisch» angelegtes Begründungsprogramm (1993, 193–195) –, sieht bei ihm gleichwohl eine «zirkelhafte Begründung» (214, Fn 10; vgl. auch 199–200). Apel (1994, 389) stimmt zu, dass «der logische Einwand des sogenannten ‹naturalistischen Fehlschlusses› hier deplaziert» wäre, fährt dann gleichwohl fort: «Es bleibt aber Kants Verdikt gegen ‹dogmatische Metaphysik›». Letzteres stimmt – weshalb Hastedt, Kuhlmann und Krawietz am Ende doch recht behalten.

Sinne und können als solche gar kein Korrelat einer menschlichen Handlung sein? Kant verstand unter «Hypostase» etwas, das bloss in Gedanken existiert, dem man aber, zu Unrecht, dieselbe Qualität zuschreibt wie einem wirklichen Gegenstand: nach seiner Auffassung eine unerlaubte philosophische Operation.
- Jonas sieht es als die Pflicht der heute Lebenden an, die Menschheit in ihrem Dasein *und Sosein* zu erhalten. Darunter versteht er die biologische und ethische Fortexistenz im Sinne eines «wirkliche[n] Menschentum[s]» (89) und einer «Unversehrtheit [...] seines Wesens» (9). Heisst das, wir müssten die Existenz zukünftiger Generationen nur dann gewährleisten, wenn sie zur Sittlichkeit befähigte Wesen sein werden, wenn sie also – in unserem Sinne – moralisch lebten und handelten? Dass die Verpflichtung demnach nicht einfach darin besteht, die Existenz zukünftiger Generationen nicht zu gefährden, damit diese ihre Wünsche gemäss ihren eigenen voraussichtlichen Präferenzen erfüllen können, sondern dass sie nur dann besteht, wenn Zukünftige dabei ethische Massstäbe (in unserem Sinne) anlegen werden (vgl. Wolf 1992, 228)? Dürfen wir aber, wie Jonas fordert, der Zukunft unsere heutigen normativ-ethischen Massstäbe aufzwingen und sie oder ihre Handlungswelt damit nach unserem Abbild formen? Wenn wir das in technologischer Hinsicht nicht dürfen, warum dann in ethischer? Hier besteht zweifellos die Gefahr des Paternalismus.
- Und schliesslich: Wenden wir uns nicht gegen die Evolution, ja müssten wir diese nicht paradoxerweise selbst in die Hand nehmen, wenn wir die Menschheit auf ihr Dasein und Sosein «für alle Zeit» festlegen müssen, wie es nach Jonas ein kategorischer Imperativ verlangt?

Diese und weitere Fragen sind an das «Prinzip Verantwortung» zu stellen und sind im philosophischen Diskurs nach der Publikation des Buches auch gestellt worden. Ein Diskurs, der auf zahlreiche Mängel und Schwachstellen bzw. offene Flanken der Argumentation hingewiesen hat[11] – bei gleichzeitig immer bekundetem Respekt vor der Fülle, der rhetorischen Brillanz und der grossartigen Konzentration des Werkes.

---

11 Vgl. Obermeier 1981; Birnbacher 1983; Schäfer 1986; Lenk 1987; Müller 1988; Oelmüller 1988; Apel 1988; Schäfer 1989; Kettner 1990; Hastedt 1991, 22–23, 167–178; Wolf 1992; Gethmann-Siefert 1993; Böhler 1994a; Böhler 1994b; Gronke 1994; Kuhlmann 1994; Apel 1994; Lenk 1994; Werner 1994; Krawietz 1995; Grunwald 1996; Werner 2003; Böhler 2008; Müller 2008, 119–161; Böhler 2011; Hartung u. a. 2013. Weniger Kritik als Zustimmung erfährt Jonas bei: Erbrich 1983; Spaemann 1987; Hösle 1991, bes. 69–95; Hösle 1994; Löw 1994; Schmidt 2007.

Eine letzte Frage soll hier an das Werk gerichtet werden: Selbst wenn das Argumentations-Fundament von Jonas tragfähig und belastbar wäre, sind die Forderungen, die daraus abzuleiten sind, wirklich klar? Müssen wir mehr Askese wagen? Muss der technische Fortschritt «stark gebremst und in die Richtung eines gemässigten Vorwärtsstürmens gelenkt werden», wie er in einem Aufsatz schreibt (Jonas 1984, 83)? Jonas hat wiederholt bekundet, dass bei der Umsetzung seiner moralischen Forderungen sozialistische Staaten, ja Autokratien («Ökodiktatur») im Vorteil seien. Diese könnten sehr viel schneller einschneidende Entscheidungen treffen und leichter Technik, Konsum und Warenproduktion drosseln, weil der erwartbare Widerstand in der Bevölkerung hier geringer und leichter kontrollierbar wäre.

Angesichts eines (A) anthropogen induzierten Untergangs durch übermässigen Ressourcenverbrauch und massive Umweltzerstörung wäre die (staatlich verordnete) Askese und das ‹Abbremsen› des technischen Fortschritts vielleicht als Lösung diskutierbar: Die weitere Zunahme von Klimagasen, die Erderwärmung, das Artensterben usw. liessen sich durch Konsumverzicht und eine Revision der «kapitalistischen Lebensweise» möglicherweise stoppen oder verlangsamen.[12]

Die Existenz der Menschheit ist jedoch (B) auch durch irdische (Vulkanausbrüche, Krankheitserreger) und ausserirdische Naturkräfte bedroht. Die völlige Zerstörung der Erde, sei es durch Meteoriten-Einschläge, die Kollision mit einem Neutronenstern oder das Erlöschen der Sonne, ist möglich, wie Astrophysik und Astronomie seit einigen Jahrzehnten wissen (Steel 2001; Keulemans 2010). Sind wir folglich moralisch auch dazu verpflichtet, die Existenz der Menschheit angesichts solcher Existenz-Gefährdungen zu sichern? Müssen wir Heutigen also Vorkehrungen treffen, damit die Menschheit im Notfall evakuiert werden kann?[13]

Diese Existenzrisiken, die ausserhalb der Handlungswelt des Menschen liegen, aber doch in den Gegenstandsbereich von Jonas' Zukunftsethik fallen, führten zu genau *gegenteiligen* Konsequenzen: Einer Pflicht nämlich zur

---

12 Denkbar (und in meinen Augen zutreffender) ist jedoch die Annahme, dass die Lösung vieler heutiger Probleme nur durch den Ausbau des Kapitalstocks der Volkswirtschaften und die Erhöhung der Ausgaben für Forschung und Entwicklung gelingen kann, d. h. Technikfolgeschäden primär durch *mehr* Technik und Wachstum kompensiert werden müssen.

13 Was dies konkret bedeuten würde, wird in dem amerikanischen Wissenschafts-Feature «Evacuating Earth» durchgespielt: www.n24.de/n24/Mediathek/Dokumentationen/d/ 3283912/flucht-von-der-erde--1-.html; www.n24.de/n24/Mediathek/Dokumentationen/ d/3283934/flucht-von-der-erde--2-.html (Zugriff am 03. März 2014).

intensivierten Finanzierung und Förderung der (Natur-)Wissenschaft, einer Technologiepolitik, die Kühnheit, Innovation und das «Aufs-Ganze-Gehen» honoriert und stets den Weltraum als Rückzugsort einer latent bedrohten Menschheit im Auge behält. Aus der «Pflicht zur Zukunft» und dem «Vorrang der schlechten vor der guten Prognose» wie Jonas sie fordert (Jonas ³1982, 84, 70), d. h. der Maxime, der «Unheilsprophezeiung mehr Gehör zu schenken als der Heilsprophezeiung», folgte dann die Pflicht, «alles auf eine Karte» zu setzen, nämlich die Karte der (Raumfahrt-)Technik und des *Human Enhancement*.

Wirtschaft, Gesellschaft und Staat wären, wie jeder Einzelne, dann in der Verantwortung, Wissenschaft und Technik zu unterstützen. Gäbe es nur die Möglichkeit (A) eines anthropogen induzierten Untergangs, so wäre der Weg zu einer neo-romantischen Askesekultur und einem technologischen Konservatismus (wie das bei Jonas ja tatsächlich anklingt)[14] vielleicht begründbar als Antwort auf diese Herausforderungen. Doch wer, wie Jonas, im Rahmen einer ethischen Theorie den Untergang der Menschheit in den Blick nimmt («apokalyptische Perspektive», 253), der muss auch andere Bedrohungsszenarien erwägen, wie etwa (B) den Untergang der Erde und damit der Menschheit durch irdische oder ausserirdische Naturkräfte aufgrund der Untätigkeit oder dem mangelnden wissenschaftlichen und technologischen Engagement der heute Lebenden bei der Schaffung von Rettungsinseln. Das zweite Krisenszenario jedenfalls fordert als Antwort keine Askesekultur, die einem Tanz auf dem Vulkan gliche, sondern die Expansion der Ausgaben für wissenschaftliche Forschung und Technologie, d. h. die massive Unterstützung und Förderung des technisch-zivilisatorischen Fortschritts.

Angesichts der existenziellen Risiken für die Menschheit durch Naturereignisse mit apokalyptischem Potenzial wäre das von Jonas aufgestellte Gebot der Bedächtigkeit, Selbstbeschränkung und Behutsamkeit völlig fehl am Platz. Stattdessen wäre massiv in die Überlebensfähigkeit der Menschheit zu investieren. Dass entsprechende Vorkehrungen nur in den entwickelteren Ländern möglich sind, dass sie auf Kosten ärmerer Länder und Schichten gehen würden (weil sie die weitgehende Reduktion der konsumtiven, also insbesondere der Sozialausgaben usw. forderten und eine deutliche Steigerung der Investitionen, insbesondere die Erhöhung der Ausgaben für Forschung und Entwicklung verlangten), wäre um des Überlebens der Menschheit willen hinzunehmen – würfe aber natürlich ein eklatantes Gerechtig-

---

14 Gethmann-Siefert spricht mit Blick auf Jonas von einer «konservativ orientierten Bewahrungsethik» (1993, 200), Karl-Otto Apel kurz von einer «neuen Frugalität» (1994, 374).

keitsproblem auf. Aber Fragen der sozialen Gerechtigkeit (wie auch demokratietheoretische Legitimitätsfragen) treten bei Jonas völlig in den Hintergrund.

Fazit unserer Überlegungen ist, dass Hans Jonas sein Ziel, die Begründung einer Pflicht zur Erhaltung der Menschheit, nicht erreicht bzw. nicht konsequent zu Ende gedacht hat. Vielleicht ist die Aufgabe, die er sich gestellt hat, unlösbar (Wolf 1992, 229) und tatsächlich nur im Rekurs auf die Religion anzugehen. Bei den anthropogen induzierten Risiken (A) erscheint mir das denkbar: Wer glaubt, dass der Mensch als Krone der Schöpfung und Ebenbild Gottes weder sich selbst noch die Erde vernichten darf, wird sich zu den entsprechenden Handlungen oder Unterlassungen verpflichtet fühlen können (vgl. Jonas 1984, 75). Bei den externen, von der Natur selbst verursachten Gefährdungen (B) allerdings wohl eher nicht. Denn in Jonas' Welt erscheint die Natur nur als bedrohte, nicht aber als eine bedrohliche Grösse: Ihre völlige oder partielle Selbstzerstörung ist darin nicht vorgesehen. In seinem Weltbild setzt die Natur den Menschen als Wert. Dass *sie* ihn am Ende wieder zerstören könnte, erscheint Jonas offensichtlich undenkbar.

3. Die politisch-institutionelle Dimension der Verantwortung

Wenn weder der Rechte- (Kap. 1) noch der Pflichten-Diskurs (Kap. 2) weiterführen, wie lassen sich dann Fragen der Zukunftssicherung angehen? Mir scheint die relevante Frage weniger zu sein, was heute unternommen werden muss, um die Spezies Mensch in ihrem Dasein und Sosein langfristig zu erhalten oder was unterlassen werden muss, um die Rechte der zukünftigen Bewohner des Planeten im 22. oder 23. Jahrhundert nicht zu verletzen, sondern was politisch-institutionell getan werden kann, um eine zukunftsorientierte Politik für die heute Lebenden sicherzustellen und zu befördern. Denn es sind ausschliesslich die heute Lebenden, denen Rechte zukommen, und deren berechtigte Interessen zu schützen sind.[15]

Angesichts einer Politik, die aufgrund institutioneller Strukturentscheidungen und demokratischer Legitimationsbedürfnisse in kurze Zeitabstände getaktet ist, und einer Wirtschaft, deren Kontroll- und Planungszeiträume

---

15 Grenzfragen wie die nach den «Rechten Verstorbener» (etwa auf ihren guten Ruf oder die Durchführung ihres «letzten Willens») oder dem Beginn des menschlichen Lebens und der Rechtsfähigkeit Ungeborener (ab Empfängnis oder Geburt) möchte ich hier aussen vor lassen.

aufgrund bestehender Rendite-Erwartungen meist noch kürzer bemessen sind, werden langfristig angelegte Massnahmen der Zukunftssicherung in modernen, demokratisch organisierten Gesellschaften erschwert. Neue «Ethiken der Technik», wie von Hans Jonas und anderen gefordert, oder die Erweiterung bestehender Rechte-Diskurse auf zukünftige Personen sind dabei, wie dargestellt, keine Lösung. Sie werfen nicht nur zahlreiche Begründungsprobleme auf, sie bleiben auch weitgehend wirkungslos, soweit es ihnen an Motivationskraft und konkreter Implementation fehlt: wohlgemeinte Imperative ohne Folgebereitschaft bei den Adressaten.

Stattdessen bedarf es meines Erachtens effektiverer gesellschaftlicher und politischer Verantwortungsstrukturen. Das Augenmerk ist auf die Bedingungen langfristig orientierter Verantwortungsübernahme zu richten, d. h. auf die hierzu erforderlichen Institutionen und gesellschaftlichen Anreizsysteme, die zu implementieren sind, um bestehende Motivationsdefizite zu überwinden.

Der institutionelle Weg erscheint erfolgversprechend, weil er potenziell alle Bürger in die Suche nach Problemlösungen einbeziehen kann, weil er ohne den Verweis auf zukünftige, noch ungeborene – und damit nicht existente – Generationen oder problematische Hypostasen wie «Natur» oder «Menschheit» auskommt und weil er die Gefahr der bei Hans Jonas besonders eklatant aufscheinenden «Expertokratie», also der ethisch legitimierten Elitenherrschaft («Ökodiktatur»), vermeiden helfen kann (Jonas [3]1982, 263; vgl. Kettner 1990, 422–423).

Man mag dieses Vorhaben meinethalben wieder in (diskurs-)ethische Begrifflichkeiten fassen, etwa als Versuch der «Institutionalisierung der erforderlichen Verantwortungsdiskurse» (vgl. Böhler 1994b) im Sinne der von Apel, Habermas und anderen angestrebten Beteiligung der breiten Öffentlichkeit an der Deliberation und Entscheidung aller gesellschaftlich relevanten Fragen. Die im Folgenden diskutierten Vorschläge orientieren sich allerdings allein am bestehenden institutionellen Rahmen der westlichen parlamentarischen Demokratien Deutschlands und der Schweiz. Sie übernehmen nicht die in (Teilen) der Diskursethik wieder aufscheinende Vorstellung von einer ‹Pflicht für den Gattungserhalt› – dort verstanden als ‹Sorgepflicht für die Fortexistenz der realen Kommunikationsgemeinschaft als Bedingung der Möglichkeit der idealen Kommunikationsgemeinschaft› (vgl. Apel 1988; Apel 1994; dazu: Werner 1994, 330) –, weil dies meines Erachtens keinen wirklichen Begründungsfortschritt gegenüber den oben kritisierten Konzepten darstellt. Stattdessen konzentrieren sich die hier unterbreiteten Vorschläge auf die *konkrete* Möglichkeit der besseren institutionellen Kontrolle und Einhegung von technischen und ökonomischen Prozessen, nicht aber auf die moralische Begründung für das Warum ihrer Notwendigkeit.

Fragen der Zukunftssicherung sind *politisch* zu entscheiden. Hierzu bedarf es einer Erweiterung des *institutional setting*,[16] in dessen Rahmen Problemlösungen diskutiert und entschieden werden können. Und es bedarf der Schulung der politischen Urteilskraft[17] der Bürger und Politiker. Ihnen muss Raum und Zeit gegeben werden, um Alternativen abzuwägen und unter sorgfältiger Berücksichtigung aller relevanten Umstände und Folgen für oder gegen eine Option zu votieren. Lösungen für konkrete Fragen der wissenschaftlich-technischen Entwicklung und damit verbundener Risiken können nur auf der politisch-institutionellen (und nicht der philosophisch-theologischen) Ebene gefunden werden – unter Berücksichtigung der *Pluralität* der vorhandenen (ethischen, religiösen, auch wissenschaftstheoretischen) Standpunkte, die nie im Konsens, sondern allenfalls im Kompromiss zum Ausgleich gebracht werden können.

Das Recht (als «geronnene Politik») legt dann fest, wo die «stets prekäre Grenze verläuft zwischen erlaubten Risiken und rechtswidrigen Gefahren, die es mit Mitteln des Rechts abzuwehren gilt» (Krawietz 1995, 209). Da etwa, wo technische Entwicklungen Leib, Leben und Gesundheit – also Grundrechte – der *heute* lebenden Menschen zweifelsfrei bedrohen, sind diese Grenzen zu ziehen. Dies schliesst nicht aus, dass *langfristig* wirksame Mechanismen der Risikovorsorge und Schadensabwehr implementiert werden können.

Die politische Urteilskraft der Bürger bedarf der Foren, um zum Ausdruck kommen zu können. Es bedarf neuer institutioneller Wege der Mitwirkung, eines erweiterten Bürgerbegriffs und neuer Institutionen, um Zukunftssicherung und Gefahrenabwehr erfolgreich betreiben zu können. Dabei wären die nun folgenden, nur beispielhaften Vorschläge selbst wiederum der öffentlichen Diskussion und klugen Entscheidungsfindung der Bürger/-innen und Parlamentarier/-innen zu unterwerfen, müssten also selbst zunächst zum Gegenstand der öffentlichen Debatte werden, bevor sie zur Grundlage einer neuen zukunftsorientierten Politik werden könnten. Sie wären weiter zu entwickeln und zu ergänzen, etwa durch Anregungen aus den entsprechenden Diskussionen der letzten Jahre und Jahrzehnte, die oft nicht

---

16 Vgl. hierzu etwa Stein 1998; Minsch u. a. 1998; Kahl 2008a; Kahl 2008b; Ekeli 2009; Thompson 2010.
17 Zum Konzept vgl. Vollrath 1977; Vollrath 1988; Arendt 1985.

zu Ende geführt worden sind. Vor diesem Hintergrund ist tatsächlich weniges von dem nun Folgenden wirklich neu:

- Die Zukunft gehört den Kindern. Sie haben als Lebende Rechte, aber als «Minderjährige» politisch keine Stimme. Weder werden sie in politischen Debatten gehört, noch können sie an Wahlen teilnehmen. Zu denken ist daher an die Einführung eines Kinderwahlrechts,[18] wobei das Stimmrecht für die Geborenen und Heranwachsenden bis zum 15. Lebensjahr an die Eltern oder ein Elternteil übertragen werden müsste.[19] Das Wahlalter aber sollte generell auf 15 Jahre abgesenkt werden. Ein Schulfach «Bürgerkunde», das nicht nur die politischen Entscheidungswege erläuterte, sondern auch *policy*-relevante Kenntnisse vermittelte, etwa im Bereich der Wirtschafts-, Wissenschafts- und Technologiepolitik, wäre gleichzeitig einzurichten.
- Zu diskutieren wäre zudem erneut die bereits öfter vorgeschlagene Institutionalisierung eines (demokratisch zu legitimierenden!) «ökologischen», «Zukunfts-» oder «Technologie-» Rates.[20] Dieser sollte im Bereich der Risikoforschung und Risikotechnologie (etwa zur Beurteilung der Risiken in der molekularbiologischen Forschung, der Freisetzung gentechnisch veränderter Pflanzen, der Keimbahntherapie zur positiven Eugenik, der Grosstechnologien) ein Beratungs- *und* suspensives Vetorecht haben, das anschliessend nur mit einer qualifizierten parlamentarischen Mehrheit ausser Kraft gesetzt werden könnte. In diesem Rat müsste naturwissenschaftlicher und technischer, aber auch ökonomischer, sozialwissenschaftlicher und philosophischer Sachverstand vorhanden sein, um die Risiken bestimmter wissenschaftlicher und technologischer Entwicklungen beurteilen und durch gutachterliche Stellungnahmen, durch eigene Regelungsvorschläge oder auch *Einspruch* etwa bei Projekten, bei denen ein Totalrisiko besteht, die Gesetzgebung beeinflussen zu können. Alternativ oder ergänzend wurde bereits ein Vetorecht des Umweltministers vorgeschlagen (z. B. Hösle 1991, 132; Böhler 1994b, 275), das dieser nach Abschätzung der Risiken etwa gegen die Zulassung bestimmter Grosstechnologien einlegen könnte.

---

18 Vgl. Peschel-Gutzeit 1999; kritisch-abwägend: van Parijs 1999, 302–305; Hinrichs 2002; Kahl 2008, 284–285.
19 Vgl. für das Thema «Zusatzstimmen für Eltern» die bei van Parijs 1999, 308–314, 323–325 diskutierte Literatur.
20 Hösle 1991, 131–132; Böhler 1994b, 274; Stein 1998, 252–260.

- Des Weiteren könnten in allen Bundesländern bzw. Kantonen öffentlich tagende, *lokale und regionale* Kommissionen eingerichtet werden, die wissenschaftliche und technische Entwicklungen begleiten, und neben der Mehrung der öffentlichen Kenntnisse und Kompetenzen die Aufgabe hätten, kritische Diskussionen in der Öffentlichkeit anzuregen (in Verbindung etwa mit dem «Lokale Agenda 21»-Prozess). Über ein erweitertes Gesetzesinitiativrecht in den Ländern bzw. Kantonen könnte ein direkter Einfluss auf die Gesetzgebung in den zukunftsrelevanten Fragen der wissenschaftlichen, medizinischen und grosstechnologischen Entwicklung genommen werden – im Sinne einer «Politik des vernünftigen Masses», nicht des technologischen Strukturkonservativismus' oder der generellen Verhinderung. Letzteres wäre in einer globalisierten Welt einzelstaatlich auch gar nicht durchsetzbar.
- *Sunset-Legislation*: Im Bereich der Wissenschafts-, Technologie- und Umweltpolitik könnten Massnahmen, Programme und Genehmigungen der öffentlichen Hand durch einen im Gesetzestext festgelegten Ablauftermin zeitlich befristet werden.[21] Für eine Weiterführung (etwa nach 5 oder 10 Jahren) wäre dann ein erneuter Beschluss der Legislative erforderlich. Dadurch würden Parlamente und Verwaltungen gezwungen, in regelmässigen Abständen die Wirksamkeit, Wirtschaftlichkeit, politische Aktualität und Sicherheit von Massnahmen und Programmen zu überprüfen und der öffentlichen Diskussion erneut zuzuführen. Vor der Verlängerung könnten auf der Grundlage von Berichten und Evaluationen Verbesserungsauflagen gemacht werden.
- Zusätzlich sollten Verfassungsnormen geschaffen werden, die dem Gesetzgeber Nachhaltigkeitspflichten auferlegen, wie das im Art. 20a des Grundgesetzes der Bundesrepublik Deutschland und in der Präambel sowie Artikel 2 und 73 der Bundesverfassung der Schweizerischen Eidgenossenschaft[22] bereits ansatzweise geschieht. Auch wenn die konkrete Ausformulierung dieser und weiterer Selbstverpflichtungen dem Gesetzgeber, also dem *demokratischen* Rechtssetzungsprozess überlassen werden muss, sind solche Formulierungen doch von hoher symbolischer und programmatischer Bedeutung.
- Die Einführung verschärfter Haftungsregeln für Unternehmen und Forschungseinrichtungen (einschliesslich eines Systems der Privathaftung für

---

21 «Auslaufklauseln» dieser Art finden sich im deutschen Recht selten. In den USA sind sie auf einzelstaatlicher Ebene verbreitet, dienen dort jedoch meist nur der Haushaltsdisziplin.
22 Vgl. hierzu Hafner in diesem Band. Für weitere Beispiele siehe Tremmel 2006, 193–196.

Management und Leitungspersonal) würde Anreize für verantwortliches Handeln setzen, weil Schädigungen von Mensch und Umwelt unmittelbar zu massiven finanziellen Verlusten führen würden. Um Ausweichversuche betroffener Unternehmen durch Änderung der Rechtsform oder Forderungsverluste durch Konkurs zu verhindern, müssten alle relevanten Unternehmen und Forschungseinrichtungen in Risikoklassen eingeteilt werden. Diese hätten entsprechend abgestuft in einen Risikofond einzuzahlen, der im Schadensfall für Entschädigungszahlungen mit herangezogen werden könnte.

– Internationale Abkommen, die die Einrichtung von supra-staatlichen Umwelt-Institutionen mit Sanktionsmacht zum Ziel haben, wie die eines «ökologischen Sicherheitsrates» (Braunmühl 2001, 192) oder eines «Globalen Umweltgerichtshofs» (Bentz-Hölzl 2014, 208–216), wären ein weiterer wichtiger Weg (vgl. auch Caney 2011).

4. Appell an die politische Klugheit

Dies alles sind natürlich keine abschliessenden Antworten auf die existenzielle Frage, was wir tun können, um die Menschheit zu erhalten. Aber es sind doch Vorschläge, wie die Möglichkeit geschaffen werden kann, die langfristigen Anliegen und Interessen der jüngsten heute Lebenden effektiver zu berücksichtigen. Von einer besseren Gewährleistung akzeptabler, humaner Lebensbedingungen für alle Heutigen, insbesondere die Jüngsten, werden auch zukünftige Generationen profitieren, selbst wenn der Zeithorizont politischer Entscheidungen – auch unter günstigsten institutionellen Bedingungen – kaum einhundert Jahre überschreiten wird.

Bei der politischen Wissenschafts- und Technikfolgenabschätzung kommt es bei den Bürgern und Politikern auf *politische Klugheit* und informierten *common sense* an, die sicherstellen, dass keine Total-Risiken eingegangen werden. Diese zu schulen erscheint mir daher, neben den angesprochenen institutionellen Reformen, der richtige Weg zu sein. Was nicht weiter hilft, sind ethische Grosstheorien zum Erhalt der Menschheit, die Grundsatzüberlegungen anstellen, aber über einen allgemeinen Appell zur «Umkehr» nicht hinausreichen. So wird sich der Erhalt der natürlichen Lebensgrundlagen nicht bewerkstelligen lassen.

Literatur

Apel, Karl-Otto, Verantwortung heute – nur noch Prinzip der Bewahrung und Selbstbeschränkung oder immer noch der Befreiung und Verwirklichung von Humanität?, in: ders., Diskurs und Verantwortung: Das Problem des Übergangs zur postkonventionellen Moral, Frankfurt a. M. 1988, 179–216.

Apel, Karl-Otto, Die ökologische Krise als Herausforderung für die Diskursethik, in: Böhler, Dietrich (Hg.), Ethik für die Zukunft. Im Diskurs mit Hans Jonas, München 1994, 369–404.

Arendt, Hannah, Das Urteilen. Texte zu Kants Politischer Philosophie. Herausgegeben und mit einem Essay von Ronald Beiner, München 1985.

Baier, Annette, The rights of past and future persons, in: Partridge, Ernest (Hg.), Responsibilities to future generations. Environmental ethics, Buffalo, N. Y. 1981, 171–183.

Beckerman, Wilfred / Pasek, Joanna, Justice, posterity, and the environment, Oxford 2001.

Bentz-Hölzl, Janine Michele, Der Weltklimavertrag. Verantwortung der internationalen Gemeinschaft im Kampf gegen den Klimawandel, Wiesbaden 2014.

Birnbacher, Dieter, Rezension zu Hans Jonas, Das Prinzip Verantwortung, in: Zeitschrift für Philosophische Forschung 37 (1983), 144–147.

Böhler, Dietrich, Hans Jonas – Stationen, Einsichten und Herausforderungen eines Denklebens, in: ders. (Hg.), Ethik für die Zukunft. Im Diskurs mit Hans Jonas, München 1994a, 45–67.

Böhler, Dietrich, In dubio contra projectum. Mensch und Natur im Spannungsfeld von Verstehen, Konstruieren und Verantworten, in: ders. (Hg.), Ethik für die Zukunft. Im Diskurs mit Hans Jonas, München 1994b, 244–276.

Böhler, Dietrich, Mitverantwortung für die Menschheitszukunft. Die Aktualität von Hans Jonas, in: Osteuropa 58/4–5 (2008), 20–35.

Böhler, Dietrich, Aktualität des Freiheitsdenkers Hans Jonas – eine Replik, in: Frankfurter Hefte 9 (2011), 59–62.

Brännmark, Johan, Future generations as rightholders, in: Critical Review of International Social and Political Philosophy 19/6 (2016), 680-698.

Braunmühl, Claudia von, Nachhaltigkeit, in: Leggewie, Claus / Münch, Richard (Hg.), Politik im 21. Jahrhundert, Frankfurt a. M. 2001, 186–194.

Bruhl, Aaron-Andrew P., Justice unconceived: How posterity has rights, in: Yale Journal of Law and the Humanities 14/2 (2002), 393–439.

Caney, Simon, Gerechtigkeit, faire Verfahren und globales Regieren, in: Forst, Rainer / Günther, Klaus (Hg.), Die Herausbildung normativer Ordnungen, Frankfurt a. M. 2011, 133–164.

D'Amato, Anthony, Do we owe a duty to future generations to preserve the global environment?, in: American Journal of International Law 84/1 (1990), 190–198.

Donaldson, Sue / Kymlicka, Will, Zoopolis. Eine politische Theorie der Tierrechte, Berlin 2013.

Ekeli, Kristian Skagen, Constitutional experiments: Representing future generations through submajority rules, in: Journal of Political Philosophy 17/4 (2009), 440–461.

Elliot, Robert, The rights of future people, in: Journal of Applied Philosophy 6/2 (1989), 159–169.

Emmott, Stephen, Ten billion, London 2013. Dt.: Zehn Milliarden. Aus dem Englischen von Anke Caroline Burger, Berlin 2013.

Erbrich, Paul, Zukunft und Verantwortung, in: Stimmen der Zeit 40 (1983), 664–676.

Feinberg, Joel, Die Rechte der Tiere und zukünftiger Generationen, in: Birnbacher, Dieter (Hg.), Ökologie und Ethik, Stuttgart 1980, 140–179.

Gethmann-Siefert, Annemarie, Ethos und metaphysisches Erbe. Zu den Grundlagen von Hans Jonas' Ethik der Verantwortung, in: Schnädelbach, Herbert / Keil, Geert (Hg.), Philosophie der Gegenwart, Gegenwart der Philosophie, Hamburg 1993, 171–215.

Göpel, Maja / Arhelger, Malte, Wie die Rechte zukünftiger Generationen auf europäischer Ebene geschützt werden können, in: Journal für Generationengerechtigkeit 11 (2011), 4–11.

Gosseries, Axel, On future generations' future rights, in: Journal of Political Philosophy 16/4 (2008), 446–474.

Gronke, Horst, Epoché der Utopie. Verteidigung des «Prinzips Verantwortung» gegen seine liberalen Kritiker, seine konservativen Bewunderer und gegen Hans Jonas selbst, in: Böhler, Dietrich (Hg.), Ethik für die Zukunft. Im Diskurs mit Hans Jonas, München 1994, 407–427.

Grunwald, Armin, Ethik der Technik. Systematisierung und Kritik vorliegender Entwürfe, in: Ethik und Sozialwissenschaften 7 (1996), 191–204.

Hartung, Gerald / Köchy, Kristian / Schmidt, Jan C. / Hofmeister, Georg (Hg.), Naturphilosophie als Grundlage der Naturethik. Zur Aktualität von Hans Jonas, Freiburg/München 2013.

Hastedt, Heiner, Aufklärung und Technik. Grundprobleme einer Ethik der Technik, Frankfurt a. M. 1991.

Hinrichs, Karl, Do the old exploit the young? Is enfranchising children a good idea?, in: European Journal of Sociology 43/1 (2002), 35–58.

Hösle, Vittorio, Philosophie der ökologischen Krise. Moskauer Vorträge, München 1991.

Hösle, Vittorio, Ontologie und Ethik bei Hans Jonas, in: Böhler, Dietrich (Hg.), Ethik für die Zukunft. Im Diskurs mit Hans Jonas, München 1994, 105–125.

Jonas, Hans, Das Prinzip Verantwortung. Versuch einer Ethik für die technologische Zivilisation, Frankfurt a. M. 1979, ³1982.

Jonas, Hans, Warum wir heute eine Ethik der Selbstbeschränkung brauchen, in: Ströker, Elisabeth (Hg.), Ethik der Wissenschaften? Philosophische Fragen, München 1984, 75–86.

Jonas, Hans, Technik, Medizin und Ethik: Zur Praxis des Prinzips Verantwortung, Frankfurt a. M. 1985.

Jonas, Hans, Naturwissenschaft versus Natur-Verantwortung. Hans Jonas im Gespräch mit Eike Gebhardt, in: Böhler, Dietrich (Hg.), Ethik für die Zukunft. Im Diskurs mit Hans Jonas, München 1994, 197–212.

Kahl, Wolfgang (Hg.), Nachhaltigkeit als Verbundbegriff, Tübingen 2008a.

Kahl, Wolfgang, Nachhaltigkeit und Institutionen – eine rechtswissenschaftliche Sicht, in: ders. (Hg.), Nachhaltigkeit als Verbundbegriff, Tübingen 2008b, 267–296.

Kettner, Matthias, Verantwortung als Moralprinzip? Eine kritische Betrachtung der Verantwortungsethik von Hans Jonas, in: Bijdragen. Tijdschrift voor Filosofie en Theologie 51 (1990), 418–439.

Keulemans, Maarten, Exit Mundi. Die besten Weltuntergänge, München ²2010.

Krawietz, Werner, Theorie der Verantwortung – neu oder alt? Zur normativen Verantwortungsattribution mit Mitteln des Rechts, in: Bayertz, Kurt (Hg.), Verantwortung: Prinzip oder Problem?, Darmstadt 1995, 184–216.

Kuhlmann, Wolfgang, «Prinzip Verantwortung» versus Diskursethik, in: Böhler, Dietrich (Hg.), Ethik für die Zukunft. Im Diskurs mit Hans Jonas, München 1994, 277–302.

Lenk, Hans, Über Verantwortungsbegriffe und das Verantwortungsproblem in der Technik, in: ders. / Ropohl, Günter (Hg.), Technik und Ethik, Stuttgart 1987, 112–148.

Lenk, Hans, Macht und Verantwortung, in: Böhler, Dietrich (Hg.), Ethik für die Zukunft. Im Diskurs mit Hans Jonas, München 1994, 213–223.

Löw, Reinhard, Zur Wiederbegründung der organischen Naturphilosophie durch Hans Jonas, in: Böhler, Dietrich (Hg.), Ethik für die Zukunft. Im Diskurs mit Hans Jonas, München 1994, 68–79.

Macklin, Ruth, Can future generations correctly be said to have rights?, in: Partridge, Ernest (Hg.), Responsibilities to future generations. Environmental ethics, Buffalo, N. Y. 1981, 151–155.

Meyer, Lukas, Intergenerational justice, in: Stanford Encyclopedia of Philosophy, 2015 (https://plato.stanford.edu/entries/justice-intergenerational; abgerufen am 11.4.2016).

Minsch, Jörg / Feindt, Peter-Henning / Meister, Hans-Peter / Schneidewind, Uwe / Schulz, Tobias, Institutionelle Reformen für eine Politik der Nachhaltigkeit, Berlin 1998.

Müller, Wolfgang Erich, Der Begriff der Verantwortung bei Hans Jonas, Frankfurt a. M. 1988.

Müller, Wolfgang Erich, Hans Jonas. Philosoph der Verantwortung, Darmstadt 2008.

Obermeier, Otto P., Technologisches Zeitalter und das Problem der Ethik. Rezension zu Hans Jonas, Das Prinzip Verantwortung, in: Philosophisches Jahrbuch 88 (1981), 426–441.

Oelmüller, Willi, Hans Jonas. Mythos – Gnosis – Prinzip Verantwortung, in: Stimmen der Zeit 206 (1988), 343–351.

van Parijs, Philippe, The disfranchisement of the elderly, and other attempts to secure intergenerational justice, in: Philosophy and Public Affairs 27/4 (1999), 292–333.

Parfit, Derek, On doing the best for our children, in: Bayles, Michael D. (Hg.), Ethics and population, Cambridge, Mass. 1976, 100–115.

Parfit, Derek, Reasons and persons, Oxford 1984.

Peschel-Gutzeit, Lore Maria, Das Wahlrecht von Geburt an: Ein Plädoyer für den Erhalt unserer Demokratie, in: Zeitschrift für Parlamentsfragen 30/2 (1999), 556–563.

Rees, Martin, Unsere letzte Stunde. Warum die moderne Naturwissenschaft das Überleben der Menschheit bedroht, München 2003.

Schäfer, Lothar, Selbstbestimmung und Naturverhältnis des Menschen, in: Information Philosophie 14/5 (1986), 4–19.

Schäfer, Wolf, Die Büchse der Pandora. Über Hans Jonas, Technik, Ethik und die Träume der Vernunft, in: Merkur 43 (1989), 292–304.

Schmidt, Jan C., Die Aktualität der Ethik von Hans Jonas. Eine Kritik der Kritik des Prinzips Verantwortung, in: Deutsche Zeitschrift für Philosophie 55 (2007), 545–569.

Spaemann, Robert, Laudatio – anlässlich der Verleihung des Friedenspreises des deutschen Buchhandels an Hans Jonas, 1987 (www.friedenspreis-des-deutschen-buchhandels.de/sixcms/media.php/1290/1987_jonas.pdf; abgerufen am 11.4.2016).

Steel, Duncan, Zielscheibe Erde. Wie Asteroiden und Kometen unseren Planeten bedrohen, Stuttgart 2001.

Steigleder, Klaus, Zwischen Tagespolitik und Politik für zukünftige Generationen, 2006 (www.ruhr-uni-bochum.de/philosophy/mam/ethik/content/steigleder-future_generations.pdf; abgerufen am 11.4.2016).

Stein, Tine, Demokratie und Verfassung an den Grenzen des Wachstums. Zur ökologischen Kritik und Reform des demokratischen Verfassungsstaates, Wiesbaden 1998.

Steiner, Hillel, The rights of future generations, in: MacLean, Douglas / Brown, Peter G. (Hg.), Energy and the future, Totowa, NJ 1983, 151–163.

Thompson, Dennis F., Representing future generations: Political presentism and democratic trusteeship, in: Critical Review of International Social and Political Philosophy 13/1 (2010), 17–37.

Tremmel, Joerg Chet, Establishing intergenerational justice in national constitutions, in: ders. (Hg.), Handbook of Intergenerational Justice, Cheltenham 2006, 187–214.

Unnerstall, Herwig, Rechte zukünftiger Generationen, Würzburg 1999.

Vollrath, Ernst, Die Rekonstruktion der politischen Urteilskraft, Stuttgart 1977.

Vollrath, Ernst, Grundlegung einer philosophischen Theorie des Politischen, Würzburg 1988.

Werner, Micha H., Dimensionen der Verantwortung. Ein Werkstattbericht zur Zukunftsethik von Hans Jonas, in: Böhler, Dietrich (Hg.), Ethik für die Zukunft. Im Diskurs mit Hans Jonas, München 1994, 303–338.

Werner, Micha H., Hans Jonas' Prinzip Verantwortung, in: Düwell, Marcus / Steigleder, Klaus (Hg.), Bioethik. Eine Einführung, Frankfurt a. M. 2003, 41–56.

Weston, Burns H., The theoretical foundations of intergenerational ecological justice: An overview, in: Human Rights Quarterly 34 (2012), 251–266.

Wolf, Jean-Claude, Hans Jonas. Eine naturphilosophische Begründung der Ethik, in: Hügli, Anton / Lübcke, Poul (Hg.), Philosophie im 20. Jahrhundert, Bd. 1, Reinbek bei Hamburg 1992, 214–236.

Andreas Brenner

Die Neigung zur Neigung
Die Zerstörung der Erde findet kaum Widerhall

Im Spätherbst 2015 trafen sich in der ehemaligen Konzilsstadt Basel Theologen und Theologinnen gemeinsam mit anderen Wissenschaftlern zu einer Tagung unter dem Titel «Das Spiel ist aus». Der am Tagungsort, dem Basler Kollegiengebäude, verbreiteten heiteren Stimmung war zu entnehmen, dass der Ernst des Veranstaltungstitels wohl eher als attraktiv-tragische Fassade, denn als trostlose Realität gesehen wurde. Im Nachhinein liess sich denn auch die Basler Tagung als Vorspiel der wenige Wochen später in Paris veranstalteten internationalen Klimakonferenz, der *COP 21*, begreifen. Hier wie dort traten Menschen unter vermeintlichen Überzeugungen zusammen, von denen klar sein sollte, dass sie nicht geteilt wurden. Entsprechend war damals in Basel die Atmosphäre zu freundlich, als dass man glauben mochte, dass irgendwer im Ernst glaubte, das Spiel sei wirklich aus und in Paris einigte man sich auf eine so lichte Absichtserklärung, von der klar sein musste, dass sie den Ernst der Lage nur vernebelte.

Entgegen dem nur rhetorisch verbreiteten Pessimismus, soll hier, dem traurigen und Abschied gemahnenden Anlass angemessen, reiner Wein eingeschenkt werden. Um dabei nicht das schöne Wort vom Spiel für traurigen Anlass zu verwenden, soll stattdessen der Begriff der *Neige* anzeigen, dass die Menschheit Zeuge vielfacher Neigungen geworden ist, die allesamt darauf verweisen, dass die erdgeschichtlich kurze Spanne des Anthropozän sich bereits ihrem Ende zuneigt. Will man den Grund dieser Neigung begreifen, lohnt es sich, menschliche Neigungen in Betracht zu ziehen, die den Weg der Menschen, der sich der Erde zunehmend entfernt, ausleuchtet. Es ist dies ein Weg der *Illoyalität*. Illoyalität ist wie jeder Treuebruch zuerst und zunächst ein Verrat an sich selbst. Denn die Mahnung Nietzsches, «Bleibt mir der Erde treu» (Nietzsche 1886, 99) ist ja zuallererst als Gedächtnisstütze gedacht, die eigene Herkunft zu erinnern, weil nur so auch Hinkunft möglich ist. Treue, egal ob einer Sache, einer Idee oder einem Lebewesen gegenüber, setzt deshalb Selbsttreue voraus, weil nur geben kann, wer hat: Wer *sich* mit etwas oder jemandem zu verbinden vermag, der ist darin geübt, sich auch *mit anderem* zu verbinden. Übung findet in der Praxis[1] statt und bildet diese durch Übung. So verhält es sich auch mit der Treue, die als blosse Idee schön klingt, aber erst als im Leben bewährte Praxis auch wahr ist. Und so verhält es sich auch mit der Rede von der Erde, deren Leiden die Menschheit seit einiger Zeit öffentlichkeitswirksam beklagt. Ginge es dieser Klage nicht alleine um die Sorge um den drohenden Verlust der zur Heimat erklärten Heimatbasis der Menschen, dann wären die einem Requiem abgelauschten Endzeittöne, die zum Ausdruck ihrer Erhabenheit mit dem Friedensnobelpreis ausgezeichnet wurden,[2] Ernst zu nehmen und mithin dem Ernst der Lage angemessen. So aber entsteht der Eindruck von *Selbstgefälligkeit*: Man gefällt sich im schönen Bild, das schon *Narziss* um den klaren Verstand brachte und ihn denken liess, es mit dem wahren Gegenüber der Liebe zu tun zu haben, wo er doch seinem Selbstbild von Liebe verfallen war und das schöne Bild, das er sah, der trostlose Grund seines Untergangs war.

In Sachen Erde ist die Selbstgefälligkeit von ähnlicher Gestalt: Die «Natur» steht so hoch im Kurs, dass sie in immer weiterer Distanz gesucht wird, womit das Gesuchte in immer grösserem Umfang zerstört wird und der Mensch in seiner Natursuche nicht Distanzen zurücklegt, sondern schafft: je ferner die Reise ins «Naturparadies», desto grösser wird die Distanz zur Natur.

Wer das Unberührte auf der anderen Seite des Globus sucht, hinterlässt auf seinem Weg eine breite Spur, die unter anderem auch seine Wahrnehmung beeinträchtigt: Das Ferne und Unbekannte im Fokus, wandelt sich die Natur zum Unerreichbaren, – nicht, weil es als das Numinose erkannt wird, sondern weil der natürliche Sinn, der auch Sinn für die Natur, die wir selbst sind, bedeuten sollte, verkommen ist und deshalb kommt auch die Natur, die da ist, nicht mehr in unseren Sinn (vgl. Böhme 2002, Kap. II). Weil da, wo wir sind, die Natur nicht mehr gesehen wird, obwohl sie doch überall ist (vgl. Macfarlane 2007), brechen die, denen Natur erklärtermassen ein Bedürfnis ist, zu ihr auf und schaffen dabei neuen Grund für das Requiem auf die verschwindende Natur (vgl. Vonnegut 2007, 137).

---

1 Vgl.: Aristoteles, NE 1105a18, 79: «Es könnte aber jemand eine Schwierigkeit darin sehen, was wir meinen, wenn wir sagen, man könne gerecht werden nur dadurch, dass man Mäßiges tut. Denn wenn jemand tut, was gerecht und mäßig ist, ist er schon gerecht und mäßig, ebenso wie jemand.»
2 Das Intergovernmental Panel on Climate Change, IPCC, und Al Gore erhielten diese höchste Auszeichnung im Jahre 2007.

Die Neigung, die dazu führt, dass das *Anthropozän* sich seinem Ende zuneigt, ist, sonst wäre die Entwicklung anders, eine, die dem Leben abträglich ist. Was dem Leben seine Kraft nimmt und es in seinem Sosein einschränkt, ist ein dem Lebendigsein entgegengesetzter Impuls: Leben ist Bewegen, ist unkontrollierte Veränderung, also das Gegenteil von dem, was eine auf Stillstand bedachte Kultur im Sinn hat.

Ausgerechnet die nach permanenter Beschleunigung und Ausweitung ihres Radius bestrebte Industriekultur verursacht zugleich das Gegenteil, den Stillstand, wobei Beschleunigung und Stillstand nur vermeintlich widerläufige Bewegungen markieren und in ihrem Grunde die Bewegung aufheben. Der Stillstand, wie er sich mittlerweile bei den schnellsten Bewegungssystemen immer häufiger, und das heisst auch immer schneller einstellt, auf der Auto-Autobahn, auf der hyperklaren Glasfaser-Daten-Autobahn und in den Warteschleifen der am zu Bodenkommen gehinderten Flugzeuge, stellt keine Systempanne, sondern eine systemsemiotische Konsequenz dar: Systeme, die auf immer höhere Beschleunigung getrimmt sind, haben den Infarkt bereits vorgesehen (vgl. Virilio 1990), auf den sie dann, nach gehöriger Zwangspause, mit besonders lautem Durchstarten reagieren. Geschwindigkeitssysteme und die Geschwindigkeitsbetriebssysteme haben daher auch immer kürzere Halbwertzeiten vorgesehen und der ständig anstehende Austausch von System und Betriebssystem ist mithin einprogrammiert, d. h. eingeschrieben. Die durch den Austausch betriebsbedingte Verzögerung des Beschleunigungssystems wird als permanentes Fortschritts- und das heisst Beschleunigungsmittel, für die eigene Beschleunigungsstreifen markiert werden, deklariert. Die vorgesehenen und eingeschriebenen Infarkte werden deshalb nicht als Widerlegung des Systems erkannt, weil sie als Kollateralschäden, die durch eine additiv verfahrende Schadenssummen-Bilanz weggerechnet werden können, verstanden werden: Wer heute im Stau steht, wer morgen ganz ausfällt, bringt mehr oder weniger gravierende, wenngleich eben nur individuell zurechenbare Opfer, die die Mehrheit nicht zurückwirft und im Gegenteil als Signatur des Fortschritts verstanden werden kann. Dieser Fortschritt erweist sich deshalb als *Spiel* des wohlbetuchten Teils der Menschheit, weil sie als massgebliche und alle anderen Gedankensysteme ersetzende Theorie auf die *Spieltheorie* baut. Die Gesellschaft und die sie vorantreibenden technischen Innovationen und auch deren fallweise vorgesehenen Abbremsmanöver werden spieltheoretisch erklärt, so dass das grosse Ganze als grosses Spiel erscheint, selbst im *Game Over*.

Dass immer mehr Menschen dieses Spiels und seiner Theorie überdrüssig werden, stellt gleichfalls kein Systemversagen dar, da sie, systemkonform, ihren Überdruss sich selber zuschreiben und als eigenes Versagen betrachten. Es ist, so werden die vielen vom Beschleunigungssystem Ausgespuckten sich in bitterem Selbstvorwurf sagen, ihre mangelnde Geschwindigkeitstauglichkeit und auch die den Überdruss und die Verlusttrauer begleitenden Entfremdungsgefühle werden sie so deuten und sich, sofern ihnen eine entsprechende Chance sich bietet, erneut als kleiner Treiber in der Beschleunigungsindustrie anheuern.[3]

Das Metasystem ist dabei so konfiguriert, dass die Frage nach dessen Sinn und inhärentem Effekt sich einer kritischen Befragung entzieht: Die Geschwindigkeit als Geschwindigkeit und ihre permanente Steigerung als Beschleunigung wird als Rechtfertigung per se genommen. Auch historisch lässt sich somit eine Beschleunigung ausmachen: Wo es früher um einen Weg ging und ausgiebig beratschlagt wurde, welcher Weg denn der Rechte sei und diese Frage nur mit Blick auf das Ziel hin beantwortet werden konnte, da zählt mittlerweile das blosse *Weg*. Dem *Nur-weg-Hier* wird eine solche Überzeugungskraft zugetraut, dass die Reise- und Flugbranche fast unisono sich dieses Slogans bemächtigt, wenn sie Menschen auf Tour bringen will und sich dabei ganz gut auf die Wahrnehmung verlassen zu können glaubt, dass das Leben im Hier und Jetzt, also in der Gegenwart des über die alltäglichen Lebensgewohnheiten anverwandelten Lebensraumes so unerfreulich ist, dass alles, was davon abgeht und daraus herausreisst, bereits als Fortschritt angesehen werden wird. Der *Nur-weg-Hier*-Weckruf ereilt denn auch in saisonaler Regelmässigkeit das betuchte Achtel der Menschheit, die, im geschwinden Packen der Rollkoffer geübt, sich solche Aufrufe nicht zweimal sagen lässt und mal wieder nichts wie weg ist.

Dass das permanente Reisen gleichfalls dem Gesetz der Beschleunigung folgt, ist wenig überraschend, lassen sich doch grosse Massen in hoher Häufigkeit nur dann fortbewegen, wenn alles ganz schnell geht. Hier sieht man dann besonders deutlich, dass das Weg und nicht der Weg das Ziel ist. Ist der Name auch geblieben und nennt sich diese grosse temporäre Völkerwanderung weiterhin *Tourismus*, so hat diese Bewegung mit seinem Original recht wenig gemein. Zu Beginn stand die Tour, und schon damals machte, wer es sich leisten konnte, eine *Grand Tour*. Eine solche Reise fand bereits in der Reise ihren Sinn. Zu sagen, dass Reisen bildet, ergab sich aus der Bewegung,

---

3 Das tragische Verhältnis von Beschleunigung und Entfremdung in der neoliberalen Marktgesellschaft hat Hartmut Rosa (2016) eindrücklich dargestellt.

in die sich der von zu Hause Aufgebrochene begab. Die Reisen des *Grand Tourist* kamen also nicht einfach an und damit zur Ruhe, sondern lebten von der Bewegung des auf dem Wege Seins.

In den Zeiten des Massentourismus wird die Reisezeit hingegen als *Unzeit* verstanden, hier ist der Mensch wie tot, weswegen die Anbieter von Langstreckenflügen auch häufig damit werben, wie gut man in ihren Maschinen schlafend die Zeit verbringen kann. Ist es Ziel, die Reisezeit auf das unvermeidliche Minimum zu reduzieren, weil das Ankommen und nicht der Weg das Ziel ist, dann haben wir auch im Reisen die Beschleunigungsdynamik eingebaut. Nicht nur die Flugzeuge müssen daher schneller fliegen; alle touristischen Verkehrsträger müssen beschleunigt werden, wovon die ehedem langsame Fortbewegungsart der Seereise nicht ausgenommen ist, so dass sich heute Bevölkerungen der Grösse von Kleinstädten in riesiger Zahl und beachtlichem Tempo über die mittleren und grossen Meere bewegen.

Die Physik lässt sich aber auch auf diese Art nicht ausser Kraft setzen und so ist, je mehr auf den Weg gebracht wird, nicht einfach weg, sondern ganz simpel im Weg. So enden die Reisen an die Enden der Welt, egal ob es der Supersprint zum Nordpol oder der Aufstieg zum Mount Everest ist, dort, wo auch die Fahrt zur Arbeit oder in die Freizeit meistens beginnt: im Stau. Und wir finden uns schliesslich alle wieder dort ein, wo wir zum Ausbruch aufgebrochen waren, in der Masse. Daher auch sind *holidays* längst keine *holy days* mehr (Waters 2001, 178). Aus der touristischen Enge gibt es kein Entkommen: Alle touristischen Ausbrecherphantasien führen wieder zum Massentourismus und damit in die Enge des ökologischen Overkills.

Dass die alljährlichen Völkerverschiebungen – Deutsche nach Spanien, Russen und Japaner in die Schweiz usw. und gleichzeitig werden die Menschen der betroffenen Gastländer in die Binnenmigration verbannt werden – nicht ohne Folgen für die Umwelt bleiben, ist leicht nachvollziehbar. Wie desaströs diese Folgen sind, ist dagegen weniger bekannt. So verursacht beispielsweise der Tourismus in der Schweiz einen viermal höheren Treibhauseffekt als die Schweizer Ökonomie (Scott u. a. 2012, 105), allein die Treibhausgase, die deutsche Touristen produzieren, wird Schätzungen zufolge im nächsten Jahrzehnt die von der deutschen Regierung angepeilte CO_2-Reduktion um 50 % verfehlen lassen (Scott u. a. 2012, 106f). Angesichts solcher Zahlen muten Energiesparanstrengungen in den eigenen vier Wänden fast schon rührend an.

Dass das Reisen mehr und mehr jedes Sinns entbehrt, ist von scharfen Beobachtern schon vor Beginn des Massentourismus bemerkt worden. So entlarvt *Ludwig Klages* (1872–1956) bereits zu Beginn des 20. Jahrhunderts die

Seligkeitssehnsucht des touristischen Reisenden als eine verkappte Zerstörungswut: «Was aber das heuchlerische Naturgefühl der sogenannten Touristik anlangt, so brauchen wir wohl kaum noch auf die Verwüstungen hinzuweisen, welche die ‹Erschliessung› weltfremder Küsten und Gebirgstäler nach sich zog» (1913, 11). Während Klages hier die materielle Verbauung der Natur in den Blick nimmt, bemerkt der kolumbianische Philosoph *Nicolás Gómez Dávila* (1913–1994) auch die kulturellen Desaster, die der Tourismus anstellt: «Der Barbar zerstört nur, der Tourist entweiht» (Dávila 1986, 201).[4] Nachdem er sich aus anfänglicher Neugier noch in Europa ein wenig umgesehen hatte, kehrte der Philosoph in sein Haus in Bogotá zurück, das er fortan fast gar nicht mehr verliess. Für den Kenner der Welt war das indes kein Verzicht mehr. Denn, so erklärte er, «die Welt, die es wert wäre, Reisen zu unternehmen, existiert bereits nur noch in alten Reiseberichten» (Dávila 1986, 246).

Bekanntlich hat sich diese weise Einsicht selbst in Zeiten von *Google Earth* noch nicht durchgesetzt. Stattdessen bucht, wer noch an die Bildung durch das Reisen glaubt und sich schon für gebildet hält, eine *Ökotour*. Der Ökotourismus erlebt daher auch gigantische Zuwachsraten und bestätigt den Zerstörungseffekt der grossen Zahl: Seitdem es *chic* und in manchen gesellschaftlichen Schichten ein *must* ist, «ökologisch» zu reisen, wird im Namen der Nachhaltigkeit sowohl die naturale wie auch die kulturelle und soziale Nachhaltigkeit zerstört. «We turned poor when the money arrived», bilanziert ein mexikanischer Politiker den Touristenboom seines Landes (vgl. Lyon u. a. 2012, 251). Damit das Reisen trotz seiner totalen Sinnverkehrung weitergeht, versorgt uns das vereinte Marketing aus Tourismusindustrie und produzierendem Gewerbe mit neuen, dem Reisen abgetrotzten, Identitäten: So macht es sich nicht schlecht, auch zu Hause das St.-Tropez-T-Shirt zu tragen, sich zu «I love NY» zu bekennen oder im Sommer die Skier und im Winter das Surfbrett auf dem Autodach spazieren zu fahren. Und bei all dem träumen wir schon vom nächsten *long-distance-trip*, aber alles inklusive,[5] oder wie es der Warschauer Aphoristiker Stanisław Jerzy Lec (1909–1966) schon in den 1950er-Jahren formuliert hat: «Jedermann will seinen Platz an der Sonne. Wenn's geht, im Schatten» (Jerzy Lec 1959, 237).

Das gigantische und weltumspannende und auch den Weltraum nicht verschonende Beschleunigungssystem resultiert nicht alleine aus einer Laune,

---

4   Der negative Einfluss auf das weltweite kulturelle Erbe untersuchen Sarah Lyon und Christian Wells 2012.
5   Die letzten vier Abschnitte sind meinem Buch «Umweltethik» (2014, 293) entnommen.

der das besagte Achtel der Menschheit im Sinne einer Massenpsychose anheimgefallen ist, sondern folgt einer Logik. Die instrumentelle Logik, die hier am Werk ist, ist die von Angebot und Nachfrage, wie sie das weltbeherrschende Wirtschaftssystem zu einem selbstverständlichen Antriebsmodus erklärt hat, an dessen verklärender Kraft sich die Menschen auch dann ausrichten, wenn sie nicht zum Markt gehen, sondern daran arbeiten, sich auf den Markt zu tragen.

Die Selbstvermarktung des Einzelnen ist nicht Programm der liberalen, sondern der neoliberalen Gesellschaft und die hat bereits mit *Benjamin Franklins* (1706–1790) pekuniär-temporaler alchemistischer Formel «Time is Money» (Franklin 1750, 304) einen Punsch gemischt, den immer mehr Menschen zu sich nehmen, fürchten sie doch andernfalls ihren sozialen Untergang zu riskieren. Wie bei jedem richtigen Punsch so hat es auch der Franklin'sche Drink in sich: indem er Flügel verleiht, vermittelt er das beschwingte Gefühl von Leichtigkeit. Wer Franklin trinkt, dem winkt sagenhafter Reichtum, verwandelt er doch Flüssiges – nämlich das temporale Fluidum – in das sprichwörtlich gewordene Materielle schlechthin. Schon zeigt sich am Ende der Tage der Konsum der gigantischen Ertragsrente. Damit es dann auch wirklich bis ans Ende reicht, muss man nur noch ein wenig Druck aufsetzen: Die Zeit muss komprimiert werden, damit der Druck im Zeitkessel hoch genug ist und sich die Verwandlung ins Materielle wie eine Legierung von alleine einstellt.

Haben wir also den Zeitdruck so weit erhöht, dass die Zeit schön kurz geworden ist, dann ist der Ertrag besonders lang: Die Zeit von Basel nach Bali zählt dann fast gar nicht, der Konsum der dortigen Korallenriffe dagegen sehr viel. Ebenso verhält es sich mit den Ferienwohnungen, die man sich im eigenen oder in fernen Ländern leistet und die, weil man nicht weiss, wie überraschend schnell man einmal vor der eigenen, d. h. fremden Türe stehen wird, permanent mindestgeheizt bzw. -klimatisiert werden.

Was die Konsumenten im Kleinen mit ein bisschen Franklin hinbekommen, das wird im Grossen, bei den Staaten oder den grossen Unternehmen, natürlich genauso angerührt und lediglich in grösserem Umfange genossen: der moderne *Emissionshandel*. Und da jede Zeit an ihre Einmaligkeit glaubt, kann man moderner Weise beides unter seinen *Panama-Hat* bringen: Die Empörung über *Johann Tetzels* Seelen-Geld-Alchemie und die Freude über die Erfindung von Klima-Gutschriften und CO_2-Kompensations-Beiträgen lassen sich demnach sorglos miteinander verbinden; genauso, wie man Fortschritte in der Erkenntnis der Umweltverschmutzung mit dem gleichen Beifall quittiert, wie die Fortschritte der global ausgespannten Beschleunigungssysteme. Die darin sich äussernde Widersprüchlichkeit kann man getrost auf die Wirkung wahrnehmungsverzerrender Substanzen zurückführen. Neben dem *Franklin-Drink* scheint sich die westliche Kultur am *Wunschpunsch* aus dem Labor von *Beelzebub Irrwitzer* gütlich getan zu haben, den *Michael Ende* (1929–1995) in seinem gleichnamigen Bericht beschrieben (Ende 1989). «Immer mehr Geschöpfe werden krank, immer mehr Bäume sterben, immer mehr Gewässer sind vergiftet» (Ende 1989, 37), diese Bilanz mag zunächst zu erschrecken, doch hat man ein bisschen intus, kommt einem der Reim über die Lippen: «Was kost' die Welt?/ Viel Geld! Viel Geld!/Beim Ausverkauf/geht alles drauf,/doch wir sind reich,/ bitte sehr, bitte gleich!/Es zahlt sich aus […]» (67)

Ausgerechnet ein Tier, der Rabe *Jakob Krakel*, gebietet dieser Untergangsmelodie Einhalt: «Bis Sie mit Ihrer Füllosofie fertig sind, is' es nämlich für alles zu spät.» (185)

Solche Mahnung aus dem Innersten der rabenschwarzen Intelligenz sollte auch uns zu denken geben. Denn es sieht ganz danach aus, als würde unsere grosse Chance, auf dem wunderbaren irdischen Lebensgrund unser Leben zu verbringen, vertan werden; vertan durch den leichten Sinn des *betuchten* Achtels der Menschheit, das zwar um die bittere Schwere des *nackten* Achtels der Menschheit weiss und auch weiss, dass das eine mit dem anderen zusammenhängt und auch weiss, dass schliesslich alle Achtel gemeinsam der Erde nicht länger ihre Treue werden beweisen können. Aber auch über diesen dunklen Gedanken wird man sich mit dem irrwitzigen Gedanken hinwegretten, dass noch alles gut kommt oder es immerhin ein *Exit* gibt; und schon taucht am Horizont eine neue Idee auf: die Reise zum Mars.

Literatur

Aristoteles, Nikomachische Ethik, übersetzt und hg. von Wolf, Ursula, Hamburg 2006.
Böhme, Gernot, Die Natur vor uns. Naturphilosophie in pragmatischer Hinsicht, Kusterdingen 2002.
Brenner, Andreas, Umweltethik. Ein Lehr- und Lesebuch, Würzburg 2014.
Dávila, Nicolás Gómez, Auf verlorenem Posten. Neue Scholien zu einem inbegriffenen Text, (Org. Nuevos escolios a un texto implicito, Bogota 1986), Wien 1992.
Ende, Michael, Der Wunschpunsch, Stuttgart 1989.

Franklin, Benjamin, The papers of Benjamin Franklin, Volume 3: January 1, 1745 through June 30, 1750, in: Labaree, Leonard W. / Bell, Whitfield J. / Boatfield, Helen C. / Fineman, Helene H. (Hg.), Advice to a young tradesman, Bd. 3, New Haven CT, 1961, 304.

Klages, Ludwig, Mensch und Erde. Elf Abhandlungen, 2. erw. Aufl., Stuttgart 1973.

Lec, Stanisław Jerzy, Sämtliche unfrisierte Gedanken, (Org. Mysli nieuczesane, Kraków 1959), Zürich o. J.

Lyon, Sarah / Wells, Christian (Hg.), Global tourism. Cultural heritage and economic encounters, Plymouth 2012.

Macfarlane, Robert, Karte der Wildnis, (Org. The Wild Place, London 2007), Berlin 2015.

Nietzsche, Friedrich, Also sprach Zarathustra. Ein Buch für Alle und Keinen, 1886, in: Sämtliche Werke, Kritische Studienausgabe, Bd. 4, München 1980.

Rosa, Hartmut, Beschleunigung und Entfremdung, (Org. Alienation and acceleration. Towards a critical theory of late-modern temporality, Aarhus 2010), Berlin 2016.

Scott, Daniel / Halland, C. Michael / Gössling, Stefan, Tourism and climate change. Impacts, adaptation and mitigation, London 2012.

Virilio, Paul, Rasender Stillstand, (Org. L'inertie polaire, Paris 1990), Frankfurt a. M. 1992.

Vonnegut, Kurt, A man without a country, New York 2001.

Waters, Malcolm, Gloablization, Oxford 2001.

Autorinnen und Autoren

Jütte, Stephan, Dr. theol., Bereichsleiter Hoch- und Mittelschule in der Abteilung Lebenswelten der Evangelisch-reformierten Landeskirche des Kantons Zürich.

2004–2010 Studium der Theologie in Basel und Berlin, Promotion 2015, 2011–2016 zunächst Wissenschaftlicher Assistent, dann Oberassistent an der Universität Bern, 2014–2016 Fellow am Zentrum für Religion, Wirtschaft und Politik der Universität Basel, Leiter des Studierendenkaffees «Hirschli», Leiter des Blogs «diesseits.ch».

Veröffentlichungen in Auswahl: Nancy, Derrida und das Sprechen. Erwägungen zu einer Ethik des Verschiedenen, in: v. Braunschweig, Michael U./Horn, Anita/Rass, Friederike (Hg.): Entzug des Göttlichen. Interdisziplinäre Beiträge zu Jean-Luc Nancys Projekt einer «Dekonstruktion des Christentums», Freiburg i. Br. 2017, 137–149; Analogie statt Übersetzung. Eine theologische Selbstreflexion auf den inneren Zusammenhang von Glaubensgrund, Glaubensinhalt und Glaubensweise in Auseinandersetzung mit Jürgen Habermas, Tübingen 2016; Die ureigenste Schuld der Kirche. In welchem Verhältnis steht die Kirche zu ihrer Schuld?, in: Enxing, Julia: Schuld. Theologische Erkundung eines unbequemen Phänomens, Ostfildern 2015, 122–135.

Matern, Harald, Dr. theol., Oberassistent am Lehrstuhl für Systematische Theologie/Ethik der Universität Basel, Koordinator des SNF-Projekts «Religion. Zur Transformation eines Grundbegriffs europäischer Kultur in der deutschsprachigen protestantischen Theologie (ca. 1830–1914)».

Studium der evangelischen Theologie und Philosophie in Freiburg i. Br., Basel, Buenos Aires und Heidelberg, Promotion 2013, 2009–2013 Assistent und Forschungsassistent am Lehrstuhl für Systematische Theologie/Ethik der Universität Basel, 2010–2013 Wissenschaftlicher Mitarbeiter an der Universität Erlangen im Rahmen des BMBF-Verbundprojektes «Engineering Life» im Teilprojekt «Creating Life – Playing God? A Theological Analysis of Synthetic Biology», 2014–2016 Fellow am Zentrum für Religion, Wirtschaft und Politik der Universität Basel, 2017–2018 Visiting Scholar an der Faculty of Divinity der Universität Cambridge.

Veröffentlichungen in Auswahl: Religion – ein Gegenstandsgefühl? Problemgeschichtliche und methodische Hinsichten eines Schlüsselwerks der

Wissenschaftsgeschichte der Religion, in: Gantke, Wolfgang; Serikov, Vladislav (Hg.): 100 Jahre «Das Heilige». Beiträge zu Rudolf Ottos Grundlagenwerk, Frankfurt a. M. u. a. 2017; Das Reich Gottes innerhalb der Geschichte und als Ziel der Geschichte, in: Danz, Christian (Hg.): Paul Tillichs «Systematische Theologie». Ein werk- und problemgeschichtlicher Kommentar, Berlin/Boston 2017, 277–304; ... und schuf sie als Mann und Frau. Ethische Herausforderungen transidenter Individualität aus theologischer Perspektive, in: Schochow, Maximilian/Gehrmann, Saskia/Steger, Florian (Hg.): Inter*- und Trans*identitäten. Ethische, soziale und juristische Aspekte, Gießen 2016, S. 135–154.

Köhrsen, Jens, Prof. Dr., Assistenzprofessor für Religion und Wirtschaft am ZRWP, Ko-Leiter der Fellow-Programme «Die Krise der Zukunft» und «Religion and Development» des ZRWP.

1999–2006 Studium der Soziologie, Philosophie und Theologie an den Universitäten Oldenburg und Salamanca, 2003–2010 Studium der Wirtschaftswissenschaften an den Universitäten Oldenburg und Buenos Aires, 2013 Promotion, 2008–2009 Feldstudien zu Pfingstkirchen in Argentinien, 2010–2013 Wissenschaftlicher Assistent an der Universität Oldenburg, seit 2013 Assistenzprofessur in Basel, seit 2016 wissenschaftlicher Mitarbeiter am Environmental Change Institute an der Universität in Oxford.

Veröffentlichungen in Auswahl: Evangelikalismus in Lateinamerika, in: Elwert, Frederik/Radermacher, Martin/Schlamelcher, Jens: Handbuch Evangelikalismus, Bielefeld 2017, 129–140; Middle Class Pentecostalism in Argentina: Inappropriate Spirits, Leiden/Boston 2016; Towards a Praxeology of Religious Life: Tools of Observation, in: Wijsen, Frans/von Stuckrad, Kocku: Making Religion: Theory and Practice in the Discursive Study of Religion, Leiden 2016, 173–202.

Betz, Regina, Prof. Dr., Leitung des Center for Energy and the Environment (CEE), Dozentin für Energie- und Umweltökonomik an der ZHAW.

Studium der Volkswirtschaftslehre an der Universität Trier, Promotion 2003, 1998–2004 Wissenschaftliche Mitarbeiterin am Fraunhofer Institut für System und Innovationsforschung, Karlsruhe, 2005–2012 Leitung und Mitarbeiterin am Centre for Energy and Environmental Markets (CEEM) und Senior Lecturer School of Economics, Business School, UNSW Sydney, 2011–2012 Gastwissenschaftlerin am Lehrstuhl für Politische Ökonomie an der Universität Zürich, 2013–2017 Forschungskoordinatorin CEEM, UNSW Sydney, seit 2012 Gastwissenschaftlerin am Centre for Energy Policy and Economcis, ETH Zürich, 2014–2016 Fellow am Zentrum für Religion, Wirtschaft und Politik der Universität Basel, seit 2013 an der ZHAW.

Veröffentlichungen in Auswahl: mit Johanna Cludius: EU Emissions Trading: The Role of Banks and Other Financial Actors: Insights from the EU Transaction Log and Interviews, Winterthur 2016; Emissions trading in practice: Lessons learnt from the EU Emissions Trading Scheme, in: Managi, Shunsuke (Hg.): The Routledge Handbook of Environmental Economics in Asia, Routledge 2015, 180-206; mit Neuhoff, Karsten et al.: Is a Market Stability Reserve likely to improve the functioning of the EU ETS? Evidence from a model comparison exercise, London 2015.

Svetlova, Ekaterina, Prof. Dr. phil., ausserordentliche Professorin für Accounting and Finance an der Universität von Leicester, Privatdozentin an der Universität Friedrichshafen.

1993–1997 Studium der Volkswirtschaftslehre in Bonn, 1997–2003 Portfoliomanagerin und Aktienanalystin beim Deutschen Investment Trust (DIT) in Frankfurt/Main, 2004–2006 Fernstudium der Philosophie an der Fernuniversität Hagen, 2007 Promotion (Philosophie), 2013 Habilitation (Soziologie), 2006–2011 Wissenschaftliche Mitarbeiterin an der Zeppelin Universität in Friedrichshafen, 2011–2014 Professorin für International Business und Finanzen an der Universität von Karlsruhe, 2013–2014 Fellow am Exzellenzcluster «Kulturelle Grundlagen von Integration» der Universität Konstanz, 2014–2016 Fellow am Zentrum für Religion, Wirtschaft und Politik der Universität Basel, seit 2013 in Friedrichshafen, seit 2015 in Leicester.

Veröffentlichungen in Auswahl: mit Arjaliès, Diane-Laure/ Grant, Philip/Hardie, Iain/ MacKenzie, Donald: Chains of Finance: How Investment Management is Shaped, Oxford 2017; hg. mit Boldyrev, Ivan: Enacting Dismal Science: New Perspectives on the Performativity of Economics, Basingstoke 2016; Sinnstiftung in der Ökonomik: Wirtschaftliches Handeln aus sozialphilosophischer Sicht, Bielefeld 2008.

Kupper, Patrick, Prof. Dr., Professor für Wirtschafts- und Sozialgeschichte an der Universität Innsbruck.

Studium der Allgemeinen Geschichte, Umweltwissenschaften, Schweizergeschichte und schweizerischen Verfassungskunde an der Universität Zürich und an der Humboldt-Universität zu Berlin, 2003 Promotion, 2011 Habilitation, 1999–2004 Forschungsassistent am Institut für Geschichte an der ETH Zürich, 2005–2011 wissenschaftlicher Assistent an der ETH Zürich, ab Privatdozent, 2007 Forschungsaufenthalt am German Historical Institute,

Washington DC, 2010 Forschungsaufenthalt am Rachel Carson Center in München, 2012–2014 Mitglied des Zentrums Geschichte des Wissens von Universität und ETH Zürich, 2014–2016 Fellow am Zentrum für Religion, Wirtschaft und Politik der Universität Basel, seit 2014 in Innsbruck.

Veröffentlichungen in Auswahl: Nationalpark und Alpentourismus. Zur Geschichte einer verwickelten Beziehung, in: Luger, Kurt/Rest, Franz (Hg.): Alpenreisen. Erlebnis, Raumtransformationen, Imagination, Innsbruck 2017, 445–464; mit Pallua, Irene: Energieregime in der Schweiz seit 1800, Bern 2016; mit Schär, Bernhard C. (Hg.): Die Naturforschenden: Auf der Suche nach Wissen über die Schweiz und die Welt, Baden 2015.

Kaiser, Mario, Dr. phil., Mitgründer und Blattmacher der Zeitschrift ‹Avenue› – Das Magazin für Wissenskultur.

1996–2002 Studium der Philosophie, Informatik und Zoologie an der Universität Basel, 2002–2003 Assistent am Programm Wissenschaftsforschung und am Institut für Informatik der Universität Basel, 2004–2007 Wissenschaftlicher Mitarbeiter im Projekt NanoEthics, 2007 Gastdoktorand am Institut für Wissenschafts- und Technikforschung in Bielefeld, 2008–2009 Stipendiat des Schweizerischen Nationalfonds, 2010–2011Wissenschaftlicher Mitarbeiter im Projekt Nanopol, 2011–2013 Assistent am Programm Wissenschaftsforschung der Universität Basel, 2014 Lehraufträge an der Universität Luzern, 2014–2016 Fellow am Zentrum für Religion, Wirtschaft und Politik der Universität Basel.

Veröffentlichungen in Auswahl: Über Folgen: Technische Zukunft und politische Gegenwart, Weilerswist 2015; Reactions to the Future: the Chronopolitics of Prevention and Preemption, in: NanoEthics 9/2 (2015), 165–177; Governing future technologies. Nanotechnology and the Rise of an Assessment Regime; mit Maasen, Sabine/Reinhart, Martin/Sutter, Barbara (Hg.): Handbuch Wissenschaftssoziologie, Wiesbaden 2012.

Hafner, Felix, Prof. Dr. iur., Ordinarius für Öffentliches Recht an der Universität Basel.

1975–1981 Aufnahme eines Phil. I- und Theologiestudiums. Anschliessend Studium der Jurisprudenz an den Universitäten Basel und Freiburg i. Br., 1984 Promotion, 1981–1984 Assistent an der Juristischen Fakultät der Universität Basel, 1986–2005 Verwaltungsjurist im Justizdepartement des Kantons Basel-Stadt, 1990 Forschungstätigkeit an der Universität Freiburg i. Ue., 1992 Habilitation, seit 1996 Mitglied der Theologischen Fakultät der Universität Luzern, 1997 Titularprofessor an der Juristischen Fakultät der

Universität Basel, Mitinitiant der privaten Forschungsgemeinschaft Mensch im Recht, seit 2001 Ordinarius für Öffentliches Recht, seit 2006 Studiendekan der Juristischen Fakultät der Universität Basel, 2006–2016 Leitung des Masterstudiengangs Verwaltungsrecht der Universität Basel.

Veröffentlichungen in Auswahl: mit Stöckli, Andreas; Müller, Reto Patrick (Hg.), Schutzanspruch der jüdischen Religionsgemeinschaften, Zürich/St. Gallen 2018; Verfassung: Grund und Grenze staatlicher Verantwortung, in: Breitenstein, Urs (Hg.): Verantwortung – Freiheit und Grenzen: interdisziplinäre Veranstaltungen der Aeneas-Silvius-Stiftung, Basel 2017, 157–184; mit Stalder, Marc: Folgen mangelhafter Kündigungen im öffentlichen Personalrecht: Weiterbeschäftigung oder Entschädigung?, in: Fankhauser, Roland/Widmer Lüchinger, Corinne/Klingler, Rafael/Seiler, Benedikt (Hg.): Das Zivilrecht und seine Durchsetzung. Festschrift für Professor Thomas Sutter-Somm, Zürich/Basel/Genf 2016, 1099–1115.

Brocker, Manfred, Prof. Dr. Dr. phil., Professor für Politische Theorie und Philosophie an der Katholischen Universität Eichstätt-Ingolstadt, Dozent an der Hochschule für Politik in München.

Studium der Politikwissenschaft, Philosophie und Volkswirtschaftslehre in Aachen, Oxford und Köln, Promotion 1990 in Philosophie, 1993 Politikwissenschaft, 2002 Habilitation, 1994–2002 wissenschaftlicher Mitarbeiter bzw. wissenschaftlicher Assistent am Seminar für Politische Wissenschaft der Universität zu Köln, 1997–1998 Visiting Fellow an der Yale University, 2009–2010 Visiting Fellow an der Princeton University und am Forschungsinstitut für Philosophie in Hannover, 2010 Gastdozent am Orient-Institut in Beirut, 2014–2016 Fellow am Zentrum für Religion, Wirtschaft und Politik der Universität Basel, seit 2005 in Eichstätt-Ingolstadt.

Veröffentlichungen in Auswahl: mit Künkler, Mirjam: Religious parties. Revisiting the inclusion-moderation hypothesis, in: Party Politics 19/2 (2013), 171–186; Scharia-Gerichte in westlichen Demokratien. Eine Betrachtung aus Sicht der Politischen Philosophie, in: Zeitschrift für Politik 59/3 (2012), 314–331; Geschichte des politischen Denkens. Ein Handbuch, Frankfurt a. M. ^{4}2012.

Brenner, Andreas, Prof. Dr., Titularprofessor für Philosophie an der Universität Basel und Professor für Philosophie und Wirtschaftsethik an der FHNW in Basel.

Studium der Philosophie in Bonn, Zürich und Basel, 2006 Habilitation, 1994–1999 Wissenschaftlicher Mitarbeiter an der Universität Potsdam,

1999–2000 Mitglied im Graduiertenkolleg des «Interfakultären Zentrums für Ethik in den Wissenschaften» der Universität Tübingen, danach Lehraufträge an den Universitäten St. Gallen, Freiburg und Fribourg, seit 2010 an der Universität Basel, seit 2011 an der FHNW.

Veröffentlichungen in Auswahl: Wirtschaftsethik. Das Lehr- und Lesebuch, Würzburg 2018; Umweltethik. Ein Lehr- und Lesebuch, Würzburg 2014; Leben. Grundwissen Philosophie, Stuttgart 2009; Bioethik und Biophänomen. Den Leib zur Sprache bringen, Würzburg 2006.

Pfleiderer, Georg, Dr. theol., seit 1999 Ordinarius für Systematische Theologie / Ethik an der Universität Basel.

1980–1987 Studium der evang. Theologie und Judaistik in München, Tübingen und Heidelberg; 1991 Promotion, 1998 Habilitation, 1987–1992 Wissenschaftlicher Mitarbeiter am Lehrstuhl für Systematische Theologie und theologische Gegenwartsfragen an der Universität Augsburg; 1996–1999 Wissenschaftlicher Assistent am Institut für Fundamentaltheologie und Ökumene in München; Forschungsaufenthalte in Princeton (2004) und Berkeley/CA (2008), Wissenschaftlicher Leiter des Forschungskollegs des Zentrums für Religion, Wirtschaft und Politik und des Collegium Helveticum-Basel; Präsident des «Karl Barth-Zentrums für reformierte Theologie» in Basel; 2008–2015 Mitglied der Eidgenössischen Ethikkommission für Biotechnologie im Ausserhumanbereich, davon ab 2012 als Präsident; seit 2017 Fachgruppenvorsitzender für die Systematische Theologie der Wissenschaftlichen Gesellschaft für Theologie.

Veröffentlichungen in Auswahl: Opferhelden? Zur Debatte um «sakrifizielle» Heroik in «postheroischen» Gesellschaften, in: Theologische Zeitschrift 73/1 (2017), S. 69–90; Die Wächter bewachen. Theologische Gegenwartsdiagnose bei Friedrich Wilhelm Graf, in: Verkündigung und Forschung 61, 2016, H. 2, S. 152–160; hg. mit Demko, Daniela/Elger, Bernice S./Jung, Corinna: Umweltethik interdisziplinär, Tübingen 2016.

Personenregister

Abbott, Tony	79	Bell, Daniel	131, 137f.
Aerts, Diederik	120	Belser, Eva Maria	178, 184
Adam, Barbara	157, 171	Benjamin, Walter	154
Agamben, Giorgio	154, 166f., 171	Bentz-Hölzl, Janine Michele	206f.
Anders, Günther	130, 137	Betz, Regina	12f.
Anderson, Ben	145, 171	Birnbacher, Dieter	198, 207f.
Apel, Karl-Otto	202, 207	Björnsson, Gunnar	112, 119
Arendt, Hannah	20, 32, 152, 171, 207	Black, Max	156, 172
		Blumenberg, Hans	44
		Boatright, John	101, 104, 119
Arhelger, Malte	189, 208		
Aristoteles	157, 169, 194, 214, 220	Böhler, Dietrich	198, 202, 204, 207–210
Armstrong, Margaret	109	Böhme, Gernot	214, 220
Augustinus v. Hippo	23	Bottici, Chiara	7, 16
Avis, Paul	45f.	Brännmark, Johan	188, 207
		Breithaupt, Fritz	13, 16
Baier, Annette	188, 207	Brenner, Andreas	15f., 220
Barber, Elinor G.	167, 169, 173	Bridge, Gavin	52, 67
		Brocker, Manfred	14f., 147
Barker, David C.	87, 96	Brown, Donald A.	76, 96
Barmeyer, Christoph	68	Bruhl, Aaron-Andrew P.	188, 207
Barth, Karl	37–40, 46	Bryant, Peter	127
Patriarch Bartholomäus	87, 99	Bulkeley, Harriet	52, 67
Battiston, Stefano	105, 119, 122	Bultmann, Rudolf	38, 46
		Butler, Judith	154, 172
Barabbas	148, 153, 166f.		
		Canetti, Elias	115
Bauman, Zygmunt	161, 171	Caney, Simon	206, 208
Bearce, David H.	87, 96	Casanova, José	57, 67
Beckerman, Willfred	189, 207	Case, George	126f., 137
Beckinsale, Kate	167		
Behrens, William W.	173	Castoriadis, Cornelius	43, 45

Cherp, Aleh	51, 66	Ekeli, Kristian Skagen	203, 208
Chia, Robert	113, 119	Elliot, Robert	188, 208
Clemens von Alexandria	23	Emmott, Stephen	184f., 205
Clugston, Richard	58, 67		
Colander, David	105, 119	Ende, Michael	220
Coutard, Olivier	52, 67	Engelke, Peter	124, 139
Cooke, Phil	55, 67	Engels, Friedrich	160, 172
Cooper, Melinda	145, 172	Erbrich, Paul	195, 198, 208
Crane, Andrew	102, 119		
Cusack, John	163	Esposito, Elena	106, 120
Czachesz, István	20, 32	Etxebarria, Goio	67
D'Amato, Anthony	190, 208	Feinberg, Joel	188, 190, 208
Dalai Lama	92		
Danielsson, Jon	106, 119	Forrester, Jay W.	133–137
Darwin, Charles	160, 190	Foucault, Michel	147, 153–159, 172
Dávila, Nicolás Gómez	218, 220		
Del Sesto, Steven	124, 137	Foust, Christina R.	74, 96
Deleuze, Gilles	162f., 172	Franklin, Benjamin	219–221
DeMartino, George	103f., 111, 118f.	Frey, Bruno S.	133
		Fried, Johannes	16
Derrida, Jacques	113f., 119, 157ff., 172	Frydman, Roman	109, 120
		Gardner, Gary T.	49, 54, 57f., 66f., 68, 74–77, 96
Dewitt, Calvin B.	57, 68		
Djupe, Paul A.	57f., 68		
Dobson, John	101, 114, 119		
		Gebhardt, Eike	192, 209
Doloreux, David	55, 68	Geels, Frank W.	52, 68, 71
Donaldson, Sue	190, 208	Gerecke, Uwe	120
Drexler, Eric K.	164, 172	Gerten, Dieter	94–98
Dreyfus, Hubert	159	Gethmann-Siefert, Annemarie	193, 197f. 200, 208
Duff, Jean	97		
Dummett, Michael	156, 172		
Edwards, Paul N.	128, 130f., 137	Ghamari-Tabrizi, Sharon	127, 137
Ehrenzeller, Bernhard	178, 181, 184f.	Goldberg, Michael D.	120
		Goldthau, Andreas	67

Personenregister

Gonzalez, Eliezer — 32
Göpel, Maja — 189, 208
Gore, Al — 214
Gosseries, Axel — 188, 208
Gotthelf, Jeremias — 179
Gottlieb, Roger — 54, 57f., 68f., 71
Grabner-Kräuter, Sonja — 102, 120
Graf, Friedrich-Wilhelm — 46
Graf, Rüdiger — 16
Gray, John — 16
Gregor der Grosse — 24, 31
Gregor von Nyssa — 23, 31
Griffel, Alain — 184
Grim, Brian J. — 79, 97
Grim, John A. — 76, 98
Gronke, Horst — 198, 208
Gross, Matthias — 120, 122
Grubler, Arnulf — 52, 68
Grunwald, Armin — 198, 208
Gugerli, David — 125, 138
Gundlach, Thiess — 46
Gwiasda, Gregory W. — 68

Habermas, Jürgen — 57, 68, 202
Hafner, Felix — 14f., 176, 178f., 182, 185
Hagencord, Rainer — 35, 46
Hägerstrand, Torsten — 172
Halpert, Judy — 89, 97
Hamblin, Jacob Darwin — 125, 136, 138
Harper, Fletcher — 54, 57, 68
Hartung, Gerald — 198, 208
Hastedt, Heiner — 197f., 208

Haynes, Jeffrey — 53f., 68
Hegel, Georg Wilhelm Friedrich — 159, 172
Heidegger, Martin — 151, 157–160, 162, 172–174
Heidenreich, Martin — 55, 68
Heinz, Wolfgang — 27, 32
Hekkert, Marko P. — 68
Held, Hermann — 73, 98
Herms, Eilert — 37, 46
Herzog, Benjamin — 16
Henning, Meghan — 21, 32
Hinrichs, Karl — 204, 209
Hipple, Andreas — 76, 97
Hitzhusen, Gregory E. — 75, 96f.
Hodson, Mike — 52, 69
Hoffman, Andrew — 75, 78, 98
Höhler, Sabine — 136, 138
Hölscher, Lucian — 7, 16, 159, 172
Holt, Steve — 67
Homann, Karl — 102, 120
Horn, Eva — 8, 14, 16, 123, 137f.
Hösle, Vittorio — 198, 204, 209
Huber, Andreas — 56, 69f.
Hulme, Mike — 78, 97
Hume, David — 194
Hunt, Patrick K. — 68

Jacobsson, Staffan — 68
James, Paul — 44, 47
Jeges, Oliver — 141–144, 172
Jesus Christus — 35, 40
Jewell, Jessica — 67
Johnson, Todd M. — 79, 97

Jonas, Hans	147, 172, 190–203, 207–211	Koselleck, Reinhart	7f., 17, 37, 46, 159, 173
Jones, Robert P.	87, 97	Krawietz, Werner	197f., 203, 209
Justin der Märtyrer	21f., 31		
Jütte, Stephan	11	Kubrick, Stanley	126–128, 137f.
Kahl, Wolfgang	200f., 209	Kuhlmann, Stefan	55, 69
Kahn, Herman	127–129, 131, 133, 136–138	Kuhlmann, Wolfgang	197f., 209
		Kuhn, Thomas S.	169, 173
		Kuo, Shih-yu	90, 91, 97
Kaiser, Mario	12, 14f., 16, 141, 145, 173f.	Kupper, Patrick	14, 124, 129, 132f., 138
Kant, Immanuel	37, 115, 157, 159, 173, 179, 191, 194f., 197f.	Kurath, Monika	167, 173f.
		Kymlicka, Will	190, 208
		Lacoue-Labarthe, Philippe	152, 173
Kaplan, Fred	127	Lang, Bernhard	29, 36, 46
Kearns, Laurel	88, 97	Lao-tse	91
Kern, Kristine	67	Le Goff, Jacques	21, 23, 26, 32
Kettner, Matthias	197f., 202, 209	Leavitt-Alcantara, Salvador	69
Keulemans, Maarten	199, 209		
Keynes, John Maynard	109, 131	Lec, Stanisław Jerzy	218, 221
Kierkegaard, Søren	114	Leendertz, Ariane	131, 138
King, Martin Luther	66	Lele, Sharachchandra M.	51, 69
Kirchmann, Kay	138	Lenglet, Marc	120
Kissinger, Henry	127	Lenk, Hans	198, 207
Klages, Ludwig	217, 218, 221	Lévi-Strauss, Claude	158
		Link, Christian	37, 46
Klagge, Britta	58, 69	Lorentzen, Lois A.	69
Knight, Frank	109	Löw, Reinhard	210
Köhrsen, Jens	12f., 49, 57, 69	Löwith, Karl	8, 17, 37, 44, 47
Kolmar, Martin	13, 16	Luhmann, Niklas	101f., 117f., 120
Konfuzius	91		
		Lüscher, Jonas	73

Personenregister

Luther, Martin	28, 42	Minois, Georges	19, 21–23, 32
Lyon, Sarah	218, 221		
Lyotard, Jean-Francois	158	Minsch, Jörg	203, 210
		Mitchell, Sandra	107, 109, 120
Maasen, Sabine	167, 173f.		
		Moltmann, Jürgen	39–42, 49
Maassen, Anne	52, 69	Monnier, Victor	181, 185
Macey, Jonathan	116f., 120	Mooney, Chris	88
Macfarlane, Robert	214, 221	Morin, Edgar	107, 120
Macklin, Ruth	189, 210	Mouffe, Chantal	151–154, 158f., 173
March, James G.	113, 120		
Marchart, Oliver	153, 173	Müller, Wolfgang Erich	198, 210
Markard, Jochen	51, 69	Müller, Caspar Detlef Gustav	21, 32
Marshall, Eliot	165, 173		
Marvin, Simon	51, 69	Muniesa, Fabian	120
Matern, Harald	9, 11, 16f.	Muscionico, Daniele	73
Matten, Dirk	99, 119	Musil, Robert	163
Mattes, Jannika	56, 60, 68, 70	Muth, John F.	109
McCammack, Brian	57, 70	Nagel, Alexander Kenneth	17, 74, 97
McCauley, Stephen M.	52, 70	Nagle, John C.	57, 70
McDannell, Colleen	36, 46	Nancy, Jean Luc	152, 173
McGoey, Linsey	117, 120, 122	Nida-Rümelin, Julian	110f., 114f., 121
McNeill, John R.	124, 139		
Mead, George Herbert	151, 157, 173	Nietzsche, Friedrich	37, 143f., 170, 172, 174, 213, 221, 233
Meadows, Donella H.	132–136, 161, 173		
Meadows, Dennis L.	132–136, 138f., 173	Nisbet, Matthew C.	93
		Obermeier, Otto P.	192, 198, 210
Melville, Herman	148, 166		
Merkel, Angela	150	Oelmüller, Willi	193, 198, 210
Merton, Robert King	167, 168–170, 173		
		Opitz, Sven	144, 174
		Origenes	23f., 29
Milburn, Colin Nazhone	165, 173	Ortmann, Günther	113, 121
Milchman, Alan	159, 173		

Owen, Richard	104, 109, 111f., 120f.	Rosenberg, Alan	159, 173
		Rousseau, Jean-Jacques	177, 179, 185
Pannenberg, Wolfhart	39–42, 47	Rutherford, Jonathan	67
Papst Franziskus	49, 74, 78, 86, 99	Saar, Martin	159, 174
Papst Johannes	25	Sailors, Timothy	21, 32
Papst Paul VI.	86	Sauter, Gerhard	39, 47
Parfit, Derek	189, 210	Schäfer, Lothar	194, 198, 210
Pasek, Joana	189, 207	Schäfer, Wolf	198, 210
Pasteur, Louis	149, 168	Schleiermacher, Friedrich	29, 32, 37, 46f.
Paulus von Tarsus	36		
Pecchei, Aurelio	132		
Peirce, Charles Sanders	169f., 174	Schmidt, Jan C.	194, 198, 208, 210
Peschel-Gutzeit, Lore Maria	204, 210	Schmitt, Carl	148, 151–154, 166, 174
Petersen, Arthur C.	71, 98		
Pettigrew, Andrew	113, 121		
Pfister, Christian	124, 139	Schönberger, Philipp	52, 70
Pfleiderer, Georg	10	Schönfeld, Martin	75, 98
Plato(n)	23, 157f.	Schramm, Michael	108, 121
Posas, Paula J.	74, 76, 97	Scott, Daniel	217, 221
Priddat, Birger P.	113, 121f.	Scruzzi, Davide	28, 32
		Seefried, Elke	17, 132f., 138f.
Radkau, Joachim	17, 123, 136, 139	Sellars, Peter	127
Räpple, Eva Maria	47	Sharman, Lennox	121
Raven, Rob	69	Shakespeare, William	142
Rees, Martin	190, 210	Skrimshire, Stefan	74, 78, 98
Rip, Arie	165, 174	Smith, Richard	117, 121
Ritschl, Albrecht	37	Smithson, Michael	117, 121
Roberts, Michael	74, 87f., 97	Sornette, Didier	106, 121
		Spaemann, Robert	198, 211
Rohracher, Harald	70	Späth, Philipp	52, 70
Rollosson, Natabara	77, 90, 93	Steel, Duncan	199, 211
Rolston, Holmes	54, 58, 70	Steger, Manfred B.	44, 47
Rosa, Hartmut	11f., 17, 216, 221	Steigleder, Klaus	188, 211
		Stein, Tine	203f., 211

Personenregister

Steiner, Hillel	189, 211	Verbong, Geert	52, 71
Steinmüller, Karlheinz	7, 17	Virilio, Paul	155, 174, 215, 221
Stephens, Jennie C.	70		
Stolz, Jörg	64, 70	Vitali, Stefania	105, 122
Streeck, Wolfgang	101, 121f.	Vogl, Joseph	141–145, 150, 174
Streich, Jürgen	132, 139		
Sunstein, Cass	111, 122	Vollrath, Ernst	203, 211
Svetlova, Ekatarina	13, 110, 118, 121f.	Von Braunmühl, Claudia	206f.
Symmachus, Quintus Aurelius	25	Vondung, Klaus	12, 17, 38, 47
		Von Foerster, Heinz	113, 120
Taleb, Nassim Nicholas	106, 122	Von Neumann, John	127
Taylor, Bron	50, 70	Vonnegut, Kurt	214, 221
Taylor, Charles	47	Voss, Rainer	105
Tellmann, Ute	145, 174		
Tetzel, Johann	219	Waldmann, Bernhard	184
Theoderich der Grosse	24	Walpole, Horace	168
Thomas von Aquin	26	Wardekker, J. Arjan	57, 71, 93, 98
Thompson, Dennis F.	203, 211		
Thurs, Daniel Patrick	165, 174	Waskow, Arthur	98
Tillich, Paul	38, 40, 42f., 47	Waters, Malcolm	121, 217, 221
Tilly, Michael	12, 17	Weber, Max	117, 122
Tremmel, Joerg Chet	188, 205, 211	Weeber, Martin	37, 47
		Wehling, Peter	117f., 122
Tucker, Mary Evelyn	53f., 58, 71, 76, 97f.	Wells, Christian	218, 221
		Wenz, Gunther	30, 33
		Werner, Micha H.	191, 195f., 198, 202, 211
Uhlig, Siegbert	21, 32		
Unnerstall, Herwig	188, 221	Weston, Burns H.	188, 211
		White, Lynn	51, 53, 68
Vallender, Klaus	182, 185	Wiener, Anthony J.	131, 138
Van Amerom, Marloes	174	Wieser, Veronika	9, 17
Van Elst, Henk	110, 122	Willaime, Jean-Paul	57, 71
Van Lente, Dick	124, 139	Wittekind, Folkart	47
Van Parijs, Philippe	204, 210	Woermann, Minka	104, 107f., 112, 122
Veldman, Robin Globus	90, 98		

Wolf, Jean-Claude	193, 195f., 201, 211	Xia, Chen	91, 98
Woll, Cornelia	101, 112, 121f.	Zigrand, Jean-Pierre	119
		Zink, Jörg	35, 47
Woodard, Ryan	121	Zink, Heidi	35, 47
Wuketits, Franz M.	74, 98		
Wyman, Oliver	105, 122		